Isabella Muhr

Schneeglöckchenzauber

D1723664

Isabella Muhr

Schneeglöckchenzauber

Roman

Impressum:

1. Auflage, Copyright 2015 by Isabella Muhr
Design: Viola Becker (www.viola-becker.de)
Bildmaterial: jeweils bei Shutterstock
Bildnummer: 269119442 / Urheberrecht: svemar
Bildnummer: 281181539 / Urheberrecht: Alisa Franz
Lektorat und Satz: Stefan Stern (www.wortdienstleister.de)

Isabella Muhr
Ludwig-Gramminger-Str. 15
80995 München

ISBN: 978-3-00-051531-6

Für Lukas und Leon
Ihr motiviert mich jeden Tag aufs Neue dazu,
mein Bestes zu geben.

Informationen zum Buch - *Blumenzauber-Reihe:*

Die melancholische Nadine, die lebenslustige Linda und die introvertierte Ella könnten unterschiedlicher nicht sein. Was die drei Freundinnen verbindet, ist ihre neue Rolle als Mutter und ein Winter voller Veränderungen. Während sich Linda mit dem Gedanken beschäftigt, ihren Mann zu betrügen, versucht Nadine gerade verzweifelt, eben dies nicht zu tun. Ella wollte eigentlich nur mit ihren Freundinnen einen Abend lang abschalten und Spaß haben, da trifft sie ausgerechnet auf ihren Exfreund Chris …

Drei Geschichten über Freundschaft, Liebe und die Erkenntnis, dass man sein Happy End nicht finden kann, bevor man nicht zu sich selbst gefunden hat.

Schneeglöckchenzauber ist der erste Band der Blumenzauber-Reihe und erzählt Nadines Geschichte. Es handelt sich hierbei um einen in sich abgeschlossenen Roman, der auch unabhängig von den anderen beiden Teilen gelesen werden kann.

Protagonisten:

Nadine Fischbach
Mann: Torsten Seifert
Sohn: Fynn Fischbach

Linda Blodig
Mann: Dennis Blodig
Tochter: Luisa Blodig

Ella Steinbeck
Mann: Ralf Steinbeck
Tochter: Sophia Steinbeck

Prolog

Nadine tigerte aufgewühlt in der Personaltoilette des »Peppino« auf und ab und fuhr sich mit gespreizten Fingern durch ihre wilden Locken. Ihr Spiegelbild blickte ihr vom Badezimmerschrank verängstigt aus großen Augen entgegen.

»Du wirst Mutter«, wisperte sie ungläubig dieses Spiegelbild an und ihre Stimme klang dabei seltsam fremd in ihren Ohren. Sie griff nach dem weißen Stäbchen, das sie auf der Ablage vor sich geparkt hatte und warf erneut einen prüfenden Blick darauf. Der zweite blaue Strich, der sich dort selbst eingeladen hatte, glotzte hämisch grinsend zurück. Er dachte gar nicht daran, wieder zu verschwinden. Nadine ließ den Schwangerschaftstest durch ihre zittrigen Hände gleiten und starrte ihn an, wie ein unbekanntes Insekt. In ihrem Kopf breitete sich eine lähmende Leere aus und sie ließ sich erschöpft auf den Toilettendeckel sinken.

Ein Baby …, dachte sie fassungslos.

Und dann auch noch von Torsten.

Wo sie doch noch nicht einmal genau wusste, was das zwischen ihr und Torsten überhaupt sein sollte. Ihrer beider Leben hatten sich so zufällig gekreuzt und waren dabei irgendwie aneinander kleben geblieben, wie ein Kaugummi an einem Turnschuh. Und jetzt sollten sie gemeinsam die Verantwortung für ein Kind übernehmen? Schwer atmend pfefferte sie den Test in den Mülleimer neben der Toilette und rieb sich ratlos über die Stirn. Hier ging es um ein unschuldiges Menschenleben. Das war nicht einer ihrer unzähligen Kakteen, die ihre Fensterbretter zierten und die mit ein paar Tropfen Wasser alle zwei Wochen auskamen. Ein Kind brauchte viel Zeit und Liebe und geordnete Verhältnisse.

Kann ich einem Kind das geben, was es braucht? Könnte ich eine gute Mutter sein? Nadine versuchte die Panik, die in ihr aufzusteigen drohte, herunterzuschlucken.

Angestrengt begann sie, sich mit den gegebenen Fakten auseinander zu setzen, in der Hoffnung, sie würden sie beruhigen. Sie war mit ihren 23, fast 24 Jahren alt genug, Torsten verdiente in seinem Job als Artdirector ordentlich und ein Dach über dem Kopf hatten sie auch.

Fuck, sie war mitten im Studium! Sie stampfte energisch mit dem Fuß auf den ausgeblichenen Laminatboden. Einem extrem hart erkämpften Studium! Die Zeit zwischen Arbeit, Abitur nachholen und anschließendem Studieren war so belastend und schwer gewesen. Sollte sie das jetzt alles einfach so aufgeben?

Ein tiefer Seufzer entfuhr Nadines Kehle und sie begann erneut, verzweifelt in dem beengten Raum hin und her zu wandern. Ihr Studium hatte von einer Sekunde auf die andere jegliche Bedeutung verloren. Jetzt galt es, sich auf Wichtigeres zu konzentrieren. Nämlich auf das kleine Wunder in ihrem Bauch. Alles andere würde eben warten müssen, dachte Nadine entschieden und blickte dabei auf ihren so harmlos wirkenden Unterleib.

Sie hatte keine Wahl. Bei Kindern konnte man nicht einfach die Reset-Taste drücken. Man hatte nur diese eine Chance und wenn man die versaute, dann waren es diese kleinen Geschöpfe, die ein Leben lang darunter zu leiden hatten. Nadine wusste das nur zu gut und sie war nicht bereit, diese Schuld auf sich zu laden. Sie würde dieses Kind bekommen und sie würde ihm all das geben, was es brauchte, um groß und glücklich zu werden.

Schützend hielt Nadine ihre Hand vor ihren Bauch und flüsterte leise aber entschlossen:

»Ich freue mich auf dich.«

Ein lautes Klopfen an der Tür ließ sie verschreckt zusammenzucken.

»Nadine, bist du in die Kloschüssel gefallen, oder was? Hier draußen ist ganz schön was los. Ich könnte ein wenig Unterstützung gebrauchen.« Es war Gino, ihr neuer Arbeitskollege. Er klang gestresst und erinnerte Nadine an ihre gegenwärtigen Pflichten als Servicekraft eines kleinen Imbissstandes.

Schnell fuhr sie sich mit ihrer Hand über das blasse Gesicht und versuchte, ihre Fassung wiederzuerlangen. Dann glitten ihre Finger zurück zu der Stelle unter ihrem Bauchnabel. Ihr Blick war zärtlich und entschieden zugleich, als sie ihrem ungeborenen Kind versprach:

»Ich werde es nicht versauen.«

17 Monate später

Kapitel 1

September 2015

Als Linda damit anfing, Ella und Nadine von der Absicht zu berichten, ihren Mann mit einem anderen zu betrügen, da war Nadine vor allem eines: geschockt. Sie hatte Linda und Ella gerade erst vor fünf Monaten beim Babyschwimmen kennengelernt und war daher auf ein derart intimes Gespräch nicht im Mindesten vorbereitet gewesen. Ella und Linda kannten sich schon eine halbe Ewigkeit und waren ihr, was Vertrautheit und abgelegte Hemmungen untereinander anging, meilenweit voraus. Nadine wusste es zu schätzen, dass die beiden sie so vorbehaltlos in ihren engen Kreis aufgenommen hatten. Dennoch überforderte sie das Tempo, das die beiden an Offenheit und Ehrlichkeit an den Tag legten, hin und wieder. Und so rutschte sie an diesem Vormittag unbehaglich auf ihrem Hintern hin und her, als Linda ihr eröffnete, dass sie drauf und dran war, Salami verstecken mit einem Mann zu spielen, der nicht ihr eigener war.

Linda erklärte gerade, wie sie Mark – so hieß der unmoralische Verführer – kennengelernt hatte. Nadine schwieg, aber sie war sich sicher, dass ihr Gesichtsausdruck Bände sprach. Nervös kaute sie auf einer ihrer dunklen Haarlocken herum (was sie immer tat, wenn sie sich unsicher oder unwohl fühlte) und hoffte inständig, einen nicht allzu wertenden Eindruck auf die anderen beiden zu machen. Lindas verzagtem Gesichtsausdruck nach zu urteilen, quälte sie sich ohnehin bereits selbst mit ihren eigenen moralischen Einwänden genug. Sie fuchtelte etwas hilflos mit ihren perfekt manikürten Fingernägeln in der Luft herum, als sie erklärte:

»Wir sind uns ein paar Mal zufällig auf dem Spielplatz vor unserem Haus begegnet. Er hat einen Sohn, allerdings ist dieser etwas älter als meine kleine Luisa. Mark lebt getrennt von seiner Frau. Und gestern hat er mich einfach gefragt, ob ich nicht mal mit zu ihm nach Hause kommen will, wenn seine Ex den Kleinen hat. Schließlich sind wir ja fast Nachbarn und es wäre schön, sich mal ungestört *unterhalten* zu können ...«

Sie zeichnete Anführungszeichen mit ihren Fingern in die Luft und warf Ella und Nadine abwechselnd einen etwas verzweifelt wirkenden Blick zu.

»Bisher haben wir nur äußerst sittliche und rein asexuelle Themen besprochen«, beteuerte Linda nachdrücklich, als die beiden anderen Frauen jegliche Art von aufmunternder Mimik vermissen ließen und zählte bereitwillig auf: »Babykotze, wie lecker der Babybrei zum Anrühren schmeckt, Baby, Baby, Baby, dreckige Wäscheberge, Baby, Schlafmangel... weshalb mich dieses unverblümte Angebot gestern umso mehr überraschte!«

Wieder dieser Hundeblick hin zu den Zuhörern. Nadine bekam Mitleid und versuchte sich kooperativ an einem Lächeln, was jedoch kläglich misslang. Hilfesuchend sah sie zu Ella hinüber. Diese starrte, wie schon zu Beginn von Lindas Eröffnung, auf die Kinder, die sich vor ihnen im Sandkasten amüsierten und verzog keine Miene.

Ella – mit ihrem schwarzen Bob, ihrer Brille und ihren esoterisch anmutenden Steinchenohrhängern – sah, ganz im Gegensatz zu Nadine, mit ihren 29 Jahren schon sehr erwachsen aus. Sie erinnerte Nadine stets ein wenig an eine gesetzte Bibliothekarin. Mit ihrem Style wollte sie optisch so gar nicht zu der bunten Neuzeitblondine in ihrer beider Mitte passen. Linda war definitiv die auffälligste Erscheinung der Drei. Sie war immer laut und bunt. Was sie eigentlich nicht nötig hatte, denn sie besaß durchaus eine natürliche Schönheit, mit der sie auch so genug Aufmerksamkeit von ihrem Umfeld bekommen hätte. Was Nadine selbst betraf, so war sie rein optisch der klassische Langzeitstudenten-Typ. Mit ihren wilden Locken und ihrer Vorliebe für bequeme Jeans und weite Hemden wirkte sie trotz ihrer 25 Jahre immer noch jugendlich und klein-mädchenhaft. Was zum Teil auch an ihrer schlaksigen Figur liegen mochte.

»So der Reihe nach auf dieser Holzbank aufgereiht geben wir bestimmt ein fesselndes Bild ab«, dachte Nadine. Die Bibliothekarin, die Neuzeitblondine und die Langzeitstudentin. Sie musste unwillkürlich schmunzeln, auch wenn ihr, angesichts des aktuellen Themas, nicht danach sein sollte. Gerade so, als wolle Linda Nadines letzten Gedankengang bestärken, fuhr diese weiter fort:

»Es hatte so unverfänglich angefangen – wirkte so unschuldig und unverbindlich. Klar haben wir immer wieder ein wenig miteinander geflirtet, doch das war nur Herumgeblödle. Nichts Ernstes. Ich muss allerdings gestehen, dass ich süchtig nach diesen Treffen mit ihm geworden bin! Diese Aufmerksamkeit, dieses aufrichtige Interesse an mir und meiner Person. Ihr ahnt ja gar nicht, wie sehr mir das alles gefehlt hat! Ich wusste bis vor Kurzem ja selbst nicht einmal, wie sehr!«

Es entstand wieder eine nachdenkliche Pause, in der alle drei Frauen wie die Hühner auf der Stange auf dieser Holzbank neben dem Spielplatz ihrer Kinder saßen und nachdenklich schwiegen.

Diese besagte Holzbank, mitten im Zentrum Münchens, im Stadtteil Schwabing, war seit einigen Wochen zu einer Art Stammplatz für die Freundinnen mutiert. Dieser kleine Spielplatz war der ideale Treffpunkt für junge Mütter. Es gab ein Bistro in der Nähe mit einer funktionierenden Toilette, einem unerschöpflichen Vorrat an Kaffee und jeder Menge Alternativen für die so oft zu Hause vergessene Breze. Die U-Bahn war nur wenige Gehminuten entfernt. Falls vollgekotzte Kleidung, ausufernde Trotzanfälle oder sonstige Babynotfälle eintreten sollten, war der Zeitaufwand zur Schadensbegrenzung also minimal. Ein weiterer Pluspunkt war die spärliche Ausstattung des Spielplatzes. Außer zwei mickrigen Wipptieren und einer kleinen Rutsche neben einem Sandkasten war nichts geboten, weshalb die Anzahl der dort spielenden Kinder auch an sonnigen Tagen überschaubar blieb. Und das Beste: Größere Arschlochkinder, die den drei kleinen Krabbelkindern hätten gefährlich werden können, waren überhaupt nicht anzutreffen.

Die Frauen hatten ihn eines Tages, als sie gemeinsam mit den Kinderwägen durch die Straßen geschlendert waren, entdeckt und sein Potenzial sofort erkannt.

Nadine konnte aus den Augenwinkeln beobachten, wie Linda unglücklich ihre Fußspitzen fixierte, während Ella mit ausdrucksloser Miene nach wie vor zu den mittlerweile 10 Monate alten, friedlich spielenden Kleinkindern hinüberstarrte. Ihr Gesicht spiegelte die sprichwörtliche Neutralität der Schweiz . Keine Spur von Abneigung oder Zuspruch. Sie sah aus wie ein Cowboy, so breitbeinig wie sie da saß, mit den Ellenbogen auf die Knie gestützt und irgendetwas mit kreisendem Unterkiefer vor sich hin kauend. Ein Vogel landete vor ihren Füßen, hopste zwei Schritte auf sie zu und musterte sie mit schief gelegtem Kopf. Nadine konnte beobachten, wie Ella unmotiviert ein Stück Breze aus ihrer Tasche zog, ein paar kleine Fetzen davon herunterriss und vor dem Vogel auf den Boden hinwarf. Nadine kannte die beiden zwar erst wenige Monate, doch kam ihr Ellas Verhalten an diesem Tag trotzdem recht seltsam vor. Sie war nicht der grüblerische Typ. Das war in der Regel Nadines Part bei einer Konversation. Aber dieses Thema schien Ella ebenso zu berühren und in ihrem Verhalten zu verändern, wie Nadine. Nur eben auf andere Art und Weise.

Ohne es wirklich zu wollen, musste Nadine plötzlich an ihre Mutter denken. Wie ein Schmetterling war sie damals von Beziehung zu Beziehung geflattert, nachdem die Scheidung von Nadines Vater vollzogen, und beide von da an auf sich alleine gestellt waren. Ja, sie war der Schmetterling und Nadine während ihrer gesamten Kindheit die eine Wiesenblume unter vielen, die ihrer Mutter zwar beim Flattern zusehen konnte, ansonsten allerdings darauf hoffen musste, dass sie eines Tages den Weg zu ihr zurück finden würde, um ihr die Aufmerksamkeit zu schenken, die sie zum Wachsen und Gedeihen benötigte. Während ihre Mutter leichtfüßig von Mann zu Mann schwebte und ihr Leben lebte, war Nadine immer nur dann ein Teil von diesem, wenn ihre Mutter dazu Zeit und Lust hatte. Sie hatte sich gleichzeitig mit dem Konzept der Ehe auch von ihren Mutterinstinkten gelöst und war von diesem Moment an auf emotionaler Ebene nur noch schwer bis gar nicht für ihre Tochter zu erreichen. *»Ob Ella eine ähnliche Kindheit vorzuweisen hat und sich deshalb so benimmt?«* Mit diesem Bild im Hinterkopf wandte sich Nadine wieder Linda zu. Diese starrte immer noch auf ihre Füße und kaute dabei so heftig auf ihrer Unterlippe herum, dass diese bereits ganz geschwollen wirkte. Als sie merkte, dass sie wieder Nadines ungeteilte Aufmerksamkeit hatte, begann sie:

»Diese *Linda-die-Mutter*-Geschichte hat mittlerweile so einen dominanten Platz in meinem Alltag eingenommen, dass sich *Linda-die-Frau* aus Mangel an Relevanz irgendwann einmal klammheimlich in den Garten verzogen hat und seither in einem selbst gebuddelten Erdloch auf einen langsamen und qualvollen Tod wartet. Mark hat diesen Teil von mir einfach gepackt und aus seinem Erdloch hinaus, direkt auf den Laufsteg des Münchner Nachtlebens katapultiert. Und Leute: Das Gefühl ist so berauschend, dass ich es unmöglich unterdrücken kann. *Linda-die-Frau* hat ein zu langes Dasein voller Entbehrungen gefristet, als dass ich mich jetzt wieder bereit erklären könnte, sie brav in ihr Erdloch zurückziehen zu lassen. Nur, um auf das Stichwort eines Mannes zu warten, der sie vielleicht sogar schon längst vergessen hat!«

»Du meinst Dennis?«, fragte Nadine überflüssigerweise an ihrer bereits vollgespeichelten Haarlocke vorbei. Dennis war Lindas Ehemann. Nadine hatte ihn noch nicht oft gesehen, aber Linda erzählte häufig, dass er sie seit Luisas Geburt kaum noch berührte. Es war kein Geheimnis, dass die drei Frauen sich seit der Geburt ihrer Kinder schwer damit taten, ihre Beziehungen auf befriedigende Art und Weise vom Paar- in den Familienmodus umzustellen. Ihr Leben hatte sich seit der Ankunft ihrer kleinen Schätze ohnehin komplett verändert. Und mit komplett war KOMPLETT gemeint! Ihr Schlafrhythmus war völlig außer Kontrolle geraten, ihre Körper hatten sich einer ganzheitlichen Transformation unterzogen und ihr gewohnter Alltag war nicht einmal mehr im Ansatz wiederzuerkennen. Dass dies besondere Auswirkungen auf ihr Verhältnis zu ihren Männern hatte, war zwar vorherzusehen, traf sie jedoch alle heftiger als erwartet.

Das neue Leben der drei Frauen war anstrengend, fremd und in vielerlei Hinsicht zu viel, aber auch gleichzeitig wunderschön und auf simple Art und Weise fühlte es sich für Nadine durch und durch richtig an. Kurz gesagt: Es war das reinste Chaos!

Dass da Annäherungsversuche von irgendeinem dahergelaufenen Mark auf fruchtbaren Boden fielen, war für Nadine durchaus verständlich. Dennoch widerstrebte es ihr, diesen Umstand gutzuheißen.

»Also Münchner Nachtleben ist etwas übertrieben, findest du nicht?«, warf sie deshalb ein. »Eure Treffen finden auf einem Kinderspielplatz statt und sollen jetzt in seiner Wohnung ihr großes Finale finden. Das ist irgendwie … schäbig und nicht glamourös.« Nadine war selbst überrascht von sich und dieser gänzlich untypischen Art direkt und hart zu argumentieren, aber der Gedanke an Lindas kleine Tochter Luisa und welche möglichen Konsequenzen hinter Lindas Taten auf sie lauerten, wühlte sie derart auf, dass sie ein Ventil brauchte.

Der Hoffnungsschimmer, der Lindas Gesicht noch bis vor wenigen Augenblicken sanft benetzt hatte, zerbröselte vor Nadines Augen in winzige Einzelteile. Die schonungslosen Worte pusteten diese Hoffnung auf Verständnis über die Straße, um die Ecke und ließen sie von dort auf Nimmerwiedersehen verschwinden. Linda blickte ihnen kurz hinterher und seufzte anschließend unbehaglich. Nadine hingegen wappnete sich innerlich für die Fortsetzung ihres Urteils (niemand verletzt gerne eine liebgewonnene Freundin) und legte los:

»Ich bleibe dabei: Du bist egoistisch. Und es wird nicht weniger egoistisch, nur weil du es gut verkaufen kannst. Wenn das jemand mit dir machen würde ...« Sie ließ den Satz unvollendet über den Köpfen der drei Frauen hängen. Diese Art zu reden war für sie extrem anstrengend. Ihr ganzer Körper war zum Zerreißen angespannt. Sie war nicht der Typ, der viel redete. Schon gar nicht über sich oder irgendwelche Ansichten und Meinungen, die sie hatte. Wenn sie sich unter Menschen befand, beschränkte sie sich meistens darauf, zu beobachten und sich im Hintergrund zu halten. Deshalb konnte sie Linda bei ihrer Moralpredigt nicht einmal in die Augen sehen, aber es ging hier um die unschuldige Seele eines kleinen Mädchens. Eines Mädchens, so wie sie auch einmal eines gewesen war ...

»Willst du mir vielleicht sagen, dass dir *Nadine-die-Frau* nicht fehlt?«, unterbrach Linda sie hastig. Ihre Stimme bebte verunsichert. Sie wirkte aufgeregt, was Nadine etwas den Wind aus den Segeln nahm.

»Ach, das ist doch nur eine Phase!« Nadine versuchte beschwichtigend zu klingen. »Die kommt schon wieder.«

»Und wenn nicht? Was ist, wenn die nächsten Jahre daraus bestehen, auf etwas zu warten, das einfach nicht mehr zurückkommt? Wenn du während du wartest, Stück für Stück einen Teil von dir selbst, von deiner Persönlichkeit einbüßt? Das, was ich erlebe, ist real und es ist kein fiktives Ziel in unerreichbarer Ferne. Es ist nicht der Zug, der niemals kommt.«

Da war es wieder. Das Wir-haben-zu-wenig-Sex-seit-das-Baby-da-ist-Thema. Es war bei den Zusammenkünften der drei so omnipräsent, dass es sich beinahe in jedes Gespräch einmischte und über kurz oder lang dominierte. Nadine entfuhr ein resignierter Seufzer, denn es war genau das Thema, bei dem sie nicht wirklich mitreden konnte. Sie hasste dieses Thema! Sie musste sich nämlich nicht nur im Dialog mit ihren Freundinnen auseinandersetzen, sondern auch zu Hause. Torsten sprach es ebenfalls immer wieder an. Ihr war Sex nicht halb so wichtig, wie den anderen beiden Mädels. Wahrscheinlich nicht mal ein Drittel so wichtig. Torsten und sie hatten bereits vor Fynns Geburt kaum noch miteinander geschlafen und das hatte sich auch nach der Geburt nicht geändert. Nadine schämte sich nicht, es zuzugeben. Es fehlte ihr überhaupt nicht. Fynn füllte ihre Seele bis zum Rand mit einer ungeahnten Zufriedenheit aus, dass sie problemlos ohne Sex auskam.

Fynn … Allein wenn sie an diesen zuckersüßen kleinen Engel, der ihr einfach alles bedeutete, dachte, schwoll ihr Herz auf die doppelte Größe an. Mit ihrem Blick suchte sie den Sandkasten nach ihm ab und der Wunsch, ihn vor allem Übel dieser Welt zu beschützen, war in diesem Moment schier übermächtig.

Wie aufs Stichwort fing Fynn Nadines Blick auf und kam mit freudigem Lächeln zu den Müttern herüber gekrabbelt. Nadine strahlte zurück, beugte sich mit weit aufgerissenen Armen zu ihm nach unten und schloss ihn fest in ihre Arme. Für eine Weile vergaß sie alles um sich herum, verlor sich ganz und gar in der Welle der Mutterliebe, die gerade mit voller Wucht über sie hereinbrach, und vergrub ihre Nase in seinem dünnen Wollmützchen. Sie schloss verträumt ihre Augen, um sich ganz auf ihn konzentrieren zu können, während sie ihn fest an ihre Brust gedrückt auf ihrem Schoß auf und ab wiegte.

Gut, auf Lindas letztes Argument hatte sie keine Erwiderung parat, aber da war noch diese eine entscheidende Frage, die ihr auf der Seele brannte, und sie wusste (auch wenn ihr allein der Gedanke daran kalten Angstschweiß auf die Handflächen trieb), dass sie heute Nacht nicht würde schlafen können, wenn sie Linda diese Frage jetzt nicht stellte.

»Was ist mit Luisa?« Diese Frage kam für Linda so unvermittelt, dass sie zusammenzuckte. Sie sah Nadine mit einer Mischung aus Verständnislosigkeit und Verunsicherung an. »Wie meinst du das?«, wollte sie wissen und Nadine konnte die Unsicherheit in ihrer Stimme vibrieren hören.

»Na die Kleine bleibt bei uns, damit sie diesen Mark ungestört in seiner Wohnung bumsen kann. Ich schätze mal, der einzige Grund, warum sie uns das hier alles erzählt, ist der, dass wir babysitten sollen.«

Ellas Stimme klang so rau, dass sie wie Schmirgelpapier an Nadines Ohr kratzte.

Mit weit aufgerissenen Augen starrte Nadine zusammen mit Linda in Ellas Richtung. Dieser Einwand kam so unerwartet, dass Nadine glatt der Mund offen stehen blieb. Ella begegnete ihrem Blick mit unbeteiligter Miene. Ihr Gesicht sah beängstigend erschöpft aus. Und es war nicht das typische Mutti-Erschöpft, das alle drei Frauen täglich mit sich herumtrugen. Es war ein gequältes Erschöpft und hatte etwas Leidendes an sich. Ihre Schultern zuckten so müde nach oben, wie ihre Augen aussahen, als sie nachsetzte: »Ist doch so, oder täusch ich mich? Komm schon Nadine, sieh mich nicht so geschockt an, das ist das Leben! *Oscar Wilde* hat einmal geschrieben:

»Wenn man verliebt ist fängt man immer damit an, sich selbst zu betrügen und hört immer damit auf andere zu betrügen. Das nennt die Welt eine Liebesgeschichte.«

Und damit hat er verdammt recht, wie ich finde. Wer weiß, ob Dennis unsere Linda nicht auch schon längst betrogen hat.« Dann wandte sie ihren Blick wieder den beiden im Sand spielenden Mädchen zu. Sie zuckte erneut mit den Schultern. Nur diesmal hatte es etwas Resigniertes, Tieftrauriges. Ihre Stimme war unheimlich leise, als sie ihren nächsten Satz den beiden Freundinnen entgegenwisperte.

»Hat Ralf auch schon gemacht.«

Kapitel 2

Nadine lag vier Stunden später mit Fynn in ihrem Doppelbett und spielte »Fingerchen schnappen«. Mit weit aufgerissenem Mund und kehligen Urwaldgeräuschen folgte sie der Hand ihres Sohnes, um sie kurz darauf mit ihren Zähnen anzuknabbern. Der Kleine quietschte vor Vergnügen und wirkte entspannt und zufrieden. Immer wieder patschte er ihr mit seinen Händen ins Gesicht und forderte mit leuchtenden Augen eine Endlosschleife dieses Unterhaltungsprogramms. »Pssst!«, tadelte Nadine ihren Sohn halbherzig im Flüsterton. Papa schläft schon. Mit einem kurzen Kopfnicken deutete sie auf Torsten, der zusammengerollt auf seiner Seite des Bettes friedlich vor sich hin schnarchte.

Torsten arbeitete bei einer Werbeagentur als Artdirector und hatte nicht selten Projekte, die so viel Zeit in Anspruch nahmen, dass er ganze Nächte durcharbeiten musste, um termingerecht abliefern zu können. Wenn der Auftrag dann endlich abgeschlossen war, schlief er meistens einen ganzen Tag lang durch.

Nadine schnappte noch dreimal herzhaft zu, dann gähnte sie ausladend. Das Gespräch von heute Nachmittag hatte sie mehr Kraft gekostet als erwartet. Solche derart intensiven Gespräche waren ihr zuwider. Besonders die damit verbundenen aufwühlenden Gedanken an ihre Mutter. Auch wenn sie manchmal leicht wütend wurde, wenn sie an sie dachte, so hatte sie es nie ganz geschafft, sie zu hassen. Dafür fehlte ihr die entscheidende Portion Emotionalität und der Wille, sich mit ihrer Vergangenheit näher auseinanderzusetzen. Nadine hielt nicht viel vom Jammern. »Immer weiter« war ihre Devise. Sie wollte sich von nichts aufhalten oder vereinnahmen lassen. Schon gar nicht von der Frau, die ihre Kindheit auf dem Gewissen hatte. Wie oft schon hatte sie sich gewünscht, dass es anders wäre. So ein richtiger Ausraster. »*Das ist bestimmt etwas Erlösendes*«, dachte sie. Doch das Einzige, was im Moment in ihr hochkam, war Müdigkeit.

»Was ist das nur mit den Leuten und dieser Betrügerei?«, fragte sie sich, während sie Fynns Finger, die immer noch in ihrem Gesicht herumtasteten, mit ihrer Hand umschloss und gedankenverloren küsste. Fynn kommentierte diese unerwünschte Spielpause, indem er wild mit seinen Beinen strampelte und seine Mutter finster anstierte. Doch diese war zu sehr in Gedanken versunken. So sehr sie Lindas Ansage aufgewühlt hatte, so sehr war sie von Ellas Geständnis überrascht worden. Da hatte Ralf sie tatsächlich betrogen! Und das zu allem Überfluss auch noch, während sie schwanger war. Der gutmütige, herzliche Ralf, der mit Ella schon seit einer halben Ewigkeit zusammen war und der nach all den Jahren bei jedem Zusammentreffen durch seinen unverändert liebevollen Umgang mit seiner Frau auffiel. Nadine konnte es immer noch nicht so richtig fassen. Was in aller Welt hatte er sich dabei gedacht? Ella hatte so unendlich traurig ausgesehen, als sie ihre Leidensgeschichte in groben Stichpunkten vor den anderen beiden ausbreitete, dass weder Linda noch Nadine es gewagt hatten, genauer nachzuhaken.

Warum taten sich die Leute derartige Dinge an? Wenn man den Statistiken glauben darf, sind 45 % der »Gebundenen« in Deutschland untreu. Was war aus Wertvorstellungen wie Pflichtbewusstsein und Verantwortungsgefühl geworden? Sie schnaubte geräuschvoll, löste ihren Griff um Fynns Hand und streichelte ihm stattdessen sanft über Stirn und Nase.

Torstens Schwester Corinna hatte erst vor Kurzem ihrem Ehemann eröffnet, dass sie sich scheiden lassen will. Auch sie hatte einen anderen Mann kennen und lieben gelernt.

Philip und sie haben zwei gemeinsame Kinder. Damals fühlte sich Nadine schon sehr vor den Kopf gestoßen, obwohl sie bei den letzten Treffen deutlich gespürt hatte, wie angespannt die Beziehung der beiden zueinander war. Allerdings hatte sie dies zu dieser Zeit als »schwierige Phase« abgetan. Jetzt erlebte sie die erste Scheidung innerhalb ihrer Familie bewusst und hautnah mit und fühlte sich sehr unwohl dabei. Sie machte sich in erster Linie Gedanken um ihre beiden Neffen und spürte, dass diese Situation noch mehr alte Wunden aufriss, als sie sich bereit war einzugestehen. Bereits nach der Geburt von Fynn schlichen sich immer wieder in Vergessenheit geratene Szenarien aus ihrer eigenen Kindheit vor ihr geistiges Auge. An die Scheidung ihrer Eltern konnte sie sich zwar nicht erinnern (Sie war zwei Jahre alt gewesen, als ihr Vater sie und ihre Mutter verlassen hatte.), dennoch machte sie genau diesen Umstand für den restlichen Verlauf ihrer Kindheit verantwortlich, weshalb sie auf dieses Thema sehr sensibel reagierte. Wer weiß, wie ihr Leben verlaufen wäre, wenn sie noch eine zweite Ansprechperson in ihrem Leben gehabt hätte … Immer, wenn sie in Fynns Augen blickte, erkannte sie die Unschuld und Schutzbedürftigkeit, die sich darin spiegelte, und sie schwor sich, ihm all das zu geben, was ihr als Kind auf so grausame Weise verwehrt geblieben war. Und ein präsenter Vater stand auf dieser imaginären Liste ganz weit oben.

Ein wirklich unglücklicher Umstand, dass ausgerechnet jetzt die Frauen, mit denen sie am meisten Zeit verbrachte, in Beziehungskrisen steckten, die mit höchster Wahrscheinlichkeit in einer Scheidung enden würden. Damit hatte sie nicht nur eine Trennung im Familien-, sondern auch noch zwei im Freundeskreis zu verbuchen.

Etwas gestresst von diesem Gedanken, stieß sie erneut geräuschvoll die Luft aus und blickte zu ihrem Sohn, der mit einem Mal so ruhig geworden war. Fynn war unter den zärtlichen Berührungen seiner Mutter eingeschlafen und lag nun mit geschlossenen Augen und halb offenem Mund friedlich auf dem Bett. Mit verklärtem Blick sah Nadine ihrem Sohn beim Schlafen zu. Sie spürte seine Wärme an ihrem Körper, sein Atem kitzelte ihren Unterarm. Dieses Kind löste bisher nie dagewesene Gefühle in ihr aus, deren Intensität sie stets aufs Neue überraschten und nicht selten völlig überrumpelten. Einem spontanen Impuls nachgebend, drückte sie ihre Lippen auf seine Stirn. Der Kleine zuckte leicht unter dieser Berührung zusammen, sodass Nadine schnell ihren Arm um den zierlichen Körper neben sich legte, um ihn zu beruhigen. Fynn kuschelte seine Wange an die Hand seiner Mutter und seufzte zufrieden. Ihr Blick wanderte von dem kleinen Lockenkopf neben sich zu dem großen Lockenkopf, der dicht gedrängt an der Hauswand, auf der anderen Seite des Bettes, ebenfalls friedlich schlief. Obwohl Fynns Haare noch deutlich heller waren als die seines Vaters, so war eine Ähnlichkeit zwischen den beiden doch unverkennbar. »Wie der Vater so der Sohn«, dachte Nadine voller Zuneigung und lächelte Torstens Hinterkopf an. Torsten war beinahe gänzlich unter seiner Decke begraben. »Zwischen ihm und mir hätten, was die Distanz angeht, noch einmal drei weitere Kinder Platz«, dachte Nadine und fragte sich unwillkürlich, wie der Anblick ihres Bettes wohl aus der Vogelperspektive wirken musste. Ja, auch zwischen ihr und Torsten lief es nicht perfekt. Nicht nur körperlich, auch emotional war da dieser Abstand zueinander. Nadine war nie ein geselliger Mensch gewesen. Sie neigte seit frühester Kindheit dazu, sich in eigens kreierte Welten zurückzuziehen, um fernab jeglicher Realität mit sich selbst Frieden zu schließen.

Als Kind hatte ihr ihre Mutter oft verboten das Zimmer zu verlassen. Besonders, wenn sie Männerbesuch hatte. Sie fand Kinder waren der reinste Lustkiller, und auch wenn Nadine zum damaligen Zeitpunkt nicht verstand, was das Wort überhaupt bedeutete, so verstand sie doch die Abwertung, die mit dieser Bemerkung bezüglich ihrer Person einherging. Am Anfang war das Gefühl der Einsamkeit nur schwer zu ertragen gewesen. Die fehlende Zuwendung und die ihr verwehrte Geborgenheit hatten sich wie Phantomschmerzen in ihr kleines Kinderherz gebohrt und ihr Stück um Stück das Vertrauen in die Menschheit an sich geraubt.

Sie war im Allgemeinen ein sehr schüchternes, kooperatives Kind gewesen. Still und genügsam. Und so hatte sie sich schnell an die drückende Stille des Zimmers und an das Schweigen der Wände gewöhnt. Sie hatte begonnen, sich mit Hilfe ihrer Gedanken in Tagträume zu flüchten, die ihre Situation erträglich machten. Sie arrangierte sich mit der Einsamkeit, der sie fast täglich ausgesetzt war, und ignorierte die soziale und emotionale Verwahrlosung, die ihr Wesen langsam aber sicher komplett zu vereinnahmen drohte. Sie war immer schweigsamer geworden und körperliche Nähe hatte angefangen unangenehm zu werden. Es fühlte sich für sie nunmehr stumpf und hohl an.

Dieser Umstand änderte sich auch nicht, als sie Torsten kennenlernte. Sie hatte es nie geschafft, die Lasten ihrer Kindheit abzulegen und Torsten wirklich nahe an sich heranzulassen

Mit Fynns Geburt war letztlich nicht nur die Möglichkeit verloren gegangen, sich ihrem Mann zu öffnen, sondern auch noch der Wille dazu. Denn Fynn riss alle errichteten Schutzmauern in ihr ein und förderte einen Berg an unterdrückten Gefühlen und einen ungeahnten Hunger nach Liebe zu Tage, dass sie Torsten innerhalb dieses vereinnahmenden Strudels an ungewohnten Gefühlen gar nicht mehr wahrnahm. Für sie gab es nur noch Fynn und ihre neu gewonnenen Muttergefühle, die nun jede Zelle ihres Körpers durchfluteten. Zwischen Torsten und ihr war es seither nie mehr so wie früher gewesen. Sie entsprachen also nicht dem klassischen Bild eines verliebten Pärchens, aber würde Nadine ihn deshalb gleich betrügen? Was würde denn dann aus ihrer kleinen Familie werden? Was hätte das für Auswirkungen auf den kleinen Fynn? Getrieben von diesem letzten Gedanken drückte sie ihren Sohn fest an sich und schwor sowohl ihm als auch sich selbst:

»Papa und ich, wir können uns zwar nicht scheiden lassen, weil wir nicht verheiratet sind, aber ich verspreche dir, sollten wir uns jemals trennen, werde ich alles dafür tun, dass sich so wenig für dich ändert, wie möglich.«

Kapitel 3

Drei Tage später war es dann soweit. Lindas großes Date stand vor der Tür und Nadines und Ellas Einsatz war gefragt. Pflichtschuldig die Rolle der loyalen Freundin erfüllend, saß Nadine genau um viertel vor drei nachmittags auf der Holzbank neben dem Spielplatz und wartete. Ella war ebenfalls kurze Zeit später erschienen. Sie schien sich nach ihrem demütigenden Outing als betrogene Ehefrau wieder gefasst zu haben und versorgte die Kinder gerade im Sandkasten mit Maiswaffeln, als Linda fünf Minuten später eintraf.

Ella und Linda begrüßten und umarmten einander, als wäre dies hier ein ganz gewöhnliches Treffen zu einem nachmittäglichen Plausch und kein geplantes Himmelfahrtskommando für eine relativ junge Ehe.

Nadine konnte nicht verstehen was sie sagten, dafür saß sie zu weit entfernt. Sie hatte allerdings auch nicht das Bedürfnis, sich an einer Unterhaltung unter derartigen Bedingungen zu beteiligen. Sie hatte keine Lust so zu tun, als wäre ihr die Gesamtsituation nicht total zuwider. So blieb sie, angefressen wie sie war, auf ihrem Hintern hocken und grollte gegen Linda, aufgrund des Umstandes in etwas derartig Unmoralisches mit hineingezogen worden zu sein. Trotzdem konnte sie nicht widerstehen, die beiden genau zu beobachten.

Linda sah hübsch aus mit ihrem braunen Rock, der weißen Bluse und den hohen Schuhen. »*Wann habe ich das letzte Mal hohe Schuhe getragen?*«, fragte sich Nadine und neigte den Kopf in einer nachdenklichen Geste zur Seite. Trotz der Entfernung, die zwischen Nadine und Linda bestand, konnte Nadine deutlich erkennen, wie angespannt Linda war. Dass sie nicht völlig kaltblütig an die Sache heranging, erleichterte Nadine ein wenig. Lindas Atmung war flach und ihr Gesicht hatte einen ungesunden Farbton. Sie zupfte permanent an ihrer Bluse herum, während sie mit Ella sprach, was Nadine alleine beim Zusehen nervös machte. Ella entschärfte die angespannte Situation mit ihrer zuvorkommenden Art Linda gegenüber merklich. Sie wirkte offen und zugewandt, tätschelte Linda sanft den Arm und brachte sie sogar einmal kurz zum Lachen. Nadine fand es bewundernswert, wie neutral Ella sich ihrer Freundin gegenüber verhielt. Besonders, wenn man ihre eigene familiäre Situation berücksichtigte, war es eine Glanzleistung, die Ella hier vollführte. Allerdings waren die beiden schon seit ihrer Schulzeit Freundinnen, soviel Nadine wusste. Ihre Beziehung zueinander war spürbar tiefer und gefestigter, als die zu Nadine. Diese registrierte unterdessen, wie sich Ella zu der im Kinderwagen sitzenden Luisa hinabbeugte und sie mit einem warmen Lächeln begrüßte. Mit routinierten Bewegungen fischte sie die Kleine aus dem Wagen und setzte sie sich auf die Hüfte, bevor sie Linda zum Abschied noch einmal fest an sich drückte.

Als Linda kurz darauf Nadines Blick suchte, um sich auch von ihr zu verabschieden, wandte sich diese hastig ab und schenkte ihre ganze Aufmerksamkeit der Handtasche, die auf ihrem Schoß kauerte. Nadine gab angestrengt vor, etwas zu suchen, um Zeit zu gewinnen. Ihr entging Lindas genervter Seufzer nicht, den sie ausstieß bevor sie ihr Vorhaben, sich erfolgreich zu verabschieden, aufgab und auf dem Absatz kehrt machte, um schnellen Schrittes davon zu stolzieren.

Nadine, die immer noch unmotiviert in ihrer Handtasche herumfingerte, beobachtete aus den Augenwinkeln, wie Ella mit Luisa auf dem Arm an ihr vorbei zum Sandkasten ging. »Seht mal ihr Mäuse, wer noch gekommen ist«, verkündete sie betont locker, setzte Luisa neben Sophia und Fynn und drückte ihr eine freie Sandschaufel in die Hand. Sie kniete sich neben ihre Tochter, streichelte einmal kurz über deren rosa Schirmmütze, dann erhob sie sich wieder und setzte sich zu Nadine auf die Bank. Dort klopfte sie sich den Sand von der Hose und atmete geräuschvoll aus.

Nadine betrachtete ihre Freundin eingehend. Sie war fasziniert und erschrocken zugleich, wie effektiv Ella den Schmerz, der das letzte Mal so deutlich in ihren Augen zu lesen war, von ihrem äußeren Erscheinungsbild gekratzt und hinter einer Mauer aus Selbstbeherrschung und disziplinierter Heiterkeit verscharrt hatte.

Sie erkannte, dass sie und Ella sich in der Art, wie sie ihre Gefühlswelt vor der Außenwelt zu schützen pflegten, ähnlich waren und mochte Ella in diesem Moment noch ein Stück mehr als zuvor. Auch wenn Ella immer ehrlich ihre Meinung zu den unterschiedlichsten Sachverhalten äußerte, wenn man sie fragte, und sie ihren Standpunkt durchaus souverän zu vertreten verstand, so war sie dennoch sehr sparsam damit, wenn es darum ging, etwas von sich und ihren persönlichen Anliegen preiszugeben. Nadine hatte sowohl mit dem einen als auch mit dem anderen so ihre Probleme. Am liebsten beobachtete sie und redete so wenig wie möglich. Sie mochte die Aufmerksamkeit nicht, die einem zuteil wurde, sobald man sich aktiv an einer Diskussion beteiligte.

Als sie ein Kind war, wurde es nicht gerne gesehen, wenn sie ihre Meinung vertrat. Zu Hause galt es nur zu folgen und zu funktionieren. Diese Eigenschaften hatte sie bis heute nie ganz abgelegt.

Eine drückende Stille definierte die Holzbank neben dem kleinen Spielplatz mitten in München. Nadine schwieg, weil sie nicht wusste, wie sie mit dem Wissen um Ellas Familiensituation umgehen sollte, und Ella schwieg vermutlich genau aus demselben Grund. Sollte Nadine Ella darauf ansprechen? Das hatte sie sich ja bereits beim letzten Treffen schon nicht getraut. Auf keinen Fall wollte sie, dass Ella dachte, ihr wäre diese Angelegenheit egal. Allerdings wollte sie noch weniger, dass Ella sie für indiskret hielt oder – noch schlimmer – sich von etwaigen Fragen bedrängt fühlte. So schwiegen die beiden noch eine Weile und sahen den Kindern beim Spielen zu. Bis es Ella nicht mehr aushielt und fragte:

»Du hältst sie für ein Flittchen, nicht wahr?« Nadines Augen weiteten sich vor Schreck ob dieser direkten Ansprache. Sie entschied, dass es unangebracht wäre zu lügen, weshalb sie lediglich mit einer Gegenfrage auswich.

»Du etwa nicht?« Ella zuckte mit den Schultern. Da sie Nadines Blick nicht erwiderte, konnte diese nicht einschätzen, was in ihr vorging.

»Ich verstehe das nicht. Du müsstest doch am besten wissen, wie schlimm es ist …« An Ellas hochgezogenen Schultern erkannte Nadine, dass sie zu weit gegangen war und biss sich verärgert auf die Unterlippe. Ihre Freundin hatte schon genug gelitten, da musste sie nicht auch noch Salz in die Wunde streuen. Sie atmete geräuschvoll aus und ärgerte sich still über sich selbst.

»Weißt du, Nadine …«, begann Ella und sah ihrer Freundin nun direkt in die Augen. »Über all den Urteilen, die ich mir über Linda und ihr Verhalten gebildet habe – und das habe ich, ich bin schließlich kein Stein – thront meine Hochachtung und Anerkennung vor ihrer Ehrlichkeit. Wenn sie mir nicht sagen würde, was sie wirklich denkt, sondern einfach nur das, was am wenigsten Reibung erzeugt, dann wäre sie keine richtige Freundin. Ich begegne täglich Menschen, die irgendeinen Einheitsbrei wiederkäuen, der mich langweilt und der bewirkt, dass ich die Individualität der Person weder erkennen noch achten kann. Wie soll ich denn mit jemandem befreundet sein, der nicht zulassen will, dass ich ihn richtig kennenlerne? Ich freunde mich doch nicht mit einem Menschen an, nur weil er mir seine moralisch einwandfreie Maske vor die Nase hält. Linda ist eine der wenigen

Menschen, die immer deutlich aussprechen, was sie gerade bewegt. Das imponiert mir.« Ellas Blick rutschte von Nadines Gesicht ab und schweifte gedankenverloren in die Ferne.

»Auch wenn sie einen damit manchmal vor den Kopf stößt, oder verletzt. Besser so, als nicht zu wissen, woran man ist.« Sie machte eine bedeutungsschwere Pause, schien ihre Gedanken erst wieder ordnen zu müssen. »Mich kostet es immer sehr viel Überwindung, wenn ich meinem Umfeld mitteilen muss, was mich wirklich bewegt und antreibt«, gesteht sie schließlich und für einen kurzen Moment ist da wieder dieser Schmerz in ihren Augen zu erkennen. Was war das für eine Erinnerung, die sie da gerade so mutig zugelassen hatte und die nun müde kleine Fältchen in ihr Gesicht zeichnete. War da etwas zwischen Linda und Ella, von dem sie nichts wusste? Oder war es noch die frisch ausgegrabene Enttäuschung, die Ralf zu verschulden hatte? Aber Ella fing sich schnell wieder. Ehe Nadine sich versah, hatte sie sich wieder im Griff und ihre Gefühle tief verschlossen.

Nadine dachte lange über Ellas Worte nach. Es stimmte. Seine Meinungen und Wünsche zu äußern erforderte Mut. Sie selbst wusste das am besten. War sie doch die Königin der Verschlossenheit. Allerdings fehlte ihr auch fast immer das Bedürfnis ihre Gedanken mit der Außenwelt zu teilen. Sie sah die Relevanz oft nicht. Es gab selten ein Thema, welches sie derart berührte, dass sie bereit war, dafür ihr gemütliches Schneckenhaus der Verschwiegenheit zu verlassen. So trat sie mit ihren Ansichten niemandem zu nahe und umgekehrt genauso.

Sie kannte es von zu Hause auch nicht anders. Ihrer Mutter waren Ruhe und Schlaf stets das Wichtigste gewesen. Es war nicht wirklich interessant für sie, was ihre Tochter bewegte oder brauchte. Nadine hatte sich insofern damit arrangiert, dass sie einfach damit aufhörte darüber nachzudenken, was sie bewegte oder brauchte. Etwas in ihrem Inneren schien mit der Zeit verloren gegangen zu sein. Das Bedürfnis, sich mitzuteilen, zu verhandeln und für ihre Belange zu kämpfen hatte sich still und heimlich in Luft aufgelöst.

Was nach außen hin oft teilnahmslos und ignorant wirkte, war im Grunde lediglich eine unbeabsichtigte und anerzogene Leere.

Nadine setzte in Sachen Freundschaft ganz andere Prioritäten.

Für Nadine waren das Recht zu sagen, was man dachte und das Recht zu tun, was man wollte zwei verschiedene Paar Schuhe. Sie hielt zwischenmenschliche Beziehungen für den Inbegriff von Verantwortlichkeit und Verbindlichkeit. Die Menschen nahmen das heutzutage viel zu sehr auf die leichte Schulter. Sie ignorierten nur allzu gerne ihre Pflichten und kümmerten sich stattdessen ausschließlich um ihre Rechte. Deutlich zu sagen, wer man war und was man dachte, gab einem noch lange nicht das Recht, ohne Rücksicht auf Verluste irgendwelche Launen durchzusetzen.

Doch Nadine sprach nichts dergleichen laut aus. Was sollte sie tun, sie war eben, wie sie war. Sie blickte stumm zu den Kindern hinüber und spielte wie so oft mit einer ihrer Haarlocken herum. Um ihre Freundin nicht völlig hängen zu lassen, entschied sie sich, stattdessen das Thema in eine andere Richtung zu lenken. »Meine Schwägerin lässt sich gerade scheiden«, verkündete sie mit gedämpfter Stimme. Ella nickte, um zu signalisieren, dass sie zuhörte. Sie hatte sich, wie beim letzten Mal auch schon, mit den Ellenbogen auf ihren Knien abgestützt und lauschte nun mit gebeugtem Oberkörper ihrer Freundin. »Sie hat ebenfalls einen neuen Mann kennengelernt und dann ist die gesamte Ehe innerhalb weniger Monate komplett auseinandergebrochen. Ich mache mir ein wenig Sorgen um die beiden Jungs …«, gab Nadine zu und untermauerte ihre Worte indem sie geräuschvoll die Luft ausstieß.

»Gibt es denn da Probleme?«, wollte Ella wissen und sah ihre Freundin mit hochgezogenen Augenbrauen an.

Nadine schüttelte leicht den Kopf. »Noch nicht. Philip zeigt sich recht kooperativ und begnügt sich damit, die Jungs jedes zweite Wochenende zu sich zu nehmen. Aber ich kann mir vorstellen, wie krass sich Menschen verändern können, wenn ihre Lebensumstände so plötzlich über den Haufen geschmissen werden.« Dass sie ganz genau wusste, wie krass sich Menschen unter solchen Bedingungen verändern können, verschwieg sie. Verärgert runzelte sie die Stirn. Ihre Mutter war in ihrem Kopf in letzter Zeit eindeutig zu dominant vertreten. Das missfiel ihr außerordentlich. Hatte sie doch vor Fynns Geburt kaum einen Gedanken an sie verschwendet.

»Jedes zweite Wochenende«, sinnierte Ella unterdessen. »Heißt das, deine Schwägerin hat jedes zweite Wochenende frei?« Nadine warf ihr einen tadelnden Blick zu. »Na hör mal!«, verteidigte sich Ella. »Du musst schon zugeben, dass nach 10 Monaten Dauerbaby so ein Gedanke schon mal erlaubt sein darf!«

»Ich könnte mir kein Wochenende ohne meinen Fynn vorstellen«, beteuerte Nadine und sah hinüber zu ihrem Sohn. Beim Anblick dieses pausbäckigen, lebensfrohen Jungen, begannen ihre Augen sogleich zu leuchten. Ihr Herz schmerzte beinahe, wenn sie sich bewusst machte, wie sehr sie diesen kleinen Mann liebte.

»Du bist keine schlechte Mutter, nur weil du es nicht 24/7 sein willst«, sagte Ella sanft und es klang so, als wolle sie in erster Linie Nadine damit verteidigen und nicht ihre eigene Aussage.

Ich wüsste gar nicht, was ich ohne ihn mit mir anfangen sollte, dachte Nadine, senkte den Blick und versuchte die Tränen, die auf einmal in ihr hochstiegen, wegzublinzeln. Was war denn nun schon wieder? Es war doch zum Kotzen! Fynns Geburt hatte die verwirrendsten Emotionen in ihr freigesetzt. Es war extrem ungewohnt, sich diesen neuen Gefühlen zu stellen. Ungewohnt und auch beängstigend. Vor Fynns Existenz hatte sie kaum bis überhaupt nicht geweint und jetzt flossen die Tränen zu den unpassendsten Gelegenheiten. So viel in derart kurzen Abständen zu fühlen war wirklich, wirklich anstrengend.

Vielleicht war sie ja doch nicht mehr ganz so, wie sie zu sein glaubte.

Kapitel 4

Torsten saß bereits im Wohnzimmer auf der Couch und spielte auf seiner Playstation »God of War«, als Nadine nach Hause kam. Er begrüßte sie mit einem knappen »Hi«, blieb aber mit dem größten Teil seiner Aufmerksamkeit bei seinem Spiel hängen. Aus den Augenwinkeln nahm er ihren Schatten war, der an ihm vorbeihuschte und sich in der Wohnküche am Tiefkühlfach zu schaffen machte. *Jetzt gibt es wieder selbstgekochten, wohl portionierten und auf Vorrat eingefrorenen Babybrei,* schlussfolgerte er stumm und spürte, wie er schlechte Laune bekam. Ob er frisches Gemüse aß, warm angezogen war oder überhaupt noch atmete, das interessierte wahrscheinlich die Kakteen auf dem Fensterbrett mehr, als seine Freundin es tat. Aber für den Sohn war keine Gläschennahrung dieser Welt gut genug. Da wurden sogar Orangen fein säuberlich filetiert und wie kleine Kunstwerke auf dem Teller angerichtet. Die Wände waren mit Schnappschüssen des kleinen Prinzen nahezu noch einmal neu tapeziert worden (sogar von der Toilettentür aus grinste ihm ein Bild seines Sohnes entgegen) und im Wohnzimmer nahm das Spielzeug mehr Platz ein, als es die Möbel taten. Ja, er musste zugeben, er war mit der Gesamtsituation mehr als unzufrieden.

In all den Jahren, die er mit Nadine zusammen war, hatte er es nicht geschafft ihr so nahe zu kommen oder ihr Gesicht so zum Strahlen zu bringen, wie dieser kleine Mann auf ihrem Arm das innerhalb weniger Minuten gleich nach seiner Geburt fertig gebracht hatte. Torsten war immer der Überzeugung gewesen, dass Nadine einfach ein eher kühlerer Typ war, der seine Gefühle nicht so erfolgreich zeigen konnte wie andere. Aber seit es Fynn gab, wusste er, dass es einzig und allein an seiner Person lag. Und das machte ihn sauer. Und traurig. Und bockig. Luft machte er seinen Gefühlen, indem er abwechselnd genervt und abweisend auf Nadine reagierte oder sich eben zugewandt und bemüht ihr gegenüber zeigte. Er schwamm in einem Wechselbad aus Resignation und Aufbegehren und fühlte sich durch dieses ständige emotionale Hin und Her vor allem hilflos. Denn egal, in welche Richtung er sich auch abstrampelte, es zeigte keinerlei Wirkung bei Nadine. Heute war wieder ein Ich-bin-bockig-Tag, weshalb er stur vor seiner Playstation hocken blieb und in den Bildschirm starrte.

»Hast du es geschafft, die Wäsche abzuhängen?«, erkundigte sich Nadine bei ihm, während sie mit ihrer freien Hand noch immer am Tiefkühlfach herumfummelte. »Nein«, murmelte er in ihre Richtung und fixierte weiterhin den Flimmerkasten. Er wusste, dass er ein schlechtes Gewissen haben müsste, weil er zu Hause kaum einen Finger rührte und die Rolle des Alleinverdieners provokant raushängen ließ, aber Nadine forderte ein derartiges Verhalten ja geradezu heraus. Es war völlig gleichgültig, ob er ihr unter die Arme griff oder nicht. Sie beschwerte sich nicht, wenn er es nicht tat und sie war auch nicht recht viel netter zu ihm, wenn er es tat. Sie hatte ihn noch nie um Hilfe gebeten oder von ihm ein gewisses Maß an Einsatzbereitschaft gefordert. Sie ließ ihn grausam in der Luft hängen, sodass er sich gleichsam orientierungs- und nutzlos fühlte. Ob er da war oder nicht, es schien keine Rolle zu spielen. Es war so, als wäre er seit Fynns Geburt komplett unsichtbar geworden. Sie zog ihr Ding durch und er hatte alle Freiheit seines durchzuziehen. Aber das wollte er überhaupt nicht.

Nadine war eine solch fürsorgliche und liebevolle Mutter, dass er sich eigentlich glücklich hätte schätzen können. Schließlich wollte auch er für seinen Sohn nur das Beste. Allerdings wäre er auch allzu gerne ein präsenterer Teil in dessen Leben gewesen.

Anfangs war er noch froh, dass sich für ihn mit Fynns Geburt kaum etwas veränderte und er sich nicht so viel um ihn kümmern musste. Fynn war so klein, so zerbrechlich und er so ahnungslos und eingeschüchtert von diesem kleinen Wunder gewesen. Nur zu gerne ließ er sich die Pflege und die damit verbundene Verantwortung für den Jungen von Nadine abnehmen.

Seine Freunde hatten ihn immer darum beneidet, dass er sich nicht mit schlaflosen Nächten und zusätzlicher Hausarbeit herumschlagen musste, aber nach und nach war Torsten in seine Rolle hineingewachsen und das Gefühl, sie jetzt nicht erfüllen zu dürfen, nagte an ihm.

Er fühlte sich ein wenig so, als würde er Nadine und seinen Sohn von außen durch eine Glasscheibe hindurch beobachten. Als wäre zwischen ihnen und ihm ein elektrisch geladener, vier Meter hoher Stacheldrahtzaun. Die beiden hatten sich gemeinsam weiterentwickelt, während er den Einzelkämpfer spielte.

»Torsten?« Nadines Stimme riss Torsten aus seinen Gedanken. Wehmut erfasste ihn, als er seine Freundin dort vor sich stehen sah. Sie war zum Greifen nah (er roch sogar das Betty Barclay Parfüm, das er ihr letztes Weihnachten geschenkt hatte) und doch war sie so unerreichbar für ihn. Fynn, der wie eine Brosche an seiner Mutter klebte, lutschte geräuschvoll an einem Stück Banane und starrte interessiert zu ihm hinüber.

»Wir gehen dann mal ins Schlafzimmer, damit du ein bisschen deine Ruhe hast.«

Torsten legte sofort seinen Controller auf der Couch neben sich ab und wandte sich seiner Freundin nun ganz zu. »Bleib … bleib doch noch ein bisschen.« Seine Stimme schien auf halbem Wege verloren gegangen. Er räusperte sich angestrengt und wiederholte noch einmal: »Bleibt doch bei mir.«

Sie zögerte eine kurzen Moment und wich unsicher seinem Blick aus. Ein Blick, in dem Torsten erkennen konnte, dass es nicht darum ging, dass ER seine Ruhe hatte, sondern dass SIE ihre Ruhe hatte. Mit einem zaghaften Lächeln winkte sie ab und versicherte ihm: »Nein ist schon okay. Wir wollen gar nicht stören. Spiel du nur dein Spiel. Das ist eh zu blutig für Fynnis Augen … und wir kommen ja sowieso nochmal, wenn sein Essen warm ist.«

Er wollte noch etwas erwidern, aber sie hatte ihm bereits den Rücken zugewandt und war hinter der Wohnzimmertür verschwunden. »*Doch, stört mich*«, dachte Torsten verzweifelt, machte mit einer schnellen Handbewegung den Fernseher aus, pfefferte die Fernbedienung auf den Sessel und fuhr sich mit beiden Händen durch die Haare.

Ab jetzt würde es so wie jeden Abend laufen. Er würde die beiden für den Rest des Abends nicht mehr zu Gesicht bekommen. Beide wären im großen Bett irgendwann eingeschlafen, während sich das Kinderbett daneben einsam und unberührt jeglicher Daseinsberechtigung beraubt sah. Er selbst müsste sich aus Platzgründen entweder in die Ecke quetschen oder gar auf die Couch zurückziehen …

Nein, das konnte so nicht weitergehen. Er war ein Mann, er war Vater, Teil einer Familie. Verdammt, er war kein Kinderbett, das man ignorieren konnte, er hatte Gefühle und Bedürfnisse!

Umständlich erhob er sich aus seinem Sitzplatz und dackelte in Richtung Schlafzimmer. Zaghaft öffnete er die Tür und blieb etwas unsicher im Türrahmen stehen.

Nadine saß im Bett mit Fynn auf den Knien und einer Fingerpuppe in der rechten Hand. Er beobachtete sie eine Weile, rieb sich seinen linken Arm und überlegte angestrengt, was er eigentlich sagen wollte.

»Ist alles okay?«, fragte sie schließlich, ohne ihr Spiel zu unterbrechen. Sofort beschlich ihn die Ahnung, dass er störte. Er fühlte sich wie ein Eindringling und das nicht zum ersten Mal. Anfangs war er überzeugt davon gewesen, dass er sich das nur einbildete, dass es an seinem mangelnden Selbstbewusstsein liegen musste (Wieso sollte Nadine ihn schließlich nicht um sich haben wollen? Er war der Vater ihres Kindes. Das ergab doch keinen Sinn …) aber die Zeit verging und das Gefühl blieb. Und etwas, das sich so hartnäckig in einem festsetzte wie es Rotwein bei Teppichböden machte – das konnte keine Einbildung sein.

Er räusperte sich nochmals geräuschvoll, um seiner Stimme mehr Sicherheit zu verleihen. Dann wagte er einen kleinen Vorstoß. »Ich finde, wir sollten mal wieder nach größeren Wohnungen suchen.«

»Mhm …«

»Ich finde wirklich, Fynn ist jetzt groß genug und sollte langsam mal sein eigenes Zimmer bekommen«, beharrte Torsten.

»Hm.« Das war eher ein Schnauben als eine Antwort. Nadines ganze Aufmerksamkeit war und blieb bei Fynn.

Etwas mutlos ließ Torsten die Schultern hängen. Dann fasste er sich ein Herz und setzte sich zu den beiden auf die Bettkante.

Endlich wandte sich Nadine ihm zu. Der Blick, den sie ihm schenkte, war eine Mischung aus Verunsicherung und Unwillen. Auch Fynn hatte sein Spiel jetzt unterbrochen und sah zu ihm hinüber. Beide starrten ihn an, während er nicht die geringste Ahnung hatte, was er sagen sollte, und warteten. Warteten darauf, dass er wieder ging.

Er versuchte den aufsteigenden Kummer, der sich erneut Bahn brechen wollte, einfach hinunterzuschlucken. Sanft strich er Fynn über die Wange und stupste ihn neckisch auf die Nase. Dann sah er Nadine tief in die Augen. Er wollte ihre Hand ergreifen, traute sich aber nicht. »Ich hab dich lieb«, sagte er geradeheraus und musste sich ernsthaft zusammenreißen, dass er nicht anfing zu heulen. Nadine strich ihm unbeholfen über den Arm. Sie hatte sich bereits wieder abgewandt, als sie erwiderte: »Ich dich auch.«

»Mhm«, »Ich dich auch.«, »Ist alles okay?«. Diese abgehackten Unterhaltungen machten ihn wahnsinnig. Sie sagte »Ich dich auch.« und dennoch fühlte er sich so abgewiesen, als hätte sie nichts gesagt. Die Tatsache, dass die Worte die unausgesprochen blieben, mehr Raum einnahmen, als die die ihrer beider Lippen verließen, brachte ihn dazu, sich wieder aus ihrem Umfeld zurückzuziehen und ihr die Ruhe zu gönnen, die sie zuvor ihm angeboten hatte.

Kapitel 5

Als sich die drei Frauen am darauffolgenden Wochenende mit ihren Männern zusammen bei Ella und Ralf zu Hause trafen, um die letzten warmen Sonnenstrahlen des Jahres zu nutzen, war Nadine etwas mulmig zumute.

Das, was sie über Ralf und Linda wusste, machte sie befangener als sie es ohnehin schon bei solchen Veranstaltungen war. Sie waren wie der klassische rosa Elefant, an den man nicht denken sollte. Sie wusste jetzt schon, dass sie sich den gesamten Abend lang unwohl fühlen würde. Nervös trommelte sie mit den Fingern auf ihrem Knie herum, während Torsten sie zu dem Sechsfamilienhaus fuhr, in dem die Steinbecks wohnten.

Ella und Ralf Steinbeck besaßen eine Erdgeschosswohnung am Rande von München mit einem schönen Garten, in dem man gemütlich sitzen und grillen konnte.

Der Wind fuhr Nadine durch ihre lockige Mähne, als sie das Auto verließ, was sie sogleich dazu veranlasste zu prüfen, ob Fynns Mütze auch seine Ohren ausreichend schützte. Die Sonne geizte nicht mit Anwesenheit, jedoch hatte ihre Kraft in den letzten Tagen spürbar nachgelassen, weshalb sich der Wind auf der Haut unangenehm kalt anfühlte. Mit Fynn in der einen und einer Schüssel selbst gemachten Nudelsalats in der anderen Hand machte sie sich auf den Weg durch den Garten direkt auf die Terrasse ihrer Freundin. Torsten folgte ihr in einigem Abstand und betrachtete eingehend die fremde Umgebung. Die Terrasse war bereits vorbildlich eingedeckt. Der Grill stand bereit. Geschnittenes Gemüse, Fleisch, Würste und sogar Grillkäse stapelte sich auf einem großen Pizzateller neben dem Grill. Ein Fernseher in der Nähe der Terrassentür machte Nadine etwas stutzig. Sie legte den Kopf schief und betrachtete etwas verwirrt den schwarzen Kasten, der so gar nicht zu ihren Erwartungen an diesen Grillabend passen wollte.

»Ralf will das Bundesliga-Spiel später sehen. Dortmund gegen den FC Bayern München. Ist wohl wichtig«, erklärte Ella mit rollenden Augen und zuckenden Schultern, als sie durch die Tür schritt, um ihre Gäste zu begrüßen. Nadine wollte gerade etwas erwidern, als sie Lindas Stimme hinter sich vernahm.

»Hallo meine Lieben, da sind wir. Tut mir leid, wir sind etwas spät, aber wir mussten noch einen kleinen Umweg zum Bäcker machen. Ich hatte ja versprochen, mich um das Baguette zu kümmern.«

»Wir sind nur zu spät, weil du wieder deine scheiß Nägel nicht rechtzeitig fertig lackiert hast«, widersprach Dennis und ein leiser Groll schwang in dieser Aussage mit. Linda zuckte unter den Worten ihres Mannes verhalten zusammen, entschloss sich allerdings binnen weniger Sekunden dazu, diese einfach wegzulächeln und begrüßte ihre Freunde. Nadines Körper versteifte sich unter Lindas Umarmung. Ihr Blick blieb an Dennis hängen, der einige Meter entfernt, mit mürrischem Gesichtsausdruck und den Händen in den Hosentaschen, auf die Hecke starrte. Ob er wohl bereits ahnte, was seine Frau so trieb?

Nachdem Linda der Reihe nach alle geherzt und begrüßt hatte, drückte sie Ella das Baguette in die Hand und Ralf eine Flasche BBQ-Soße. Nadine, die ihren Sohn sanft auf ihrer Hüfte hin und herschaukelte fragte: »Wo ist Luisa?«

»Die ist heute bei den Großeltern«, antwortete Linda. »Heute ist Oma/Opa-Tag.«

»Oma/Opa…?«

»Hey, ihr habt ja den Fernseher rausgestellt!« Das war Dennis, der nach seiner Entdeckung mit zwei großen Schritten den Weg runter vom Rasen und zu den anderen auf die Terrasse gefunden hatte.

»Bist du auch ein Bayern-Fan?«, erkundigte sich Ralf erwartungsvoll.

»Ja Mann, ich hab ganz lange selber im Verein gespielt.«

Dennis und Ralf, die glücklich über ein so schnell gefundenes Gesprächsthema waren, schnappten sich Torsten und verschwanden mit ihm zusammen in der Wohnung.

»Mag Torsten auch Fußball?«, wollte Linda wissen und betrachtete Nadine dabei eingehend. Der Wunsch, in Nadines Augen lesen zu können, wie diese nach den letzten Ereignissen zu ihr stand, war beinahe greifbar. Auch wenn sich Nadine immer noch unwohl mit der ganzen Sache fühlte, so hatte sie nicht vor, eine große Sache daraus zu machen, weshalb sie bereitwillig auf das Gespräch einging. »Denke schon«, beantwortete sie Lindas Frage mit einem Achselzucken und wiegte nach wie vor den kleinen Fynn auf ihrem Arm hin und her. »Willst du Fynn zu Sophia auf die Decke im Wohnzimmer setzen?«, fragte Ella und machte bereits Anstalten, in Richtung Wohnzimmer zu verschwinden. Doch Nadine lehnte schnell dankend ab. Sie mochte es nicht, wenn Fynn irgendwo spielte, wo sie ihn nicht immer sehen konnte. Die anderen beiden Frauen äußerten sich nicht laut, aber Nadine entging der vielsagende Blick, den sie untereinander wechselten, nicht.

Sie konnte den Drang, auf ihrer Haarlocke herumzukauen, nur schwer unterdrücken. Sie fühlte sich nicht wohl. Sie fühlte sich ganz und gar nicht wohl. Sie wusste Dinge, die sie nicht wissen wollte, wurde von ihren Freundinnen kritisch beäugt und machte sich obendrein immer noch Gedanken um den Wind, der so ruppig an ihrem Sohn herumzerrte.

Es dauerte nicht lange und die Männer gesellten sich wieder zu ihren Frauen und vor allem dem Fernseher. Mit Becksflaschen in der Hand stießen sie aufeinander an und schienen sich bereits prächtig zu amüsieren. Torsten wirkte inmitten der anderen beiden Männer beinahe bubihaft mit seiner Cap (unter der er einen fehlenden Haarschnitt verbarg), seinem Packman T-Shirt und seinem spärlichen Bartwuchs, den man eher als Flaum bezeichnen konnte. In dieser Hinsicht passten er und Nadine prima zusammen. Er war genauso sehnig und hoch gewachsen wie sie und schien nicht älter zu werden. Seine zurückhaltende Art und sein schüchternes Lächeln verstärkten diesen Eindruck nur.

Ralf hatte mit seinen gütigen Augen und seinen vollen Lippen nicht nur das sympathischste Aussehen, er hatte auch die positivste Ausstrahlung von allen. Er drückte seiner Frau ein Glas mit Wasser in die Hand und einen Kuss auf die Stirn, bevor er sich wie ein vorbildlicher Gastgeber dem Grill widmete. Kleine Fältchen zierten seine Stirn wenn er lachte und verliehen ihm zusätzlich Charisma. Er gehörte zu der Sorte Mann, die gut aussahen, aber keine Ahnung davon hatten. Nadine beobachtete ihn eine Weile, wie er so dastand, fröhlich vor sich hin pfeifend und unbeschwert die marinierten Steaks wendete und fragte sich, ob ihn seine Tat noch beschäftigte, so wie es Ella immer noch mitnahm, oder ob für ihn die Sache geklärt war. Ihre Augen verengten sich zu kleinen Schlitzen, als ihr bewusst wurde, dass sie sich wegen seiner Tat unwohler fühlte, als er selbst es zu tun schien. Gereizt wandte sie sich an Torsten. »Hast du Fynn und mir auch etwas zu trinken mitgebracht? Du weißt doch, es ist so wichtig, dass er viel trinkt!« Torsten sah schuldbewusst an sich herab. Außer seiner Bierflasche hatte er nichts vorzuweisen. Mit ausgebreiteten Armen, die in ihrer Leere für sich sprachen beschränkte, er sich auf ein einfaches: »Sorry.«

»Ich hol dir eins, ich wollte mir sowieso gerade selbst etwas holen«, ging Linda dazwischen und schlängelte sich an den beiden vorbei in die Wohnung.

Nachdem schließlich alle mit Essen und Getränken versorgt waren, das Fußballspiel im Hintergrund lief und die Kinder friedlich auf einer Decke im Garten spielten, kehrte langsam Ruhe ein.

Einzig Linda war etwas nervös, weil der Wind ihre Frisur penetrierte und sie sich Sorgen um ihr Erscheinungsbild machte. Außerdem war das Kleid in dem sie steckte zu freizügig, um sie konsequent warmzuhalten. Sie rieb sich über ihre Oberarme und erkundigte sich in die Runde, ob sie die Einzige wäre, die ein paar Grad mehr begrüßen würde. Die Männer bekundeten ihre Aussage mit einem leisen Lachen. »Euch Frauen ist immer kalt«, erklärte Ralf belustigt, bevor er seine Jacke auszog und sie Ella ungefragt um die Schultern legte. Sie schmiegte ihren Kopf dankbar an seine Wange und widmete sich dann wieder ihrem Grillkäse.

Mit einem Augenaufschlag den Lady Di nicht besser hinbekommen hätte, sah Linda zu ihrem Mann hinüber. Dennis rollte genervt mit den Augen, zog dann aber ebenfalls seine Lederjacke aus und warf sie seiner Frau zu. Nadine sah sich die beiden Szenen, die in ihrem Grundsatz identisch waren, an und war verblüfft, wie sehr sie sich doch in ihrer Stimmung unterschieden. Was bei dem einen wie eine romantische Geste aussah, wirkte bei dem anderen, als würde er mit einem Handtuch eine Strandliege belegen.

Abwartend blickte sie zu Torsten hinüber, der sich gerade eine zweite Portion von ihrem Salat genehmigte. Als dieser ihren Blick im Rücken spürte, hielt er in seiner Bewegung inne. Mit hochgezogenen Augenbrauen betrachtete er seine Freundin, von der er so viel Aufmerksamkeit in so kurzen Zeitabständen nicht gewohnt war. An seinem Kinn klebte ein wenig Salatsoße. Durch seine Brillengläser wirkten seine nun erstaunt aufgerissenen dunklen Augen wie riesige Knöpfe, als er etwas verwirrt fragte. »Was ist?« Nadine schüttelte kaum merklich den Kopf, bevor sie aufstand, um kurz nach Fynn zu sehen.

Während sie sich umwandte, fing sie Dennis' Blick auf. War das Einbildung oder hatte ihr dieser Typ gerade tatsächlich auf den Hintern gestarrt? Das wurde ja immer schöner! Und sie hatte auch noch Mitleid mit diesem Schmierlappen gehabt. Mit gerunzelter Stirn wandte sie sich zu den Kindern um. Ihre Miene hellte sich wieder auf, als ihr Fynn sofort die Arme entgegenstreckte, sobald er sie erkannt hatte. Die Umarmung, die sie ihm sogleich schenkte, war vollgepackt mit all ihrer Liebe. Nachdem sie mehrfach geprüft hatte, ob seine Arme und sein Nacken warm genug waren, gesellte sie sich widerstrebend zu den Erwachsenen zurück.

Dennis grinste sie dreckig von seinem Platz aus an und schob sich in einer Geste, die wohl lasziv anmuten sollte, allerdings zu einem Akt der Widerlichkeit verkam, einen Karottenstick in den Mund. Nadine schnappte bei diesem Anblick angewidert nach Luft. Dieses Grinsen hatte nichts Freundliches, sondern eher etwas Aggressives. Auch seine stahlblauen Augen ließen jede Freundlichkeit vermissen. Mit seinen breiten Schultern, dem muskulösen Oberkörper und den raspelkurzen blonden Haaren, erinnerte er Nadine an einen Klischee-Polizisten, wie man ihn aus alten Hollywoodfilmen kannte. Ein Hauch von Bedrohlichkeit umgab diesen Mann wie Frühnebel das Gras im Herbst.

Die anderen einigten sich gerade darauf, die zweite Halbzeit des Fußballspiels in das Innere der Wohnung zu verlegen, was Nadine mit Erleichterung abnickte.

Während die Männer immer stiller wurden und sich von ihrem Spiel komplett vereinnahmen ließen, widmeten sich die Frauen Ellas bevorstehendem Geburtstag. Ella würde in zwei Wochen dreißig Jahre alt werden und das wollte sie ordentlich mit den Mädels feiern.

Wenn Nadine daran dachte, Fynn eine ganze Nacht lang alleine zu lassen, bekam sie Magenschmerzen. Sie wusste, dass es lächerlich war und dass er sowieso schlafen würde, allerdings hatte er eben noch nie ohne seine Mutter geschlafen. Torsten konnte ihn nur schwer beruhigen, wenn er tagsüber weinte. Außerdem bekam Fynn nachts noch einmal ein

Fläschchen. Das hatte Torsten bisher nie gemacht. Ohne es wirklich zu bemerken, fing sie an, nervös mit ihren Haaren zu spielen, während sie den anderen beiden Frauen zuhörte.

»Was hältst du von griechisch essen gehen?«, schlug Linda gerade vor. »Da gibt es doch diesen Szenegriechen in der Innenstadt, wo sie alle wild mit Servietten um sich werfen.«

Ella rümpfte etwas missbilligend die Nase.

»Na schön, Mexikaner?«, versuchte es Linda erneut. »Die haben leckere Cocktails und gute Musik.«

»Mexikaner klingt gut«, befand Ella und nickte dabei nachdenklich. Sie begann bereits damit, sich ihre Party genau auszumalen. Sie war ein Fan von Plänen. »Was sagst du dazu, Nadine?«

Nadine schluckte schwer. Es war der dreißigste Geburtstag ihrer Freundin. Das war etwas Besonderes. Sie konnte Ella an so einem wichtigen Ereignis nicht einfach hängen lassen. Aber Fynn ... Mist, sie war einfach noch nicht soweit! Etwas verschreckt blickte sie zwischen Linda und Ella hin und her, die sie abwartend anstarrten. In ihren Augen konnte Nadine lesen, dass sie keine Ahnung hatten, wieso Nadine zögerte.

Sie hatte bereits ihren Mund geöffnet, um zu einer Antwort anzusetzen, da brachte ein lauter Aufschrei die Frauen völlig aus dem Konzept. Alle drei zuckten merklich zusammen und drehten ihre Köpfe verschreckt zu ihren Männern um, die sich gerade grölend abklatschten. Als Ella begriff, dass es sich lediglich um ein Tor handelte, das der FC Bayern geschossen hatte, atmete sie erleichtert aus. Nadine war unterdessen aufgesprungen und zu ihrem Sohn geeilt, der sich offensichtlich erschrocken hatte und nun bitterlich weinte und Linda fiel ihrem Mann euphorisch um den Hals, in der Hoffnung, Dennis würde diese begeisterte Stimmung in einen leidenschaftlichen Kuss investieren. Was Linda von ihrem Mann bekam, sah eher aus, als wolle er von ihrem Mund ein Korn herunterpicken. Ein Kuss war es jedenfalls nicht, was Linda sogleich mit einem frustrierten Gesichtsausdruck quittierte.

Zu allem Überfluss schob er sie dann auch noch von sich, mit der Erklärung, dass er sich in Ruhe die Zeitlupe ansehen wolle. Als sich Nadines und Lindas Blicke trafen, sendete Linda ihrer Freundin mit ihren Augenbrauen ein »Siehst du!« zu. Nadine machte ein ähnliches Gesicht, welches Verständnis ausdrücken sollte. Seit sie Dennis live und in Farbe erlebt hatte, verstand sie so einiges. Nun hatte Nadine in doppelter Hinsicht Mitleid mit Luisa.

Fynn hatte sich immer noch nicht vollständig von seinem Schreck erholt und stieß nun in kurzen Etappen durchdringende Protestschreie aus, während seine Mutter ihm besänftigend über den Rücken strich und seinen Kopf mit Küssen bedeckte.

Sophia hatte sich, aus Mangel eines Spielpartners, von der Spieldecke entfernt und war auf die drei Frauen zugekrabbelt. Ella kam ihr auf halbem Weg entgegen und setzte sie sich auf die Hüfte. Sie rieben zur Begrüßung ihre Nasen aneinander und Ella zwinkerte ihrer Tochter schelmisch zu. So standen sich die drei Frauen einen kurzen Moment schweigend gegenüber, ehe Ella schließlich fragte: »Na dann zum Mexikaner in zwei Wochen?«

Nadine blickte mit verkniffenem Mund ins Leere und versuchte angestrengt die Angst, die sich schleichend in ihr ausbreitete, zu unterdrücken. Wie sollte sie den anderen nur klarmachen, dass sie noch nicht bereit war, Fynn alleine zu lassen? Sie entschloss sich dazu, Torsten zu benutzen, um etwas Zeit zu gewinnen. »Da muss ich erst Torsten fragen, ob er nicht schon was vor hat«, murmelte sie und versuchte dabei im Ansatz bedauernd zu klingen.

»Was ist mit deinen Eltern, können die nicht mal aufpassen?«, bohrte Linda nach.

Der Haken, den Nadine um dieses Thema zu schlagen versucht hatte, war volle Kanne in die Hose gegangen. Ihre verkniffenen Gesichtszüge verrieten ihre Anspannung, als sie wahrheitsgemäß antwortete: »Meine Mutter und ich, wir haben kaum noch Kontakt.« Schnell wechselte sie das Thema. »Ella, kann ich kurz euer Bad benutzen? Ich will Fynn mal die Hände waschen und die Nase putzen.«

»Logo«, Ella nickte zur Terrassentür rüber und erklärte ihr, hinter welcher Tür sie das Badezimmer finden konnte.

Etwas hektischer als gewollt, drängte sich Nadine an den drei Männern vorbei, um mitsamt dem Gefühl der Bedrängnis hinter der Glastür zu verschwinden. Im Bad angekommen, lehnte sie sich erst einmal erschöpft gegen die kalten Fließen und atmete mit geschlossenen Augen tief ein und aus. Fynn, der seine Finger so vollgespeichelt hatte, wie das sonst nur Nadine mit ihrer Haarlocke schaffte, beobachtete seine Mutter interessiert von unten. Diese schielte zu ihm hinunter, als sie sich wieder im Griff hatte und lächelte ihn an. »Ich hab dich lieb«, verkündete sie mit Nachdruck und fing damit an, sein tränennasses Gesicht mit ihrem Handrücken abzuwischen.

Als sich Nadine nach einer viertel Stunde mit einem schlecht gelaunten und hoffnungslos übermüdeten Fynn (er hatte sofort wieder angefangen zu weinen, als sie ihm eine Katzenwäsche verpasst hatte) wieder aus dem Bad heraus zwang, erkannte sie durch das schwache Licht des Fernsehers, das auf die Gesichter der draußen Anwesenden fiel, dass sich Linda und Ella angeregt mit Torsten unterhielten. Nadine spürte, wie ihre Kopfhaut anfing zu kribbeln. *Er macht hundertprozentig meine Ausrede kaputt!*, orakelte sie stumm, während sie hilflos im Hausflur der Steinbecks im Dunkeln herumstand. Angestrengt versuchte sie, die Grundstimmung des Gesprächs aus der Ferne zu erahnen. Torsten saß mit einer Pobacke auf der Lehne des Gartenstuhls, den Ella besetzte, und machte ein besorgtes Gesicht, während er mit hängenden Schultern und verhaltenen Handbewegungen irgendetwas erzählte. Ella hatte sich ihm mit ernster Miene zugewandt und lauschte. Was Linda machte, konnte sie leider von ihrer Position aus nicht erkennen, da diese mit dem Rücken zu ihr stand.

Mit klopfendem Herzen setzte sie ihren Beobachtungen ein jähes Ende und bewegte sich auf die anderen zu. In der Hoffnung, noch ein, zwei Gesprächsfetzen zu erfassen, öffnete sie schwungvoll die Terrassentür und trat mit einer aufgesetzten Heiterkeit nach draußen, die sich bizarr auf ihrem Gesicht anfühlte. Drei Köpfe ruckten in ihre Richtung und schenkten ihr die volle Aufmerksamkeit. Sogar Ralf, der mit der kleinen Sophia auf dem Arm etwas abseits stand, blickte kurz auf. Sie hasste es, eine derartige Aufmerksamkeit auf sich zu ziehen.

»Hat er wieder geweint?«, erkundigte sich Ella mit anteilnehmender Miene und schief gelegtem Kopf.

»Ach, er hasst es, wenn ich ihn wasche«, wiegelte Nadine ab, machte eine wegwerfende Handbewegung und fuhr Fynn anschließend neckisch mit der Hand über das Gesicht, als könne sie damit seinen ernsten Gesichtsausdruck wegwischen.

»Na, du bist gerne auf Mamas Arm. Nicht wahr, kleiner Mann?« Mit diesen Worten wandte sich Linda nun Fynn zu, der mit seinen Fingern im Mund und ernster Miene zu ihr hinüber starrte. Ein Stück Restfeuchtigkeit glitzerte auf seinen Wangen. Gemeinsam mit vereinzelten Schluchzgeräuschen, die seiner Kehle entsprangen, war sein Anblick herzzerreißend. Er schmiegte sich schmollend in die Halskuhle seiner Mutter und beendete damit das Gespräch, das Linda mit ihm anfangen wollte.

Nadine schnaubte genervt und drückte ihrem Sohn einen langen Kuss auf seine Mütze. Sie wusste genau, dass dieser Satz nicht Fynn, sondern ihr galt. Es war wieder eine dieser Warum-hast-du-ihn-ständig-auf-dem-Arm-Fragen, die sie in so vielen Augenpaaren lesen konnte seit sie Mutter war. Bisher hatte sich nur keines dieser Augenpaare getraut, diese Frage laut und unmissverständlich auszusprechen. Stattdessen wurde mit derartigen Sätzen wie: »*Schläft er immer noch nicht alleine?*« oder »*Was? Er war noch nie bei einem Babysitter?*« ein Eiertanz um ihren Erziehungsstil und ihre Mutter-Kind-Bindung veranstaltet. *Wie sie einen dann immer ansehen. Als würde man nicht richtig ticken ...,* dachte Nadine angepisst.

Gab es einen bestimmten Durchschnittswert an körperlicher Nähe, von dem sie nichts wusste und nach dem sich alle Welt zu richten hatte? Gab es denn etwas Schöneres, als ein Kind lieben zu dürfen, das einen ebenso zurück liebt? Wo, zur Hölle, war das Problem? Im Gegenteil: DIESE Leute tickten nicht richtig! Sie würde jedenfalls wegen keinem Witz und keiner Stichelei dieser Welt ihrem Sohn weniger Liebe geben, als sie es für richtig und angemessen hielt.

Es war dasselbe, wie Torstens ständige Fragerei nach einer größeren Wohnung. Meine Güte, der Kleine war noch nicht einmal 11 Monate! Durfte sie ihr Mutterglück denn nicht in Ruhe genießen? War es denn das einzige Ziel als Mutter, ihr Kind gleich nach der Geburt unabhängig von sich zu machen? Ist es nicht so, dass die Menschen früher alle gemeinsam in einem Bett geschlafen haben? Nur weil der Trend heutzutage in eine andere Richtung ging, hieß das doch nicht, dass er besser war, als der letzte oder vorletzte Trend. Fehlte nur noch, dass Torsten sie heute Abend wieder mit diesem leidigen Heirats-Thema ärgerte, dann würde sie zum ersten Mal, seit sie zusammen waren, richtig laut werden. Für heute hatte sie wirklich genug.

Um jeder weiteren Diskussion vorzubeugen bedachte sie Torsten mit einem frostigen Blick, der keinen Widerspruch duldete und entschied. »Wir müssen langsam nach Hause, der Kleine ist wirklich fix und alle.«

Torsten, der immer noch beeindruckt war (ja sogar beinahe eingeschüchtert) von ihrer Bestimmtheit, die erst seit Fynns

Geburt und auch nur im Zusammenhang mit diesem existierte, nickte nur stumm. Mit knappen Worten verabschiedete er sich in die Runde, während Nadine beinahe fluchtartig anfing ihre Siebensachen zusammenzupacken. Sie vermied jeglichen Blickkontakt zu ihren etwas überrumpelten Freundinnen, bis sie sie letztendlich zum Abschied umarmte.

Den ganzen Weg, den sie mit Corinnas Auto zu ihrer Wohnung zurücklegten, schwieg Nadine und starrte reglos und mit leeren Augen aus dem Fenster in die bereits vorherrschende Schwärze der Nacht.

Sie erinnerte sich.

Nadine saß auf ihrem Kinderbett und sortierte ihre Stofftiere der Größe nach, während im Hintergrund eine Pumucklkassette lief. Sie kannte die Geschichte bereits in- und auswendig, aber sie hörte sie immer wieder gerne. Meister Eders Stimme hatte so etwas Freundliches. Und sie vertrieb die Stille aus ihrem Zimmer.

Sie war mal wieder alleine in der Wohnung, weshalb sie im Flur das Licht angelassen hatte. Es war zwar noch nicht dunkel draußen, aber irgendwie beruhigte sie der Gedanke, dass das Licht brennen würde, sollte sie spontan in der Nacht aufwachen und ihre Mutter noch nicht nach Hause gekommen sein. Sie hatte keine Ahnung, ob ihre Mutter sie heute Abend ins Bett bringen würde oder ob sie diese Nacht wieder woanders verbrachte. Renate Fischbach informierte ihre Tochter nur selten über ihre Pläne. Der Mann, der heute unten vor der Tür auf sie gewartet hatte, sah nett aus. Nadine konnte ihn von ihrem Fenster aus gut erkennen. Er hatte langes dunkles Haar, das ihm fast bis zu den Schultern reichte, und eine hellbraune Cordjacke angehabt. Seine Mutter hatte laut gelacht, als sie ihm zur Begrüßung um den Hals gefallen war, also musste er nett sein. Das freute Nadine, denn sie sah es gerne, wenn ihre Mutter glücklich war und zu Hause kam das nicht so oft vor.

Ihr Magen meldete sich kurze Zeit später knurrend zu Wort. Mit einem theatralischen Seufzer hielt sich Nadine den Bauch und marschierte in die Küche. Nachdem sie eine Weile in den Schränken gewühlt und den Kühlschrank abgesucht hatte, entschied sie, dass es heute Essiggurken mit Knäckebrot und einem Glas Milch zum Abendessen gab. Als ihre Mutter damit angefangen hatte, sie mehrere Stunden am Stück alleine zu lassen, da hatte sie noch mit dem Essen auf sie gewartet. Allerdings war ihr dann in regelmäßigen Abständen schlecht vor Hunger geworden, weshalb sie das Warten schließlich aufgegeben hatte.

Der Hunger abends war allerdings nicht so schlimm wie der Hunger am Morgen. Denn manchmal war Abends etwas vom Mittagessen übrig und sie konnte sich schnell und problemlos bedienen. Oder sie fand – so wie heute – etwas in den Schränken, das sie ohne es kochen zu müssen, vertilgen konnte. Aber in der Früh war das übrige Essen vom Vortag angetrocknet und schmeckte ekelig. Mal abgesehen davon, dass sie morgens nicht ohne die Erlaubnis ihrer Mutter in der Küche herumhampeln durfte. Regel Nummer eins war nämlich: Mami darf ausschlafen! Und es bedeutete einen Riesenärger, sollte diese Regel in irgendeiner Weise verletzt werden. Hunger war eine Ausrede, die ihre Mutter nicht gelten ließ, das hatte sie bereits in Erfahrung gebracht. Es war in ihrem Kinderzimmer schon schwer genug, diese Regel nicht zu brechen, geschweige denn in der Küche. Denn die Wohnung hatte Wände, die so dünn waren wie Papier, und der Wachrhythmus von Nadine und ihrer Mutter hätte nicht unterschiedlicher sein können. Das bedeutete jede Menge Gelegenheiten, um unbeabsichtigt Krach zu machen. Gott sei Dank hatte sie ihren Kassettenrekorder im Zimmer, dann war es wenigstens nicht so drückend still, wenn sie auf ihre Mutter wartete.

Manchmal, wenn sie sich sehr einsam fühlte oder Angst hatte, dann schlich sie sich in das Wohnzimmer, um fern zu sehen. Sie legte sich dann auf das Sofa, das nach kaltem Rauch und dem schweren süßen Parfüm ihrer Mutter roch, schloss die Augen und stellte sich vor, sie würden einfach nebeneinander sitzen und gemeinsam Zeit verbringen. Das Sofa war mit einem alten samtenen Stoff bezogen, auf den Rosen gestickt waren. Zwischen dem dunklen Braun waren sie allerdings nur schwach zu erkennen. Nadine legte ihren Kopf auf der Armlehne ab und spürte, wie sich der Bezug an ihre Wange kuschelte. Doch das Fernsehprogramm war um diese Uhrzeit sehr verstörend für Nadine und sie hatte danach meistens noch mehr Angst als zuvor, weshalb sie ihre Zeit hauptsächlich in ihrem Zimmer verbrachte. Hier waren all ihre Stofftiere, hier waren ihre Bücher und vor allem ihr heiß geliebter Kassettenrekorder.

Nadine fand es gruselig, über Nacht alleine bleiben zu müssen, aber sie beschwerte sich nicht. Als sie noch jünger war, da brachte ihre Mutter sie oft zu Tante Annegret, damit diese auf Nadine aufpasste, und das war um Längen schlimmer. Dort musste Nadine auf deren Wohnzimmersessel schlafen, der so klein war, dass sich Nadine mit ihren damals fünf Jahren kaum darauf rühren konnte ohne Gefahr zu laufen, bei jeder Bewegung herunterzupurzeln.

Da Tante Annegret rauchte wie ein Schlot, war die Rauchentwicklung in diesem Zimmer abends so extrem, dass es Nadine unmöglich war, in diesem Qualm zu schlafen. Ihr Hals kratzte und ihre Augen tränten. Wollte sie die Fenster zum Lüften öffnen, war an Schlafen allerdings genauso wenig zu denken, denn der Verkehrslärm war ohrenbetäubend. Auch nachts, denn Tante Annegret wohnte in einem Hochhausblock – mitten in der Innenstadt – an einer Hauptverkehrsstraße. Nadine entschied sich allerdings meistens für den Geräuschpegel draußen und gegen den Dunst im Inneren. Oft legte sie sich dann einfach auf den Boden und hielt ihre Nase unter das Sofa, weil dort am wenigsten Rauch in der Luft zu finden war und hoffte inständig, dass das offene Fenster zügig Linderung bringen würde. Allerdings war der Boden kalt, weshalb sie recht schnell zu frieren begann. Sie unterdrückte dann den Hustenreiz, der sie quälte, hielt sich mit den Händen die Ohren zu und versuchte an etwas Schönes zu denken. Als es in einer Novembernacht besonders kalt war und sie mehr gezittert als geschlafen hatte, da versicherte Nadine ihrer Mutter, dass sie nun groß genug war, um alleine zu Hause zu bleiben, wenn diese nachts ausging und versprach hoch und heilig, keinen Ärger zu machen während sie weg war.

Torsten saß hinter dem Steuer des Autos seiner Schwester und war überfordert. Nadine hatte ihr Gesicht komplett der Fensterscheibe zugewandt und war so reglos und stumm, dass er sich nicht traute, auch nur ein Wort zu sagen. Er verstand sie einfach nicht.

Er hatte den Abend als rundum gelungen empfunden. Die Jungs waren cool drauf, das Essen hatte geschmeckt und sogar das Fußballspiel war spannend gewesen. Und das, obwohl er sich sonst für diesen Sport überhaupt nicht begeistern konnte. Bis zum Schluss war er überzeugt, dass sich Nadine ebenfalls amüsierte. Schließlich waren es ja ihre Freundinnen und nicht seine. Doch dann war sie von einer auf die andere Sekunde hektisch geworden und hatte mit ihrem unerwarteten Abgang die ganze Runde gesprengt. Torsten konnte überhaupt nicht nachvollziehen, wieso sie auf einmal so schnell verschwinden mussten. Der ursprüngliche Plan war, Fynn in das Schlafzimmer der Steinbecks zu legen, sobald er eingeschlafen war und sich dann einen gemütlichen Abend zu machen. Wieso diese Möglichkeit dann auf einmal überhaupt nicht mehr in Frage kam, war ihm schleierhaft.

Als er an die Gesichter der anderen zurückdachte, entfuhr ihm ein Seufzer. Es war ihm wirklich peinlich gewesen, sie alle so vor den Kopf gestoßen zu sehen. Aber wenn es um Fynn ging, war Nadine einfach nicht mehr sie selbst. Er hatte bis jetzt immer gedacht, dass das so ein Hormonding aller Mütter war, doch als er gesehen hatte, dass die Blodigs ihre Tochter sogar bei den Großeltern gelassen hatten, um in Ruhe den Abend zu genießen, da wurde er das Gefühl nicht los, dass es kein Hormonding, sondern ein Nadineding war. Und spätestens als Nadines Freundinnen auf ihn zukamen und mit ihm über Ellas Geburtstag diskutierten, da WUSSTE er, dass es ein Nadineding war.

Er hatte sich so auf diesen Abend gefreut. Sofort hatte er sich bei seiner Schwester Corinna das Auto gesichert und sein Lieblingsshirt in die Wäsche geschmissen, als er von der Einladung erfahren hatte. Einfach, weil sie nach so langer Zeit endlich einmal wieder gemeinsam als Familie auftraten und einen gemeinschaftlichen Ausflug tätigten. Bisher war dies nämlich erst zweimal vorgekommen. Einmal waren sie zur Eisdiele drei Straßen weiter spaziert und einmal waren sie für eine halbe Stunde im Biergarten mit Freunden gewesen, bevor sich Nadine verabschiedet hatte, weil sie damals noch stillte und es vorzog, dies in den eigenen vier Wänden zu tun. Das ein oder andere Mal waren sie gemeinsam Einkaufen gewesen, aber das zählte Torsten nicht dazu. Außer vielleicht, den Kühlschrankkauf im Möbelhaus, als ihr alter den Geist aufgegeben hatte.

Normalerweise holten sie sich ihren Besuch lieber nach Hause, anstatt selbst irgendwo zu Besuch zu sein. Seine Schwester Corinna war häufig bei ihnen zu Gast. Auch mit ihrem Nachbar Alessandro verstanden sie sich prima und seine Jungs kamen ohnehin oft zum Playstation-zocken. Aber das Gemeinschaftsgefühl zwischen Nadine und ihm stärkte das natürlich nicht. Umso mehr Hoffnungen hatte er in diesen Grillabend gesetzt. Er hatte ihn als eine Art Chance, als einen Neuanfang gesehen, sich wieder etwas mehr anzunähern.

Nun ja, weiter voneinander entfernen können wir uns ja auch schlecht, dachte er zerknirscht. Seit Fynn auf der Welt war (ach was, schon während der letzten Hälfte der Schwangerschaft) hatten Nadine und er keinen Sex mehr gehabt.

Er musste zugeben, er war noch nie der feurige Casanova-Typ gewesen, der seine Freundinnen ungestüm auf dem Küchentisch zu nehmen pflegte. Aber seit Nadine diese 24-Stunden-Mutti-Nummer durchzog, war sein Fortpflanzungsorgan aus Mangel an Anregung zu nichts mehr zu gebrauchen. Zumindest nicht mehr im Twoplayer-Modus.

Als er an diesem Abend gesehen hatte, wie liebevoll Ralf und Ella miteinander umgingen, versetzte ihm das einen schmerzlichen Stich und ihm wurde bewusst, dass ihm doch mehr fehlte, als er sich einzugestehen bereit sah.

Er sagte ja gar nicht, dass es nur an Nadine lag. Er selbst war schon so eingestellt, dass jeder sein Ding machte, dass es ihm unendlich schwerfiel wieder in den Pärchenmodus zurückzufinden, sobald sie mal etwas gemeinsam unternahmen. Sie waren nie diese Art von Paar gewesen, die mit ihrem wilden und hemmungslosen Geknutsche ihrem Umfeld auf den Geist gingen. Es war eher so eine vorwiegend kumpelhafte Beziehung zwischen den beiden. Sie fühlten sich wohl miteinander. Sie verstanden sich ohne viele Worte und ohne aufdringliches Gefummle.

Seinem Empfinden nach hatten sie sich in einer wohligen Balance zwischen feuriger Leidenschaft und emotionaler Gleichgültigkeit befunden, die für beide Seiten prima funktioniert hatte. Aber jetzt war das ganze irgendwie gekippt. Jetzt saß der fette Junge (alias Alltag, Entfremdung und Faulheit) auf der einen Seite der Wippe und sie saßen auf der anderen Seite und kamen nicht mehr herunter. *Selbst schuld*, dachte Torsten grimmig. Sie hätten den Jungen eben nicht so ausgiebig füttern dürfen.

Jetzt hatten sie den Salat, saßen auf dieser Wippe ohne Boden unter den Füßen fest und führten ein Leben, das sich eher wie ein WG-Leben als ein Famillienleben anfühlte.

Die Tatsache, dass Nadine ihn partout nicht heiraten wollte, verstärkte diesen Eindruck nur. Er wollte so gerne von ihnen als die Seiferts sprechen und nicht als die Fischbachs und Herr Seifert gesehen werden. Doch Nadine ließ in dieser Hinsicht nicht mit sich diskutieren. Immer wenn er das Thema ansprach, blockte sie ab. Er musste gestehen, er hätte das Ganze vor Fynns Geburt schon ansprechen sollen. So wirkten seine Absichten doch recht zweckmäßig und unromantisch, aber

ihm war es wirklich ernst damit. Er wollte das volle Spießer-
familienprogramm mit Trauschein, gleichem Nachnamen,
einer fetten Feier und einem Familienportrait in Anzug und
Krawatte.

Er war überzeugt, dass sich auch Nadines Blickwinkel und
ihr Gefühl für Zusammengehörigkeit veränderte, wenn sie
erst einmal seinen Namen tragen würde. Er war bereit, sich
ganz und gar auf seine Familie einzulassen. Jetzt musste er
nur noch darauf warten, dass Nadine soweit war.

Nadine brauchte schon immer viel Zeit. Damals, als sie in
demselben Imbiss gearbeitet hatte wie sein WG-Kumpel
David, war sie Torsten wie ein verschrecktes Reh vorgekommen, das sofort scheute, wenn man ihr ein Gespräch auf-
drängen wollte.

Torsten fand ihre Schüchternheit charmant und ange-
nehm. War er doch selbst eher der zurückhaltende Typ, der
ruhige Abende vor dem Computer jeder Party vorzog.

Jedes Mal, wenn er seinen Freund nach der Arbeit abholte,
was beinahe jeden Tag der Fall war, beobachtete er sie, wie sie
mit gesenktem Blick an der Theke herumwuselte und mehr
in ihrer eigenen Welt zu sein schien, als in der Realität.

Immer wieder hatte er sie gefragt, ob sie nicht auf ein Fei-
erabendbier in die nächste Kneipe mitkommen wolle. Aber
Nadine hatte immer wieder abgelehnt. Torsten hatte gespürt,
dass sie Zeit brauchte, um sich in seiner Nähe wohl zu fühlen,
und diese Zeit hatte er ihr gegeben. Er bedrängte sie nicht,
erinnerte sie aber regelmäßig, dass sein Angebot noch stand.

Irgendwann war endlich der Tag gekommen, an dem sie
gelächelt und genickt hatte, als er seine gewohnte Frage stellte.

Torsten hatte damals besonders genossen, dass Nadine so
war, wie sie eben war und dass er keinen Kopfstand machen
musste, um sie zu beeindrucken. Bei Nadine waren keine
kitschigen Abendessen oder romantischen Liebesschwüre
nötig. Irgendwie hatten sie stillschweigend und ohne viel

Brimborium zusammengefunden, weil sie eben so wenig voneinander erwarteten. Das war genau das, was die beiden brauchten. Das Gefühl, dass das, was sie zu geben hatten, reichte und gut genug war.

Aber langsam fühlte sich das hohl an. Torsten hatte sich verändert und das, was sie einmal hatten, reichte ihm nicht mehr. Er wollte viel Brimborium, er wollte sich streiten. Er wollte Emotionen in Nadine auslösen. Sie erreichen. Er wollte sie berühren mit dem, was er tat und mit dem, was er sagte. Während er mit der Zeit immer offener wurde, war bei Nadine eine komplett gegenteilige Entwicklung zu beobachten. *Zumindest mir gegenüber*, dachte Torsten und seufzte noch einmal schwer. *Aber irgendwie werden wir das schon hinbekommen*, nahm er sich vor. Er wusste nur noch nicht wie …

Mit einer Mischung aus Trauer und Hilflosigkeit blickte er zu der versteinert wirkenden Nadine auf dem Beifahrersitz hinüber und wünschte sich nichts sehnlicher, als in ihren hübschen Wuschelkopf sehen zu können, bevor er sich auf die Suche nach einem Parkplatz vor ihrer Wohnung machte.

***

Nadine lag mit weit aufgerissenen Augen in ihrem Bett und starrte durch die Dunkelheit hindurch die Zimmerdecke an. Die Fahrt nach Hause und den Weg ins Bett hatte sie wahrgenommen, als würde ihre Seele neben ihr stehen und ihrem Körper von außen dabei zusehen, wie er einfach weiter funktionierte. Sie hatte Fynn mit routinierten Handgriffen umgezogen, gewickelt, sowie seine zwei einzigen Zähnchen, die hinter seiner Unterlippe herausblitzten, geputzt und war ohne viele Worte mit ihm im Schlafzimmer verschwunden.

Fynn, dessen regelmäßige Atemzüge versicherten, dass er schlief, lag jetzt in seinem Schlafsack dicht neben ihr und pustete kleine Spuckebläschen aus seinem halb geöffneten Mund.

Fynn ... wenn sie sich an ihre Kindheit zurückerinnerte, stellte sie sich manchmal Fynn in ihrer Rolle als Kind vor. Dieser Gedanke war unerträglich.

Nadine war zwar immer ein recht melancholisches und grüblerisches Kind gewesen, doch für so etwas wie Selbstmitleid war sie zu klein. Sie kannte es ja nicht anders, wusste nicht, dass das, was ihre Mutter mit ihr veranstaltete, alles andere als normal war. Diese Erkenntnis kam erst später. Schleichend und Stück für Stück lernte sie die Welt außerhalb ihres Kinderzimmers kennen. Erfuhr, wie die Gesellschaft funktionierte und was normal war und was nicht. Spätestens in der Pubertät riss dieses neugewonnene Wissen Nadine in einen Abgrund voller Bedauern und Trauer. Sie wusste nun was ihr all die Jahre gefehlt hatte, beziehungsweise, was sie hätte haben können, wenn die Umstände andere gewesen wären. Was aus ihr hätte werden können, wenn die Rahmenbedingungen anders gewesen wären. Wenn ihre Mutter anders gewesen wäre. Die Leere, die sie schon seit früher Kindheit ihr eigen nannte, bekam mit einem Mal ein Gesicht. Dieses Wissen war schlimmer als ihre gelebte Kindheit selbst.

Ihre Augen brannten, als sie sich ihrem Sohn zuwandte und mit ihrem Daumen vorsichtig über seinen Handrücken streichelte.

Lautlos schwor sie ihm, und gleichzeitig auch sich selbst, dass sie diese Verantwortung, die sie ihm gegenüber hatte, immer tragen und niemals unterschätzen würde. Dass sie dieses hilflose Wesen beschützen, verteidigen, mit vollem Einsatz unterstützen, vorbehaltlos respektieren und so sehr lieben würde, wie sie es nur konnte. Was seine Zukunft und Entwicklung anging, so war sie der entscheidende Part in dieser Angelegenheit. Seit sie damals erfahren hatte, dass sie schwanger war, blieb dies ihr oberster Grundsatz. Eher würde sie sich einen rostigen Nagel in den Augapfel rammen, als das zu vermasseln.

Sie würde ihrem Sohn niemals das Gefühl geben, nicht wertvoll zu sein. Niemals würde sie zulassen, dass er nachts Angst bekäme, oder dass er sich verlassen und einsam fühlte. Sie würde immer für ihn da sein und ihm Sicherheit und Geborgenheit vermitteln. Sie würde ihn an der Hand nehmen, wenn er alt genug war, und ihm die Welt da draußen in all ihrer Vielfalt zeigen und ihm diese mit unterschiedlichsten Unternehmungen und Beschäftigungen erfahrbar machen. Sie würde seine Bedürfnisse achten und schätzen und sie würde ihm all die Zeit schenken, die er bräuchte, damit er sich niemals verlassen oder isoliert fühlte. Fynn sollte niemals erfahren, wie es ist, sich lästig und unerwünscht zu fühlen.

Er sollte in dem Wissen aufwachsen, dass seine Mutter ihn schätzt und liebt. Vor allem aber wollte sie, dass er spürte, dass sie genau das in ihm sah, was er war.

Ein Geschenk.

Kapitel 6

In München auf einen Babyflohmarkt zu gehen, ist ein Erlebnis der besonderen Art. Markenklamotten werden von an Geld übersättigten Hausfrauen (»Schatz, ich muss unbedingt mal diese Flohmarktsache ausprobieren!«) für Centbeträge verschleudert, wohingegen normale bis abgehalfterte Standard-Flohmarktware von professionellen Marktnomaden besagten Hausfrauen zu horrenden Preisen aufgedrängt wird. Die Märkte sind hoffnungslos und ausnahmslos überfüllt und das Publikum ist ein buntes Gewirr, in dem alle Mutterarten vertreten sind.

So auch an diesem Samstag Morgen. Der Platz an der Münchner Freiheit hatte zum Handeln und Tauschen aufgerufen und zahlreiche Mütter waren diesem Ruf gefolgt.

Es gab die Stylo-Muttis, die unabhängig jeglicher Witterungsbedingung mit Sonnenbrille und High Heels durch die Gänge staksten und mit ihren Kindern stets im Partnerlook auftraten. Die Öko-Muttis waren unverkennbar. Sie bestachen durch ihre selbst gestrickten Baumwollmützen und ihre Kinder durch auf dem Tollwood gekaufte Filzjacken mit Zwergenkapuze. Sie stürzten sich auf das feilgebotene Holzspielzeug wie ein Falke auf eine Maus und feilschten, wie man es sonst nur auf türkischen Basaren sieht. Die Hartz-IV-Muttis, die mit fettigen Haaren und Jogginghose ihren wild durch die Ware tobenden Kindern nachstellten, kauften zwar selten etwas, texteten allerdings jeden gerne mit ihrer Lebensgeschichte zu. Und dann gab es noch die jungen Muttis. Die jungen Muttis sahen aus wie … Nadine, Ella und Linda.

Letztere war wieder einmal zu spät dran, was die anderen beiden allerdings schon gar nicht mehr tangierte. Es gehörte zu Linda genauso dazu, wie es ihre gemachten Nägel taten, weshalb die anderen beiden ungerührt an ihrem vereinbarten Treffpunkt vor dem Café Münchner Freiheit standen und sich unterhielten. Nadine hatte Fynn in ein Tragetuch gewickelt, wo dieser friedlich vor sich hin schlummerte. Sophia war bei Ella auf dem Arm und fummelte ihrer Mutter mit den Fingern im Gesicht herum.

Der Vorfall von letzter Woche wurde totgeschwiegen, worüber Nadine sehr erleichtert war. Ella erzählte stattdessen, dass Sophia innerhalb kürzester Zeit zwei Pullis ruiniert hatte, indem sie mit ihrem Essen experimentiert hatte (Einmal mit Roter Beete und heute Morgen zum Frühstück mit Blutorange) und sie sich somit heute auf den Erwerb günstiger und vor allem DUNKLER Oberteile konzentrieren wollte. Nadine bedachte Sophia, die auf dem Arm ihrer Mutter wie die Unschuld selbst wirkte, mit einem amüsierten Lächeln. »Fynn designt seine Pullis auch sehr gerne um. Allerdings vorwiegend mit Karottenbrei.«

»Ach, diesen Babys-brauchen-Karotten-Mythos unterstütze ich nicht«, winkte Ella ab. »Aber das liegt hauptsächlich daran, dass ich selbst Karotte nicht ausstehen kann. Und da ich für das Verwerten der Reste zuständig bin, die Madame mir übrig lässt …«

Ella verstummte mitten im Satz und als Nadine ihrem Blick folgte, der sich an etwas festgesaugt hatte, das hinter Nadine lag, wusste sie auch warum.

Linda bahnte sich ihren Weg durch die Enge der Menschenmassen über das Kopfsteinpflaster des Flohmarktplatzes. Sie schob eine schlafende Luisa in ihrem Kinderwagen vor sich her, wirkte angespannt, zerzaust und irgendwie total übernächtigt. Mit verkniffener Miene und hektischem Armerudern scheuchte sie alle Leute auf die Seite, die ihr im Weg standen.

Als sie die betroffenen Blicke ihrer Freundinnen auffing, setzte sie ein erschrockenes Lächeln auf. Sie errötete leicht, so als hätten die beiden Frauen sie bei etwas Verbotenem ertappt und winkte ihnen ausladend zu.

»Meine Fresse, ist das ein Gequetsche hier!«, begrüßte sie die beiden und lachte dabei etwas schrill, als sie den Kinderwagen neben Nadine und Ella zum Stehen brachte. Sie stand so dicht bei Nadine, dass diese deutlich die dunklen Ringe unter ihren Augen erkennen konnte. *Roch sie etwa nach Rauch?* »Hallo Sophia Mäuschen! Was hast du denn da auf deinem Sweatshirt?«

»Blutorange«, seufzte Ella übertrieben theatralisch und verdrehte passend dazu die Augen.

»Bluuutorange?« Wieder dieser schrille Tonfall. Linda machte große Augen, stützte ihre Hände auf die Knie, um mit Sophia auf Augenhöhe sein zu können, streckte ihr ihren Zeigefinger zum Greifen entgegen und fragte dann an Ella gewandt: »Du gibst deinem Kind Blutorange zu essen? Zuerst dieses Rote-Beete-Desaster, von dem du mir neulich erzählt hast und jetzt ein Blutorangenmassaker gleich hinterher …« Sie zog gespielt entsetzt ihre Augenbrauen nach oben und entlockte Sophia damit ein lautes Glucksen. Linda zwinkerte ihr verschwörerisch zu und wandte sich dann in gespielter Empörung mit ihrer kompletten Aufmerksamkeit an Ella. »Was ist los mit dir? Bist du nicht ausgelastet genug? Wenn du so gerne Flecken entfernst die schwer rausgehen, komm das nächste Mal zu mir nach Hause, bevor du dein Kind anstiftest, seine Kleidung mutwillig zu verunstalten.«

»Rote Beete ist gesund«, verteidigte sich Ella lahm, hob die Schultern in einer entschuldigenden Geste und machte mit ihrer freien Hand eine ausladende Handbewegung. »Was soll sie denn sonst essen?« »Mein Kind wird ausschließlich mit Gurke gefüttert«, verkündete Linda und spielte jetzt mit Sophias linkem Bein. »In Ausnahmefällen mit Zucchini oder auch Kohlrabi. Rote Beete kann sie immer noch haben, wenn sie gelernt hat, wie man wäscht. Nicht wahr Sophia?«

»Du bist eine grässliche Mutter, weißt du das?«, pfiffelte Ella in Lindas Richtung. Linda ließ sich nicht beeindrucken und lächelte Sophia weiterhin unbeirrt an. »Ja, aber dafür haben meine Klamotten keine Flecken!«, verkündete sie triumphierend und richtete sich wieder zu ihrer vollen Größe auf. Als sie Ella und Nadine endlich zur Begrüßung umarmte, bestätigte sich Nadines verdacht. Sie roch tatsächlich nach Rauch. Mit zu Schlitzen verengten Augen musterte sie ihre Freundin von oben bis unten und wieder zurück und fing an, sich Sorgen zu machen.

Linda war eine Meisterin im Weglächeln von Problemen. Sie war stets laut, auffällig und immer lustig, aber niemals hilfsbedürftig oder gar bemitleidenswert. Linda liebte die Aufmerksamkeit, doch durfte es sich bei dieser Art von Aufmerksamkeit auf keinen Fall um Mitleid handeln. Deshalb hielt sie die Fassade der starken, gut gelaunten Frau stets aufrecht und war sehr bedacht darauf, keine Schwäche zu zeigen oder sich anderweitig angreifbar zu machen.

Ellas Beobachtungen schienen sich mit Nadines zu decken, denn sie bedachte ihre Freundin ebenfalls mit einem beunruhigt durchdringenden Blick. Im Gegensatz zu Nadine scheute sich Ella allerdings nicht, ihre Besorgnis laut und direkt auszusprechen.

»Was ist los? Du siehst mies aus. Und du hast einen Kinderwagen mit auf einen Babyflohmarkt genommen, was bedeutet, dass du nicht ganz bei Trost sein kannst.«

Linda sah Ella ernst – beinahe vorwurfsvoll – an, so als fände sie es eine Unverschämtheit, dass ihre älteste Freundin nicht auf ihr Ich-bin-ja-so-gut-gelaunt-Spielchen einging. Ella hielt ihrem Blick stand, sodass sich Linda irgendwann abwandte und mit der Hand fahrig über das Gesicht fuhr.

»Zwischen Dennis und mir wird es immer schwieriger«, gestand sie schließlich. Nadine verlor die Gewalt über ihre Gesichtszüge und spürte wie ihre Augenbrauen gegen ihren Willen nach oben schnellten. *Hallo? Sie betrügt ihren*

Ehemann! Was für eine Überraschung, dass es da nicht optimal läuft …

»Ich wollte ihm das mit Mark eigentlich gestern sagen, aber irgendwie …« Aufgewühlt stemmte sie ihre Hände in die Hüften und biss sich auf die Unterlippe. Sie sah an den beiden Frauen vorbei und starrte in eine nachdenkliche Leere. Dann schüttelte sie energisch den Kopf und meinte:

»Ach, keine Ahnung. Er hat auch sein Päckchen zu tragen und es war einfach nicht der richtige Zeitpunkt. Wir verzweifeln beide gleichermaßen an der Tatsache, dass wir uns nicht das geben können, was wir aktuell voneinander bräuchten. Da muss ich es jetzt nicht noch schlimmer machen. Vielleicht, wenn sich alles wieder beruhigt hat.«

Nadine konnte Linda nicht ganz folgen, aber sie spürte instinktiv, dass es ratsam war, nicht genauer nachzuhaken. Stattdessen beschloss sie ihr ein wenig entgegen zu kommen. »Zwischen mir und Torsten ist es auch gerade wieder schwierig«, räumte sie ein und hoffte auf den Geteiltes-Leid-ist-halbes-Leid-Effekt.

»Will er auch nicht mehr mit dir schlafen?«, fragte Linda und ihre Augen begannen erwartungsvoll zu leuchten. Da war es wieder, das Sexthema. Nadine konnte nur mit Mühe ein Augenrollen unterdrücken. Linda müsste doch langsam wissen, dass sie sich über diesen Teil ihrer Beziehung nicht äußerte. Eigentlich hatte sie vorgehabt die Sache mit dem Umzug zur Sprache zu bringen, aber als sie in Lindas Augen sah, denen so verzweifelt das Gefühl der Einsamkeit genommen werden wollte, da dachte sie sich: *Scheiß drauf* und nickte bestätigend. In knappen Sätzen berichtete sie, dass Torsten und sie quasi seit der Schwangerschaft nicht mehr intim gewesen waren. Dass sie allerdings überhaupt nicht das Bedürfnis verspürte, in dieser Hinsicht etwas zu verändern, ließ sie bei ihren Ausführungen geflissentlich unter den Tisch fallen. Lindas Miene hellte sich angesichts Nadines Geständnis merklich auf.

»Glaubst du er hat ein Postnatales-Vaginal-Trauma-Syndrom?«, fragte sie und die Aufregung in ihrer Stimme sorgte dafür, dass ihre Stimme eine Lautstärke besaß, die Nadine in dieser Umgebung alles andere als lieb war. Stirnrunzelnd bedachte sie ihre Freundin mit einem strengen Blick, während sich Ella die Hand vor den Mund hielt, um nicht laut loszuprusten.

»Diesen Begriff gibt es überhaupt nicht«, zischte Nadine ihr im Flüsterton entgegen und hielt sich ihre frisch erröteten Wangen. Doch Linda ließ sich nicht beirren. Ihre Freude über Nadines neue Offenheit war zu groß, als dass sie fähig gewesen wäre, sich im Zaum zu halten.

»Reit nicht auf Kleinigkeiten herum, du weißt, was ich meine. Hat er bei der Geburt da unten hingesehen, oder nicht?« Linda deutete mit ihren Fingernägeln ungehemmt in Nadines Schritt. Ella kicherte leise vor sich hin, was ihr einen eisigen Blick von Nadine einbrachte. Diese schlug ihrer Freundin mit einem lauten Klatschgeräusch auf die Hand und sah sich mit feuerrotem Gesicht nach allen Seiten um. Gott sei Dank waren die Leute von ihrer Schnäppchenjagd so eingenommen, dass das Schauspiel der Freundinnen unentdeckt blieb. Dennoch behielt Nadine ihren Flüsterton bei. Sie wünschte, sie hätte einfach von Torstens Wunsch nach einer größeren Wohnung berichtet, anstatt sich in ein Gespräch über irgendwelche erfundenen Syndrome hineinziehen zu lassen. »Keine Ahnung, wir reden nicht über sowas«, versuchte sie deshalb das Gespräch im Keim zu ersticken. Aber Linda war unerbittlich.

»Na, du warst doch dabei oder nicht?«, bohrte sie nach.

»Ja, aber ich war mit etwas anderem beschäftigt, als den Blicken meines Freundes zu folgen, während ich gepresst habe!«

Nun wandten sich doch einige Köpfe den drei Frauen zu und Nadine wäre am liebsten auf der Stelle tot umgefallen.

»Will er vielleicht nicht mehr da rein, wo schon mal der Penis seines Sohnes drin war?«

Bevor Nadine tatsächlich drohte tot umzufallen, kam ihr Ella zur Hilfe und zog ihre Freundin am Arm mit sich fort. »Wir sind hier, um meiner Tochter ein paar Pullis zu besorgen, die sie einsauen kann. Konzentrier dich lieber darauf und hör auf, Nadine mit deinen komischen Theorien zu verstören.«

Die drei suchten mit wenigen Schritten den ersten Warentisch auf, der in ihrer unmittelbaren Reichweite stand und schenkten ihre Aufmerksamkeit ein paar Puzzles und einer grauen Stoffjacke. Linda drehte die Stoffjacke in ihren Händen, während sie schonungslos das Thema von einer anderen Seite aufgriff. »Wenn Dennis und ich Sex haben, dann sehr mechanisch und eher zweckmäßig. Also um Druck abzubauen, versteht ihr?« Nadine schloss gequält die Augen.

»Es ist, als gäbe es eine stillschweigende Vereinbarung, dass sich jeder nur um sein eigenes Lustempfinden kümmert. Eine Vereinbarung, der wir seit Monaten uneingeschränkt und in völligem Einverständnis folgen. Als würde man zusammen masturbieren.« Während Nadine beobachtete, wie der Mann hinter dem Verkaufstisch sie anzüglich anlächelte, überlegte sie sich, ob sie dem schlafenden Fynn nicht die Ohren zuhalten sollte. Nur zur Sicherheit …

»Ralf und ich haben zwar nicht mehr so oft Sex wie früher, aber immer wenn wir dann mal Sex haben, fragen wir uns, warum wir das nicht öfter machen. An der Qualität haperts bei uns nicht«, mischte sich Ella ein, um Nadine aus der Schusslinie zu nehmen. Diese schenkte ihrer Freundin einen dankbaren Augenaufschlag.

»Geht doch in einen Swingerclub! Oder in ein Stundenhotel!«

Meine Güte, wo hatte diese Frau nur dieses Mir-doch-scheißegal-was-die-anderen-um-uns-herum-denken-Gefühl her?, dachte Nadine und versteckte ihr Gesicht schnell hinter einem Winnie-Puh-Bilderbuch das sich in greifbarer Nähe befand.

»Als ich Dennis die Sache mit dem Swingerclub einmal vorgeschlagen habe, da wäre er mir beinahe an die Gurgel gegangen.« Linda rollte mit den Augen und kicherte dabei, aber ihre Stimme klang zittrig und ein wenig zu überspitzt. Sie fuhr sich nervös mit den Fingerspitzen durch ihr dichtes Haar und fing an, sich brennend für einen Schleich-Tiger auf dem Flohmarkttisch vor sich zu interessieren. Nadine taxierte sie über den Rand des Bilderbuchs hinweg und versuchte zu ergründen, woher auf einmal dieses ungute Gefühl in ihrer Magengegend herkam. Sie konnte sich nicht erklären wieso, aber sie hatte das Gefühl, dass es Linda schlechter ging, als sie bereit war zuzugeben.

Swingerclub ..., hallte es in Nadines Hinterkopf nach. Ganz im Gegensatz zu den meisten Kindern, die mit wenig häuslicher Liebe aufwuchsen, flüchtete sich Nadine nicht in die Promiskuität, um diese fehlende Liebe zu kompensieren. Nadines Seele hatte bereits in frühester Kindheit beschlossen, die Gefühlswelt des kleinen Mädchens auf ein Minimum zu reduzieren und den Rest tief in ihrem Unterbewusstsein zu vergraben. Mit dem Ergebnis, dass sich Nadine nicht für zwischenmenschliche Nähe interessierte; geschweige denn für Swingerclubs. Sie blieb für sich alleine, was auch der Grund war, warum sie es vor der Beziehung mit Torsten nie auf die dritte Base geschafft hatte. Klar, war da immer mal der ein oder andere Junge, aber sie war kalt wie ein Fisch und die jungen Männer unsicher, weshalb jeder Annäherungsversuch im Sand verlief, bevor es richtig ernst werden konnte.

Erst Torsten hatte es mit seiner unverbindlichen, lockeren Art geschafft, ihr die Angst vor Nähe zu nehmen, wenn auch nur ein wenig.

Nadine, die bereits nach ihrem Schulabschluss von zu Hause ausgezogen war, hatte bereits im zarten Alter von 17 Jahren angefangen im »Peppino«, einem kleinen Schnellimbiss in der Innenstadt, zu jobben. Es war zwar nie ihr Traumjob gewesen, alleine schon wegen der vielen Menschen um sie herum, aber es war einer der wenigen Berufe, dessen Anforderungen man problemlos ohne Ausbildung gerecht werden konnte. Zuerst hatte sie Vollzeit, dann Teilzeit – während sie ihr Fachabitur nachholte – und schließlich nur noch stundenweise neben dem Studium dort gearbeitet. Nadine befand sich bereits im zweiten Semester ihres Kunstgeschichte-Studiums, als sie Torsten und seinen Freund David dort kennenlernte.

Während David Nadine als neuer Arbeitskollege vorgestellt wurde, entwickelte sich Torsten zu einem konstant erscheinenden Stammgast, der seinen Freund nach der Arbeit abholte. Als neuer bester Kunde des »Peppino« war er immer freundlich zu Nadine gewesen, wenn er auf seinem Barhocker gesessen und geduldig auf seinen Freund gewartet hatte, ohne je etwas von ihr eingefordert zu haben. Nach einer Weile war es fast so gewesen, als würde Torsten zur Einrichtung des Ladens dazugehören. Da Nadine häufig mit aufdringlichen Männern zu kämpfen hatte, die sie bedrängten, war sie Torsten für seine Zurückhaltung sehr dankbar gewesen. So dankbar, dass sie sich eines Abends ein Herz gefasst hatte und auf sein Angebot, ihn und seinen WG-Kumpel David zu begleiten, eingegangen war. Von da an hatte sie viel Zeit mit den Jungs verbracht. Hatte ihnen beim Playstation-zocken zugesehen oder hatte eine DVD mit ihnen angesehen. Alles entspannt, ohne dass sie viel reden oder anderweitig Einsatz hätte zeigen müssen. Sie durfte einfach sein wie sie war und sich im Hintergrund halten.

Als David auszog, um für ein Auslandssemester nach London zu reisen, hatte Nadine kurz entschlossen ihre Sachen gepackt und sein Zimmer bezogen.

»Gelegenheit macht Liebe« – Gemäß diesem Motto, hatten Nadine und Torsten irgendwann angefangen, ihre Freundschaft mit Sex zu kombinieren, ohne dabei je ihre Beziehung definiert zu haben. Es gab keine romantischen Dates, keine Liebesbriefchen, keine leidenschaftlichen Streitereien wegen

Kleinigkeiten, kein Drama. Es war herrlich unkompliziert und stressfrei.

Bis Nadine schwanger wurde.

Mit der Schwangerschaft, und besonders nach der Geburt, spürte Nadine das erste Mal bewusst, was es bedeutete zu lieben und geliebt zu werden. Für sie hatte sich ab diesem Zeitpunkt ihr ganzes Weltbild verschoben. Wenn sie auch am Anfang der Schwangerschaft todunglücklich über ihre Umstände war, so konnte sie sich spätestens nach der Geburt von Fynn, kein Leben mehr ohne ihn vorstellen. Dieses kleine Wesen hatte tief in ihr verborgene Gefühle freigesetzt, die sie so unerwartet überrollten und sogleich auch komplett vereinnahmten. Jedes Mal, wenn sie Fynn ansah, hatte sie das Gefühl, ihr Herz müsste jeden Moment zerspringen vor lauter Glück. Sie wollte ihn am liebsten komplett in sich aufsaugen, jede Pore ihres Körpers mit ihm füllen und diesen neugewonnenen Frieden nie wieder aufgeben. Fynn bedeutete ab sofort die Welt für sie und kein anderer hatte darin Platz. Auch Torsten nicht mehr.

Torsten war als Artdirector in einer Werbeagentur oft wegen Abgabeterminen und aktuellen Projekten, die fertig werden mussten, lange weg und kam erst spät abends nach Hause. Nadine machte das noch nie wirklich viel aus, aber seit Fynns Geburt genoss sie es regelrecht, so viel Zeit ungestört mit ihrem Sohn verbringen zu können.

Der Gedanke daran, wie sich alles entwickelt hatte, jagte Nadine eine Gänsehaut an Schuldgefühlen über den Rücken. Torsten musste für ihre verkorkste Vergangenheit büßen. Das war einfach nicht fair, denn er war ein grundanständiger und netter Kerl.

Er ist kein netter Kerl, er ist der Vater deines Kindes!, herrschte sich Nadine in Gedanken selbst an und schüttelte mit gerunzelter Stirn den Kopf über sich selbst.

»Wisst ihr was? Sophia hat noch genug Pullis im Schrank, die sie einsauen kann, so eilig ist es jetzt nun auch wieder nicht. Was haltet ihr davon, wenn wir uns ins Café Münchner Freiheit setzen und uns einen warmen Kaffee und ein Stück Kuchen gönnen?«, schlug Ella vor und zog ihre beiden schweigsamen und in Gedanken versunkenen Freundinnen mit sich mit. Ihr war nicht entgangen, dass sich die Stimmung in eine frostige Richtung entwickelt hatte und so hoffte sie, dass alle drei ein wenig Zerstreuung in Koffein und Zucker finden würden.

Die Lage, der Flohmarkt nebenan und das Wetter, welches sich zu dieser Jahreszeit nur noch selten von solch einer sonnigen Seite zeigte, wirkten sich sichtlich auf die Besucherzahl des Cafés aus, weshalb die drei Frauen nur noch mit Ach und Krach einen Tisch im Freien ergattern konnten. Luisa, die inzwischen wach geworden war, tauschte ihren Kinderwagenplatz mit Sophia, die wiederum ins Land der Träume entschwunden war. Fynn war auch wach und wippte nun vergnügt auf den Knien seiner Mutter vor sich hin, während er mit dem Salzstreuer geräuschvoll auf dem Tisch herumtrommelte. Luisa, die noch ganz rosige Wangen von ihrem Mittagsschläfchen hatte, schmuste sich an die Brust ihrer Mutter und beobachtete ihn interessiert.

Die drei Frauen bestellten sich jeweils einen Zwetschgendatschi mit Sahne und einen Milchkaffee, als die Bedienung vorbeikam, und Linda griff zu Nadines Leidwesen die offene Diskussion über Ellas dreißigsten Geburtstag auf.

»Also«, begann sie und fixierte Nadine bei diesem unnatürlich in die Länge gezogenen Wort mit ihren müden Augen. »Bist du nächste Woche Samstag nun dabei, oder was?«

Nadine seufze unbehaglich in Fynns Lockenkopf. Heute war wohl einfach nicht ihr Tag.

»Es ist ja nicht so, dass ich nicht will«, begann Nadine und versteckte sich und ihre Aussage stur hinter dem Kopf ihres

Sohnes. »Aber ich habe Bedenken wegen Fynn.« Sie ließ den Satz zwischen den Frauen für sich alleine stehen, so als wäre damit alles gesagt. Linda hob auffordernd ihre Augenbrauen und sogar Luisa schien Nadine abwartend zu taxieren. Nadine fühlte wieder dieses Ziehen in der Magengegend, das sich immer dann meldete, wenn sie sich in die Ecke getrieben fühlte. Sie hasste es, wenn jemand mit ihr und ihrem Verhalten unzufrieden war.

Die Überwindung, die sie die nächsten Sätze kostete, lies ihre Stimme gepresst klingen. »Ich weiß halt nicht wie Fynn reagiert, wenn er nachts aufwacht und ich nicht neben ihm liege wie sonst. Ich habe meine Zweifel, dass Torsten ihn beruhigen könnte, wenn er sich tatsächlich aufregen sollte.« Sie räusperte sich geräuschvoll, so als hätte sie einen Krümel im Hals. Dabei war ihr Kuchen noch nicht einmal am Tisch. »Können wir nicht lieber am Nachmittag was mit den Kindern zusammen machen? Oder wieder so einen Grillabend mit der ganzen Familie?« Unbehaglich sah sie zu den beiden Freundinnen hinüber, die ihr gegenüber saßen.

Während Ella mit betretener Miene in ihrer Handtasche herumnestelte, überging Linda Nadines Fragen einfach mit einer Gegenfrage.

»Was meinst du mit *neben ihm liege wie sonst*? Schläft der Kleine etwa immer noch bei euch im Bett?«

Schläft der Kleine etwa immer noch bei euch im Bett?, äffte Nadine ihre Freundin in ihrem Kopf nach und wurde langsam ungehalten. Laut sagte sie allerdings: »Na ja, Kinder wachen doch nachts wegen jedem Shit auf. Unwetter, Albträume, was weiß ich. Bevor ich da jedes mal aufstehen und ihn in seinem Bett wieder beruhigen muss, leg ich ihn lieber gleich neben mich. Es ist viel entspannter, wenn ich einfach nur meine Hand auf seinen Rücken legen muss, sobald er unruhig wird. Dann können alle sofort wieder in Ruhe weiterschlafen.« Sie versuchte ihren Worten einen lässigen Beigeschmack zu verleihen, wusste aber nicht, ob es ihr erfolgreich gelungen war, da sich ihre Stimme so fremd in ihren Ohren anfühlte.

Die Kellnerin erschien mit der Bestellung, die eigentlich geordert wurde, um die Gemüter zu beruhigen und Nadine war froh um diese Ablenkung. Auch wenn sie sich nicht vorstellen konnte, dass ein Stück Kuchen jetzt noch ausreichen würde, um ihre innere Anspannung zu vertreiben. Als würde Linda ihre Gedanken bestätigen wollen, kam sie auch schon mit der nächsten Frage daher. »Was sagt Torsten dazu?« Nadine zuckte mit den Schultern und stocherte geschäftig in ihrem Datschi herum. Sie war nicht gewillt, näher auf diese Frage einzugehen, also beließ sie es bei dieser nichtssagenden Geste. Langsam fing sie an, Fynn mit dem Kuchen zu füttern. Doch Linda hatte letzte Nacht wohl nicht nur einen Haufen Schlaf, sondern offensichtlich auch noch ihre Sensibilität eingebüßt. Mit erneut hochgezogenen Augenbrauen entwich ihr ein gedehntes: »Pffffff«

»Was Pffffff?« Nadine war selbst überrascht über den Groll, der in dieser Frage mitschwang. Sie bereute ihre Offenheit von vorhin sofort. Was hatte sie von einer Frau erwartet, die den Ernährungsplan ihrer Tochter auf die Empfindlichkeit ihrer Wäsche abstimmte und jedes zweite Wochenende einen Oma/Opa-Tag organisierte, um Zeit für sich zu haben. Sie hätte ihr einfach eine lahme Ausrede auf den Tisch knallen sollen, anstatt sich ihr mit ihren Bedenken anzuvertrauen.

Linda, die gerade an ihrem Milchkaffee genippt hatte, stellte ihre Tasse geräuschvoll zurück auf den Tisch.

»Du lässt dich ganz schön von dem kleinen Mann vereinnahmen, findest du nicht?«, stellte Linda fest und der süßliche, gönnerhafte Tonfall, mit dem sie diesen Satz aussprach, machte Nadine ziemlich sauer. Dennoch versuchte sie sachlich zu argumentieren.

»Es ist nicht meine Aufgabe zu bewerten, was und wie viel er möchte, es ist meine Aufgabe, ihm das zu geben was er braucht. Und Kinder brauchen nun mal eine Menge. Wenn ich etwas gewollt hätte, das mich weniger vereinnahmt, dann hätte ich mir einen Goldfisch zugelegt und kein Kind.«

»Ich finde, du verwöhnst ihn zu sehr. Kinder können doch nicht immer erwarten, dass man gleich springt, nur weil sie es sagen. Wenn du ihn immer mit zu dir ins Bett nimmst, dann wird er noch bei euch im Zimmer schlafen, wenn er zwölf ist! Du solltest ihm das besser abgewöhnen, solange er noch so klein ist.«

Jetzt reicht's! Sich mehr Gedanken um sich selbst, als um das eigene Kind zu machen, war die eine Sache, aber jemandem Vorwürfe zu machen, nur weil derjenige es besser machen wollte ... DAS war zu viel. Eigentlich hatte sich Nadine vorgenommen beleidigt und stillschweigend den Rest des Tages zu schmollen, aber dieses Thema war ihr heilig und Linda sowas von auf dem Holzweg, weshalb sie nun doch ihren Mund öffnete.

»Das Einzige, was der kleine Mann von mir möchte ist Nähe und wie kann man denn zu viel Nähe geben bitte schön? Bekommt er Diabetes, wenn ich ihn zu viel herumtrage? Erwachsene bilden sich immer ein, genau Bescheid zu wissen, was Kinder brauchen und was nicht, weil sie es nicht verkraften würden zu akzeptieren, dass sie nicht die alleinige Kontrolle haben. Aber Fakt ist, das Kleinkinder Bedürfnisse haben, die ich als Erwachsener wahrnehmen und respektieren muss. Das ist mein Job als Mutter! Ich habe noch nie gehört, dass Kinder im Teenageralter verhaltensauffällig werden, nur weil man ihnen in jungen Jahren die Liebe und Aufmerksamkeit geschenkt hat, die sie als Baby eingefordert haben.« Nadines Stimme wurde immer lauter und das Tempo in dem sie sprach immer schneller.

»Das Wenn-dann-Prinzip funktioniert in der Kindererziehung nicht, dafür sind Kinder viel zu verschieden, also bitte bleib mir mit deinen Ratschlägen vom Leib! Ich kann doch nicht für ihn entscheiden, was er braucht! Ich kann nur für mich entscheiden wie viel ich bereit bin, ihm zu geben. Und nur weil ich bereit bin, mehr zu geben als du es augenscheinlich bereit bist, heißt das noch lange nicht, dass das falsch ist. Es heißt einfach nur, dass ich anders mit den Bedürfnissen meines Kindes umgehe, als du das mit deinem tust.«

»Willst du damit etwa sagen, dass ich mein Kind vernachlässige?« Lindas Augen funkelten zornig zu Nadine hinüber. Offensichtlich hatte sie überhaupt nicht richtig zugehört.

»Das habe ich doch gar nicht gesagt!«, stellte Nadine nun deutlich leiser klar. Sie fühlte sich von dieser zusammenhanglosen Äußerung völlig aus dem Konzept gebracht. *Worum ging es hier eigentlich?*

Ella, deren Kopf zwischen den beiden Löwenmuttis hin und her gehüpft war, wie ein Ping-Pong-Ball, beschloss einzugreifen, bevor noch die Sahne in irgendjemandes Gesicht landen würde.

»Hey Leute, was ist aus unserer unausgesprochenen Regel geworden, nicht zu urteilen?«

Jetzt war Nadine völlig durcheinander und auch Linda hatte nicht den leisesten Schimmer, wovon ihre Freundin da redete.

»Unserer was?«, fragten sie daher beinahe wie aus einem Mund.

»Ach, vergesst es ...«, winkte Ella ab. Die Aufmerksamkeit zweier derartig aufgewühlter Powerfrauen auf sich zu ziehen, gruselte sie. Sie hob unschuldig ihre Hände, so als wolle sie sich zwei Raubkatzen nähern. Diese beschwichtigende Geste schien bei Linda einen Schalter umzulegen, denn mit einer ruckartigen Bewegung schnellte sie von ihrem Stuhl hoch, sodass dieser gefährlich taumelte und angelte sich ihre Handtasche vom Kinderwagengriff. Leise vor sich hin fluchend fingerte sie ihren Geldbeutel aus der Tasche, knallte einen Zehner auf den Tisch und verließ dann wortlos mit der dösenden Luisa auf dem Arm den Außenbereich des Cafés.

Ella und Nadine blickten eine Weile ungläubig in die Richtung, in die Linda entschwunden war, bis Fynn sie mit einem ungeduldigen Quietschen wieder in die Gegenwart zurück katapultierte. Er wedelte aufgeregt mit seinen Händen auf und ab und patschte dabei immer wieder gegen den leeren Kuchenteller vor sich. Sein Mund und seine Finger waren komplett mit Sahne überzogen und seine Kleidung war ein einziger Bröselberg. Nadine hatte, ohne es zu merken, den ganzen Datschi an ihn verfüttert und jetzt verlangte das kleine Krümelmonster vehement nach mehr. Nadine sog erschrocken die Luft ein. Sie legte besonderen Wert darauf, dass Fynn abwechslungsreich und ausgewogen aß (Sie selbst hatte einen totalen Vitamintabletten-Tick, vor lauter Angst einen Mangel zu haben) und jetzt hatte er gerade so viel Zucker auf einmal verdrückt, wie sie ihm sonst nur über das gesamte Jahr verteilt zugestand. Schnell fing sie damit an, seine Finger von der Sahne zu befreien. Doch ihr Sohn blieb dabei, er wollte mehr, weshalb er unter Nadines Händen wie ein Fisch zappelte und jammerte. »Schätzchen, der Kuchen ist weg. Ich hab nichts mehr für dich«, sagte Nadine.

Fynn lies Nadines Worte eine Weile auf sich wirken. Dann machte er ein Gesicht, als hätte sie gerade seinen Kuschelhund in Bolognesesoße ertränkt und verschränkte schmollend die Arme vor seiner Brust. Nadine seufzte angesichts der Sauerei, die sich durch Fynns Bewegung auf seinem Sweatshirt ausbreitete und wandte sich resigniert an Ella. Diese war gerade damit beschäftigt, die Teller zusammenzuräumen. »Was ist mit Linda?«, wollte Nadine von ihr wissen. Ella zuckte mit den Schultern.

»Linda ist eher der emotionale, als der rationale Typ. Ich kann mich da ehrlich gesagt auch nicht immer hineinversetzen«, gestand sie und fixierte weiterhin geschäftig die Tischplatte.

***

Der Mond zeichnete leise Schatten auf den Boden, als Nadine ihre Wohnküche betrat. Fynn war bereits vor einer Stunde eingeschlafen, doch Nadine hatte keine Ruhe gefunden. Sie beschloss, sich einen Tee zu kochen, um sich von seiner Wärme einhüllen zu lassen und etwas runterzukommen. Schließlich war es doch ein recht aufwühlender Tag gewesen. Torsten war noch in der Arbeit, also hatte sie das Wohnzimmer für sich und ihre Gedanken.

Sie pustete nachdenklich in den aufsteigenden Dampf, der aus der Tasse emporstieg und blickte in die undurchdringliche Dunkelheit der Nacht hinaus, als sich ihr Handy auf dem Küchentisch mit einem Vibrieren bemerkbar machte.

Linda hatte ihr eine Nachricht geschickt. Überrascht stellte Nadine fest, dass ihr Herz laut zu pochen begann, als sie mit einer flüchtigen Bewegung ihres Daumens das Display ihres Handys entriegelte, um die Nachricht zu lesen.

»Hey, ich weiß, dass du dich nicht wohl mit der Party-Idee fühlst, aber das ist Ellas Dreißigster! Sie hat sich bestimmt nicht getraut, nochmal mit dir darüber zu reden, aber ihr ist das echt, echt wichtig, also bitte überleg's dir nochmal, okay?«

Nadine starrte eine Weile auf ihr Smartphone. Dann ließ sie sich geräuschvoll auf die Couch plumpsen und pustete sich eine Haarsträhne aus dem Gesicht. Jetzt mit dem Abstand der letzten Stunden hatte sie einen objektiveren Blickwinkel. Ja, der dreißigste Geburtstag war in der Tat etwas Besonderes. Und dass Linda nach dem Zwischenfall von heute über ihren Schatten sprang, um sich noch einmal für ihre Freundin einzusetzen, unterstrich diese These zusätzlich. Sie musste ihre übertriebenen Ängste, was Fynn anging, zurückstellen und ihrer Freundin zuliebe für einen Abend lang andere Prioritäten setzen.

Schuldgefühle krabbelten unter ihren Pullover und gruben sich in ihren Brustkorb.

Was war nur mit ihr los? Linda war eine so gute Freundin. Wohl eine der besten, wenn man bedachte, dass Nadine das mit dem Nähe zulassen erst seit Fynns Geburt so einigermaßen auf die Reihe brachte. Und Linda war eine gute Mutter. Das dachte Nadine wirklich. *»Du hast ja auch nie etwas Gegenteiliges behauptet«*, verteidigte sich Nadine vor sich selbst. *»Aber immer wieder mal gedacht ...«*, musste sie sich eingestehen. Es war schwer für sie, zu akzeptieren, dass Lindas Erziehungsstil sich so sehr von dem ihren unterschied. Und dass Linda so leichtfertig mit ihrer Ehe umging, hatte Nadine immer noch nicht ganz verdaut. Auch wenn sie nach dem Grillabend bei Ella zugeben musste, dass sie sie seither besser verstand. Allerspätestens seit heute war klar, dass es Linda in ihrer Ehe nicht gut ging und was einem nicht gut tut, kann nicht wirklich richtig sein. Dennoch würde sich Nadine wünschen, dass Linda, wenigstens Luisa gegenüber, mehr um diese Ehe kämpfen würde. Ihre Mutter hatte das nie getan ... Nadine schüttelte energisch den Kopf. Linda war nicht wie ihre Mutter. Zumindest noch nicht, also hatte Nadine auch kein Recht so abwertend über sie zu denken. Nadine blieb bei ihrer Meinung: Linda war eine gute Mutter.

Umso mehr tat es ihr leid, dass Linda diesbezüglich Zweifel zu plagen schienen. Und noch schlimmer war, dass Nadine diese Zweifel mit ihrem Vortrag offensichtlich nur noch verstärkt hatte. Linda ging es an diesem Tag ohnehin schon nicht gut und sie hatte sie zu allem Überfluss auch noch total blöd von der Seite angemacht.

So wie es aussieht, machen wir gerade alle drei eine schwierige Phase durch ..., dachte Nadine und tippte ein einfaches »ok« in das Eingabefeld ihrer Handy-App.

Kapitel 7

Nadine hatte schon dreimal ihre WhatsApp-Nachrichten gecheckt, bevor die Geburtstagsgäste überhaupt die Bar betreten hatten. Es war zehn Uhr, das »Vorglühen« bei Ella zu Hause war offiziell beendet und die Frauen befanden sich nun auf dem Weg ins *El Cantina*. Nadine hatte es sich nicht nehmen lassen, Fynn höchstpersönlich ins Bett zu bringen, bevor sie sich ins Nachtleben stürzte. Es war ihr wichtig, die Veränderungen für ihn so gering wie möglich zu halten. Nun durfte er nur nicht aufwachen ... Sie wusste, dass es idiotisch war, sich deshalb so viele Gedanken zu machen. Schließlich war Torsten sein Vater und kein unterbezahlter Babysitter, für den ein Kind lediglich ein Job und kein Sohn war. Selbst wenn er wach würde, wie sollte Fynn denn schon großartig reagieren? Er würde vermutlich gar nicht wach genug werden, um überhaupt zu merken, dass es sich bei der Person, die neben ihm lag, nicht um sie, sondern um Torsten handelte. Außerdem hatte sie für den Fall der Fälle Wasser für ein Milchpulverfläschen vorgekocht und eine Hälfte kalt gestellt und die andere Hälfte in eine Thermoskanne gefüllt. Das Milchpulver war bereits in der Flasche, so musste Torsten lediglich das Wasser darübergießen, kräftig schütteln und voilà. Es war idiotensicher. Aber sie war eben, wie sie war und das konnte sie nicht innerhalb eines Tages beiseite schieben. Sie atmete erleichtert aus, als das Handy wiederholt keine neuen Nachrichten zu vermelden hatte, steckte es zurück in ihre Hosentasche und betrat gemeinsam mit den Anderen die Bar. Im Inneren empfing sie eine ohrenbetäubende Lautstärke. Meine Güte, der Laden war proppenvoll und die Atmosphäre darin unterlag einem Charme, der auf einen Durchschnittswert von 2,5 Promille pro Person schließen ließ. Nadine ermahnte sich, cool zu bleiben. Ein paar Alibi-cocktails und schwupps, wäre ihre Aufgabe als Partygast erfüllt und sie könnte wieder nach Hause gehen.

Nadine erkannte in einer Ecke des Raumes einen Mann in einem pinken Hasenkostüm, der umringt war von einer Horde der Marke Ballermann-Tourist. Sie alle trugen ein T-Shirt mit der Aufschrift *Simons Leben ist ab dem 10.10. vorbei – Ai Ai Ai.* Während Nadine missbilligend ihre Stirn in Falten legte, klatschte Linda neben ihr begeistert in die Hände und echote: »Ui, ein Junggesellenabschied, wie schön!« Nadine musterte ihre Freundin ungläubig von der Seite und Ella machte sich in der Zwischenzeit auf die Suche nach einem Kellner, der sie an ihren reservierten Platz bringen sollte. Die Tische waren alle am Rand des Raumes und um die Bar in der Mitte drapiert, sodass die Getränke problemlos in Eigenregie bestellt werden konnten, während sich die Kellner vorwiegend um die Snacks und das Fingerfood kümmerten. Leider sorgte diese Raumaufteilung aber auch für ein heilloses Gedränge, sodass sich Nadine innerhalb kürzester Zeit klaustrophobisch fühlte. Mit einem gequälten Lächeln dankte sie dem von Ella organisierten Kellner, der sie ausgerechnet an den Tisch direkt neben dem Junggesellenabschied-Ballermann-Verein setzte und pflanzte sich auf einen Stuhl, der mit dem Rücken zu den lauten Tischnachbarn stand. Linda, die bereits beim Vorglühen vollen Einsatz gezeigt hatte, bestellte sofort einen großen Pitcher Margherita für alle und winkte der grölenden Meute hinter Nadine dabei zu wie ein amerikanischer Teenager. Nadine blickte ihrem Spiegelbild entgegen, das ihr durch die Schwärze der Nacht entgegensprang und kaute auf einer ihrer Haarlocken herum. Sie hatte ihre Haare zu einem Dutt nach oben gesteckt, sodass nur vereinzelte Locken in ihr Gesicht fielen. Sie trug ein weißes Shirt und eine enganliegende schwarze Jeans. Linda hatte ihr einen roten Lippenstift verpasst und Ella hatte ihr dazu passende Ohrhänger aus ihrem Schmuckbestand (man könnte schon fast Sammlung dazu sagen) geliehen. Ihr Spiegelbild sah steif und unsicher aus und trotz des Make-ups wirkte sie mit ihrer verschüchterten Körperhaltung wie eine Fünfzehnjährige. Nadine runzelte erneut ihre Stirn. Diesmal nicht, weil die Jungs hinter ihr zu exzessiv feierten, sondern weil sie überhaupt nicht in der Lage zu sein schien, auch nur ein wenig zu feiern. Als der Pitcher zusammen mit drei Gläsern geräuschvoll auf dem Holztisch landete, griff sie beherzt zu einem der Gläser und schenkte allen ein. »Auf dich liebe Ella!«, prostete sie ihrer Freundin zu und leerte mit einer spontanen Entschlossenheit das Glas in schnellen Zügen.

Es dauerte keine Stunde, dann waren alle drei Frauen gut angetrunken und reihten sich in die Riege der tanzenden Partymäuse ein, die ihre Stühle links liegen ließen und sich nun im Flur mit den anderen im Rhythmus der Musik aneinander drängten. Während Ella bei dieser Tanzaktion irgendwann einmal spurlos verschwunden war (Sie hatten ausgelassen nebeneinander getanzt und gelacht, doch dann war sie von einer Sekunde auf die andere aus Nadines Blickfeld verschwunden.), hatte sich Linda zu den Jungs vom Nachbartisch gesellt, um sich ein paar Gratisdrinks ausgeben zu lassen. Obwohl Linda nur eine Armlänge von Nadine entfernt stand, war sie so sehr mit der Männertruppe beschäftigt, dass sie weder gemerkt hatte, dass Ella fehlte, noch gemerkt hätte, wenn es auch Nadine täte. Nadine, die keine Relevanz darin sah, alleine vor sich hin zu zappeln, setzte sich zurück an ihren Platz und bestellte sich kurzerhand eine Fingerfood-Platte. Auch wenn sie kein nachtragender Typ war, so konnte sie den kleinen Streit zwischen sich und Linda trotzdem nicht völlig ausblenden. Ein wenig Abstand schadete also nicht. Sie spürte den Alkohol bereits deutlich, merkte, wie sie sich gelöst und entspannt aber auch hungrig fühlte und fing an, den Abend zu genießen. Da es für sie normalerweise keinen Anlass gab, Alkohol zu trinken und sie es aufgrund ihres Gesundheitsbewusstseins auch gerne vermied, war sie

nun positiv überrascht von der Wirkung, die er auf sie hatte. Es war ihr gleichgültig, dass ihre Freundinnen, die sie so
dringend an diesem Abend dabei haben wollten, sie auf einmal alleine gelassen hatten und die Vorstellung, dass Fynn
nachts aufwachen und weinen könnte, war auf einmal total
unwahrscheinlich geworden. Im Moment gab es nur sie, ihre
Fingerfood-Platte und dieses grandiose Hochgefühl.

***

Rafael zog fröstelnd seine Lederjacke enger um seinen Körper und versuchte mit stoischer Miene, seine penetranten
Kopfschmerzen zu ignorieren. Als er den Weg an der Hauptstraße entlang, auf das *El Cantina* zusteuerte, verfluchte er
seine beiden Cousinen leise.

Seit sie vor einem knappen halben Jahr bei ihm im Laden
angefangen hatten auszuhelfen, um sich für ihr Studium etwas dazuzuverdienen, lagen sie ihm mit dieser Bar in den
Ohren. »Es ist so cool dort, du musst unbedingt mal mitge-
hen!«, beteuerten sie ständig und Rafael hatte sie meistens
nur stumm belächelt und den Kopf geschüttelt.

Er wusste, dass sie ihm dabei helfen wollten, mal einfach
abzuschalten und dafür liebte er sie nur umso mehr, aber er
konnte nicht. Er hatte einfach zu viele andere Dinge im Kopf,
um sich erfolgreich gehen lassen zu können. Sein Fahrradladen war harte Arbeit und es war noch nicht abzusehen, ob
sich Rafaels Mühen lohnen würden. Für qualifiziertes Per-
sonal fehlte noch das Geld, weshalb er auf seine Cousinen
voll angewiesen war und das bereitete ihm Magenschmerzen. Denn diese Mädchen konnten vieles, aber konzentrier-
tes Arbeiten gehörte nicht dazu. Die meiste Zeit tippten sie
in ihrem Smartphone herum und wogten zur leisen Hinter-
grundmusik, die aus dem Radio kam. Er wusste ganz genau,
wie laut sie die Musik drehten, sobald er den Laden nur einmal kurz verließ. Es war beinahe so, als wären die Zwillinge

ab ihrem achtzehnten Lebensjahr in ihrer Entwicklung stehen geblieben. Die Zeit konnte weder ihrer Lebensfreude noch ihrer Unbeschwertheit etwas anhaben. Rafael wünschte sich manchmal, er könnte mit ihnen tauschen. Aber er hatte sich für die Selbstständigkeit und seinen größten Traum entschieden, und nun hatte er eben die damit verbundene Verantwortung und diesen Mammutkredit am Hals. Das meiste Geschäft machte er mit Reparaturen und nicht im Verkauf. Was bedeutete, dass er seine Nächte regelmäßig in der Werkstatt verbrachte, um die Wartezeiten für die Kunden so gering wie möglich zu halten, in der Hoffnung, sich mit seinem Einsatz eine treue Stammkundschaft aufzubauen. Dieser Laden war alles, was er je wollte und jede Sorgenfalte wert, aber er sorgte auch dafür, dass ein Samstagabend in einer überfüllten Bar, die nach Nachos mit Käse roch, das Letzte war, wofür Rafael seine knappe freie Zeit bereit war zu opfern.

Außerdem mochte er diesen Schuppen nicht. Natürlich kannte er ihn von seiner »Streunerzeit« aus früheren Tagen. Das *El Cantina* war viel zu laut für seinen Geschmack und der Andrang an betrunkenen Menschentrauben, die entweder Junggesellenabschied oder Geburtstag feierten, waren nicht die Art von Gesellschaft, die er in seiner Freizeit bevorzugte. Sie waren oft zu alkoholisiert und aufgedreht, und das ging dann meistens in Form von Schlägereien, Kotzereien oder Grabschereien nach hinten los. Für Rafael gab es nichts Abtörnenderes als betrunkene Frauen und aggressive Männer. Und davon gab es im *El Cantina* reichlich.

Aber auch, wenn seine Cousinen keine Verkaufsgenies waren, ohne sie wäre er die letzten Monate durchgedreht und sein Kopf würde jetzt vermutlich in irgendeiner Hauswand stecken, wenn sie nicht immer dagewesen wären, um ihm Mut zuzusprechen. Gerade in der Aufbauphase ging eine Menge schief. Wenn etwas mit einer Lieferung nicht klappte, ein Kunde zum Reklamieren auftauchte oder das Kind eines Kunden das halbe Inventar des Ladens umkippte, sorgten diese zwei Studentinnen dafür, dass er nicht komplett unter dem Existenzdruck zusammenbrach. Also beschloss er, nicht undankbar zu sein und ein wenig mit ihnen abzufeiern, so wie sie es nannten. Er hoffte, es würde am Ende darauf hinauslaufen, dass er ihnen jeweils drei Cocktails ausgab und sie ihn dann für irgendeinen Typen stehen ließen. Dann hätte ein frühzeitiger Abgang seinerseits wenigstens seine Berechtigung.

Als er durch die Eingangstür des *El Cantina* schritt, schlug ihm eine Wand aus verbrauchter Luft entgegen. Er kniff aufgrund des schummrigen Lichts ein wenig die Augen zusammen und wünschte sich insgeheim auf seine Couch. Früher war er gerne in Bars gewesen. Er hatte gerne neue Leute kennengelernt, liebte den unverbindlichen Smalltalk und das Herumgealbere. Wenn früher bei seiner Streunerei durch die Bars die ein oder andere heiße Schnecke bei ihm hängen geblieben war – umso besser. Aber seit er sich vor knapp einem Jahr selbstständig gemacht hatte, fehlte ihm die Energie, die Zeit und die Motivation, um sich auf derartige Liebeleien angemessen konzentrieren zu können. Seit er seinen Fahrradladen eröffnet hatte, brauchte er das auch nicht mehr. Er machte während der Öffnungszeiten genug neue Bekanntschaften. Das war überhaupt das Beste an seinem Beruf. Die Kunden. Beraten, verkaufen, flirten, fachsimpeln. Das war seine Welt. Und trotzdem hatte er jeden Morgen und jeden Abend seine Ruhe. Alles in allem eine perfekte Konstellation für ihn, die keinen Handlungsbedarf erforderte. Na gut, seinen Cousinen schien das zu langweilig und einseitig zu sein, aber sie hatten ja auch keine Ahnung davon, dass er sich bei Weitem genug ausgetobt hatte. Was er brauchte waren Ruhe und Konstanz und keine schlaflosen Nächte mehr.

Er verschaffte sich mit wenigen, gezielten Kopfbewegungen einen Überblick und ging dann mit großen Schritten auf seine Cousinen zu, die er an der Bar in der Mitte des Raumes entdeckte und die bereits auf ihn warteten. Er nickte ihnen zur Begrüßung zu und sie fielen ihm sogleich übermütig um den Hals und quietschten etwas Unverständliches. Ihrer Alkoholfahne nach zu urteilen, warteten sie schon länger auf ihn. Er kürzte ihnen in Gedanken die drei Cocktails, die er ihnen ausgeben wollte, auf einen großen und bestellte sich selbst dazu ein Tequila-Bier. »Wo warst du denn so lange? Du hast die Happy-Hour verpasst!«, verkündete Michelle und wuschelte ihm mit gespielt strengem Blick durch seine zu langen goldblonden Haare. Sie wussten, wie sehr er es hasste, wenn sie sein ohnehin widerspenstiges Haar mit ihren schlanken Fingern verwüsteten. Er setzte eine gespielt leidende Miene auf und schlug unmotiviert nach der Hand seiner Cousine, als wäre sie eine lästige Fliege. »Lass den Quatsch!«, forderte er sie auf. »Du bist viel zu alt für so eine Kleinmädchen-Begrüßung.«

»Sagte der 32-Jährige mit dem Griesgramgesicht eines 80-Jährigen«, entgegnete Michelles Schwester kokett und quetschte mit ihrer rechten Hand Rafaels Wangen so zusammen, dass sich sein Mund wie ein Fischmaul verformte. Übermütig drückte sie ihm unter glockenhellem Lachen einen Kuss darauf, bevor sie fragte:

»Hast du eigentlich gesehen, dass wir die neuen Fahrradschlösser für Kinder nach Farben sortiert und auf den Ständer vor der Kasse ganz unten hingehängt haben, damit die Zielgruppe freie Sicht darauf hat?« Lisa sprach mit hochgereckter Nasenspitze und geschäftigem Tonfall, der wohl dem von Rafael ähneln sollte, während sie das Wort Zielgruppe mit ihren Fingern in Anführungszeichen setzte. »Ja hab ich«, bestätigte er und verdrehte gespielt genervt die Augen, nachdem er sich seine Haare wieder aus dem Gesicht gestrichen hatte.

»Gern geschehen!«, maulte ihm Lisa entgegen, stemmte dabei ihre Hände in die Hüfte und bleckte ihre rosige Zunge. Er musste angesichts dieser Rotzgören-Geste kurz auflachen, streckte ebenfalls seine Zunge heraus und konterte schließlich:

»Nicht geschimpft ist bei euch beiden Lob genug.«

Dafür kassierte er zwei unkoordinierte Schläge gegen seinen Oberarm, die er dank seines intensiven Fitnesstrainings kaum spürte. »Habt ihr schon etwas Leckeres für euch gefunden?«, versuchte Rafael schnell das Thema zu wechseln, bevor sich seine Cousinen wieder an seinem Haar vergreifen konnten. *Je schneller ihr euch anderweitig beschäftigt, desto schneller kann ich mich unbemerkt vom Acker machen*, dachte er mit einem schelmischen Grinsen, stützte sich mit seinen Ellenbogen an der Bar ab und zeigte mit seinem Kinn in die Weite des Raumes. Die Zwillinge waren der feuchte Traum eines jeden Mannes. Zumindest eines jeden nicht verwandten Mannes. Er wusste, sie hatten mit ihren roten Haaren, ihrer großen schlanken Figur, ihrer Porzellanhaut und ihren vor Energie sprühenden Augen die freie Auswahl. Besonders wenn sie im Doppelpack auftraten.

Umso verwunderlicher, dass die Mädchen so niedrige Ansprüche an die Männer ihrer Wahl hatten. Diese mussten lediglich gerne und lange Party machen können, durften nicht allzu eifersüchtig sein und vor allem mussten sie gut mit ihrem Smartphone umgehen können. Weshalb die Chancen, hier in diesem Schuppen schnell fündig zu werden, äußerst günstig standen, fand Rafael.

Tatsächlich antwortete Michelle prompt: »Der in dem rosa Overall hat ein hübsches Gesicht.« Sie nickte in die hintere Ecke bei der Treppe, die zu den Toiletten führte. »Aber ich schätze mal, dass er schon vergeben ist.« Schmollend verzog sie ihre vollen Lippen zu einem Mini-Schlauchboot und spülte anschließend ihren Anflug von Frust mit dem Cocktail in ihrer Hand in einer theatralischen Geste hinunter. Rafael war ihrem Kopfnicken gefolgt und begutachtete nun den Ecktisch, der umringt war mit Männern, die alle dasselbe hässliche T-Shirt trugen. Alle bis auf den besagten Mann im Häschenkostüm. Dieser stand breitbeinig auf der Holzbank und schmiss einzeln verpackte Kondome in die grölende Menge vor sich. Sein Gesicht glänzte von Schweiß und Bier, oder beidem. Rafael nickte stumm. Es sah ganz so aus, als würden diese Jungs genau dem Kriterienkatalog entsprechen, den die Zwillinge für sich selbst erstellt hatten. Als hätte Lisa seine Gedanken gelesen, bestätigte sie ihre Schwester mit einem sehnsüchtig gehauchten: »Er ist ja so heiß …«

Sie fing an lasziv an ihrem Strohhalm herumzukauen, während sie den Typ im Bunnykostüm fixierte. *Meine Güte, die beiden sind sowas von hinüber*, dachte Rafael und bedachte seine kleinen Cousinen mit einem tadelnden Blick. Wenn er den fließenden Alkoholkonsum der beiden nicht drastisch reduzierte, würde der Abend damit enden, dass er den beiden die Haare aus dem Gesicht halten musste, während diese irgendeine Hauswand mit ihrem Mageninhalt verzierten. Dann wäre es Essig mit seiner Idee, sich vom Acker zu machen. Angesichts dieser unappetitlichen Aussichten setzte er erneut sein Griesgramgesicht auf und starrte hinüber zu der betrunkenen Partytruppe in der Ecke. Wie er so seinen Blick über die Männer Marke Ballermann-Zombie schweifen ließ, blieb er plötzlich mit seinen Augen an etwas hängen, das direkt vor den Zombies saß. Reflexartig stieß er seine Ellenbogen vom Tresen ab und reckte seinen Kopf nach vorne wie eine Schildkröte, um besser in Augenschein nehmen zu können, was seine Aufmerksamkeit derart auf sich zog.

Er beobachtete, wie eine Frau mit ihren zierlichen Händen Kartoffelecken auf abgebrochene Zahnstocher pikste. Sie war hochkonzentriert und blickte (was im krassen Gegensatz zu der Tätigkeit an sich stand) sehr ernst und mit leicht geöffnetem Mund auf ihr Kunstwerk herab. Sie zeigte sich augenscheinlich total unbeeindruckt von der Tatsache, dass sie gerade in einer Bar mutterseelenalleine an einem Tisch saß. Im Gegenteil, sie schien sich prächtig mit sich selbst und ihrem Essen zu amüsieren und nahm das Getümmel um sich herum gar nicht war.

Ihre Lippen leuchteten in einem satten Rot und verliehen ihr etwas aufregend Sinnliches. Die dunklen Locken, die seinen Vermutungen nach einmal eine Hochsteckfrisur darstellen sollten, hatten sich zum größten Teil Stück für Stück aus ihrer Begrenzung gelöst und kringelten sich nun rebellisch um ihre Wangenknochen. Ihre Wangen selbst hatten einen rosigen Teint. Vom Alkohol, schlussfolgerte Rafael mit einem entzückten Grinsen und musste sich eingestehen, dass er noch nie zuvor in seinem Leben eine betrunkene Frau derart hinreißend gefunden hatte. Wenn er ehrlich war, hatte er auch noch nie eine nüchterne Frau derart hinreißend gefunden.

Er gab ein unterdrücktes Glucksen von sich, als sie anfing, ihre gebastelten Kartoffelmännchen über den Tisch tanzen zu lassen und dabei die irrsten Grimassen schnitt. Diese Frau hatte in ihrer kindlichen Unbefangenheit eine Ausstrahlung, die sein Herz auf eigenartige Weise berührte. Sie wirkte mit ihrer unschuldigen Aura in dieser Umgebung so deplatziert wie ein Einhorn bei IKEA. Interessiert beobachtete er, wie sie ihr Spielzeug fallen ließ und sich ihren rechten Zeigefinger in den Mund schob. Er fragte sich gerade mit schief gelegtem Kopf, womit sie sich wohl verletzt haben könnte, als sie plötzlich ihren Kopf anhob und zu ihm hinüber sah. Ihre Augen tauchten für einen flüchtigen Moment in seine und Rafael spürte, wie sein Mund aufgrund dieser überraschend intensiven Berührung plötzlich ganz trocken wurde. Mit dem Finger in ihrem Mund, den glänzenden Augen und den geröteten Wangen wirkte sie so anziehend auf ihn, dass er unwillkürlich schlucken musste. Er konnte sehen, wie sich ihre Pupillen vor Schreck weiteten und sich ihr gesamter Körper versteifte, als sie bemerkte, dass er sie anstarrte. So als wäre sie tatsächlich ein Einhorn in freier Wildbahn, das aus seiner Ruhe gerissen und dessen Fluchtreflex nun aktiviert wurde. Unbewusst hob er seine rechte Hand in einer beschwichtigenden Geste nach oben, verharrte allerdings auf halbem Weg in seiner Bewegung, da sie sich bereits wieder abgewandt hatte. Verschämt schob sie nun ihre Kartoffelmännchen beiseite und starrte verschreckt aus dem Fenster. Bedauern zog sich um seine Mundwinkel. Er hatte ihr den Spaß auf keinen Fall verderben wollen. Entschlossen leerte er seine Flasche in einem Zug und wollte sich gerade auf den Weg zu seinem Einhorn machen, da hielt ihn jemand am Arm fest. »Hey Traumtänzer, du hörst ja gar nicht zu!«, beschwerte sich Lisa und machte erneut ein Schlauchbootgesicht. Er gab seiner sturzbetrunkenen Cousine einen beherzten Kuss auf die Stirn und versicherte ihr, dass er gleich wieder zurück sei. Doch als er sich umdrehte, war sein Fabelwesen verschwunden. Der Tisch lag so verlassen da, als hätte Rafael sich diese Frau nur eingebildet. Die Kartoffelmännchen waren der einzige Hinweis darauf, dass sie tatsächlich existierte. Er versuchte sie in den Menschenmassen ausfindig zu machen, suchte nach ihrer leuchtend weißen Bluse, ohne Erfolg. Mit einem enttäuschten Seufzer gesellte er sich zurück zu seinen Cousinen, die ihre Köpfe zusammengesteckt hatten und über irgendetwas amüsiert kicherten. »Du bist aber schnell suurück«, stellte Lisa fest, als er nah genug an sie herangetreten war, dass sie ihn mit ihrer durch den Alkohol eingeschränkten Wahrnehmung registrierte. Er unterdrückte den Wunsch mit den Augen zu rollen, weil er einfach nicht glauben konnte, dass sich jemand im Alter von 25 Jahren ohne besonderen Anlass derartig abschoss und orderte ein weiteres Bier an der Bar.

Das letzte Mal, dass er sich so ins Delirium befördert hatte, war eine halbe Ewigkeit her. Wenn man selbstständig war, tat jeder Tag, den man wegen Krankheit ausfiel, weh. Er hatte sogar das Oktoberfest dieses Jahr dafür sausen lassen. Er musste seinen Körper pflegen und gut auf seine Gesundheit achten, wenn er mit seinem Fahrradladen Erfolg haben wollte. Charlotte, seine Exfreundin, hatte das nie nachvollziehen können. »Du hast nur noch deine langweiligen Fahrräder im Kopf«, hatte sie genörgelt, wenn er nicht mit ihr durch die Clubs ziehen wollte oder einen Wochenendtrip an den Gardasee ablehnte. Es war nicht ihr Traum und sie war deshalb auch nicht bereit dafür irgendwelche Opfer zu bringen. Es hatte nicht lange gedauert, da hatte sie ihm und seinem Laden auf Nimmerwiedersehen den Rücken gekehrt und war mit ihrem Arbeitskollegen durchgebrannt. Mit einem leisen Kopfschütteln und einem spöttischen Lächeln dachte er an diese oberflächliche Ziege zurück. Er hatte ohnehin keine Zeit und kein Interesse für eine Lifestyle-Bussi-Bussi-Beziehung gehabt und war deshalb nicht sehr traurig, als sich Charlotte so schnell und ohne weitere Reibereien aus dem Staub gemacht hatte. Beziehungen waren unnötig kompliziert und raubten nur wertvolle Energie. Charlotte hatte recht gehabt. Er hatte wirklich nur seine Fahrräder im Kopf und er war weit davon entfernt, diesen Umstand zu ändern. Unwillkürlich fragte er sich, was wohl sein angeheitertes Einhorn beruflich machte, als ihn ein Kribbeln im Nacken herumfahren ließ. Da war sie ja! Ihre Haare bildeten nun wieder die geordnete Form eines Haardutts und ihre Augen blickten ernst und beherrscht, als sie sich zurück auf ihren Stuhl setzte. Mit schnellen Bewegungen hatte er sich aus dem Gedränge rund um die Bar geschlängelt, wie eine Viper durch das Gras, und ließ sie diesmal nicht mehr aus den Augen. Sie blickte mit gerunzelter Stirn auf ihr Handy und tippte geschäftig darin herum, während er sich ihr unauffällig zu nähern begann. Kurz bevor er ihren Tisch erreichte, nahm er einen großen Schluck aus der Flasche in seiner Hand. Sie saß nun mit dem Rücken zu ihm und er konnte ihren schlanken Hals erkennen, an dem zwei kleine Löckchen herab perlten. Beherzt griff er nach dem Stuhl, der direkt hinter ihr stand, drehte ihn so, dass er sich mit den Händen auf der Lehne abstützen konnte und setzte sich so dicht neben sie, dass seine Nase beinahe ihren wunderschönen Nacken berührte. Er wollte gerade eine sanfte Begrüßung in ihre Richtung hauchen, da hob sie in einer derartig ruckartigen Bewegung ihren Kopf, dass ihr Schädel mit voller Wucht gegen seine Nase donnerte.

***

Nadine stand in der Damentoilette des *El Cantina* vor dem Spiegel und betrachtete sich eingehend. Sie sah mit ihrem wirren Haar und ihren knallroten Wangen aus wie ein gerupftes Huhn, dem man den Hintern versohlt hatte. Schnell spritzte sie sich etwas Wasser ins Gesicht, um ihre Blutgefäße und ihren Gemütszustand zu beruhigen. Gott, war das peinlich gewesen! Vom Alkohol derart beflügelt, hatte sie angefangen den albernsten Ideen in ihrem Kopf nachzugehen. Völlig in sich gekehrt, hatte sie damit begonnen, ihr Essen aus unterhaltungstechnischen Gründen zweckzuentfremden. Hätte sie sich nicht einen abgebrochenen Zahnstocher unter den Nagel gerammt, würde sie wahrscheinlich jetzt noch dort oben sitzen und mit ihren Kreationen Rollenspiele spielen. Der Schmerz in ihrem Finger hatte ihr eine Pause aufgezwungen und dann hatte sie ihn bemerkt. Er stand an der Bar und starrte sie mit einem dümmlichen Grinsen im Gesicht an. Das Gefühl, ertappt worden zu sein, sorgte für einen Adrenalinstoß, der sie von einer Sekunde zur nächsten stocknüchtern machte. Zunächst war sie so beschämt, dass sie sich kaum traute, sich zu bewegen. Doch irgendwann hielt sie es nicht mehr aus und flüchtete mit gesenktem Kopf die Treppe hinunter, zur Toilette.

Zuerst hatte sie sich überlegt, einfach den Rest des Abends hier unten vor den Toilettenkabinen zu verbringen, aber sie hatte hier unten keinen Handyempfang und sie musste für Torsten auf jeden Fall erreichbar bleiben, falls es zu Hause Probleme geben sollte. Abhauen bedeutete, sich von Ella verabschieden zu müssen. Aber da sie keine Ahnung hatte, wo Ella steckte und es unmöglich war, sich zu verdrücken, ohne sich vorher vom Geburtstagskind zu verabschieden, saß sie wohl oder übel fest.

Mit einem resignierten Seufzer klemmte sie sich ihren Haargummi zwischen die Zähne und begann ihre Frisur zu richten. Sie würde sich einfach bei Linda und den Junggesellentypen verstecken, beschloss sie, tupfte ihr Gesicht mit einem Papierhandtuch ab und machte sich auf den Weg nach oben.

Sie stand noch in der Tür zu den Toiletten, als sie mit ihren Blicken bereits die Bar nach dem Kerl absuchte, der vorhin so gestarrt hatte. Zufrieden stellte sie fest, dass er neben zwei scharfen Rothaarigen gelandet war und ihr und ihrem Tisch den Rücken gekehrt hatte. Ein ansehnlicher Rücken, wie sie feststellte. Als ihr bewusst wurde, dass sie gerade anfing, ihn mit schief gelegtem Kopf anzustarren, schoss ihr wieder das Blut in die Wangen. Verlegen strich sie ihre Bluse glatt und machte sich auf die Suche nach Linda. Diese schien sich prächtig zu amüsieren. Zwei Männer, die sich wie schwitzende Airbags seitlich an sie drückten, prosteten ihr gerade mit irgendeinem rötlichen Zeug in der Hand zu. Sie prostete bereitwillig zurück. Ihr Lachen war laut und ungehemmt und sie warf in einer gelösten Geste den Kopf in ihren Nacken, als Nadine sie entdeckte. Was Nadine als bedrängend und unangenehm empfunden hätte, war für Linda augenscheinlich richtig spaßig. Nadine lächelte ihre Freundin an und war einmal mehr erstaunt darüber, wie unterschiedlich zwei Frauen doch sein konnten. »Hast du Ella gesehen?«, rief Nadine in Lindas Richtung und hoffte, dass ihre Stimme Linda trotz der Männer vor, hinter und neben sich erreichte. Als Linda ihre Freundin entdeckte, streckte sie euphorisch ihre Arme nach ihr aus und winkte sie mit flatternden Bewegungen zu sich hinüber. Nadine setzte einen gequälten Gesichtsausdruck auf, als sie sich durch die Männerkörper zwängte, um zu ihrer Freundin vorzudringen. Diese umarmte sie stürmisch und Nadine musste ihre Frage noch weitere drei Mal stellen, bis Linda sie überhaupt verstand.

»Ella ist nach Hause gegangen«, rief ihr Linda entgegen und machte dabei ein Gesicht, als wäre es das Normalste auf der Welt, wenn das Geburtstagskind als Erster und ohne sich zu verabschieden die Party verließ. Nadine machte tellergroße Augen und kam nicht umhin, sich ein wenig verarscht zu fühlen. So ein Theater darum, dass sie unbedingt mitkommen sollte und im Endeffekt war ihre Anwesenheit völlig irrelevant.

»Sie hat ihren Ex getroffen. War wohl komisch für sie.« Linda zuckte die Achseln und genehmigte sich noch ein Schnapsglas mit roter Pampe. Soweit das überhaupt möglich war, wurden Nadines Augen jetzt noch größer. Ihre Augenbrauen sahen jetzt aus wie zwei perfekt geformte Mondsicheln, die in Ohnmacht gefallen waren. Na, auf diese Geschichte war sie gespannt.

Linda zwinkerte ihrer offensichtlich total verwirrten Freundin zu und reichte ihr eines der vollen Schnapsgläser, die zuhauf den Tisch besiedelt hatten. Einer aus der Junggesellentruppe legte den Arm um Nadine und schrie ihr mit seiner feuchten Aussprache etwas Unverständliches ins Ohr. Angeekelt zog Nadine ihre Schultern nach oben, als seine verschwitzte Stirn ihre Wange berührte. Sanft schob sie das hochgewachsene Bubigesicht von sich und setzte das entschuldigende Servicelächeln auf, welches ihr noch aus Imbissbuden-Zeiten geblieben war.

Da ihr der Aufwand, sich verbal zu verständigen, zu groß erschien, deutete sie Linda mit wenigen Handbewegungen pantomimisch an, dass sie sich wieder auf ihren Platz zurückzog. Sie atmete erleichtert aus, als sie sah, dass der Mann von der Bar immer noch beschäftigt war. Er hatte wohl ein anderes Objekt ausfindig gemacht, das er auf der anderen Seite der Bar anstarren konnte, denn er stand regungslos vor der Bar und stierte geradeaus. Sie wollte sich gerade setzen, als sie ein Vibrieren in ihrer Hose wahrnahm. Gänsehaut machte sich auf ihren Armen breit und sie fühlte sich leicht hektisch, als sie in übler Vorahnung ihr Handy hervorkramte. Ellas Name auf dem Display ließ sie erleichtert aufatmen. Fynn ging es gut, Torsten kam klar. Das war die Hauptsache. Ellas Nachricht beschränkte sich auf die kurze Info, dass sie gegangen war und die Bitte, Nadine möge doch ihre Jacke mitnehmen. Erneut überkam Nadine brennende Neugier. Dieses Verhalten passte überhaupt nicht zu ihrer sonst so gewissenhaften Freundin. Sie beschloss, sich kurz bei Torsten zu erkundigen, wie es zu Hause lief und dann ihre Freundin zu fragen, was denn passiert war. Wobei sie sowohl von der einen, als auch von der anderen Seite keine Antwort erwartete. Torsten war sicher bereits im Land der Träume und Ella anderweitig beschäftigt. Hätte sie das Bedürfnis zu reden, wäre sie schließlich nicht so plötzlich abgehauen.

Nadine wollte gerade die erste Nachricht wegschicken, als ein Kribbeln im Nacken sie hochfahren ließ. Ihr Hinterkopf stieß dabei an etwas Hartes und sie drehte sich erschrocken um.

Als sie sah, dass sich der Sunnyboy von der Bar mit der Hand seine Nase hielt und sein Gesicht sich vor Schmerz zu verzerren begann, schlug sie sich erschrocken die Hand vor den Mund. »Fuck, das tut mir leid!«, stieß sie hervor und ihre Hand legte sich entschuldigend auf seine Schulter.

Er zog langsam seine Hand vom Gesicht und dahinter kam ein wundervolles Lächeln zum Vorschein. Sein Blick fiel auf ihre Hand und als ihr bewusst wurde, wo sich diese Hand gerade befand, da zog sie sie in Lichtgeschwindigkeit wieder zurück. Sein Lächeln wuchs simultan zu ihrer Verlegenheit und als ihr dies bewusst wurde, da konnte sie einfach nicht mehr an sich halten. Sie musste mit dem Bisschen Alkohol, das sie sich gegönnt hatte, all ihre funktionierenden Gehirnzellen weggebrannt haben, denn anders ließ sich der Lachflash, den sie sogleich bekam, nicht erklären. Sie prustete regelrecht los und bekam kaum noch Luft. Sie lachte und lachte und wollte gleichzeitig im Boden versinken, so unangenehm war ihr das alles. Doch diese skurrile Kombination brachte sie nur noch mehr zum Lachen. *Dieser verflixte Alkohol! Verflucht sei er!*, dachte sie sich, während sie sich eine kleine Lachträne aus dem Augenwinkel wischte. »Entschuldigen Sie, das ist wirklich nicht witzig«, beteuerte sie, während sie sporadische Gluckser zwischen den Worten Lügen straften. Als sie sich wieder völlig gefasst hatte, merkte sie, dass der Mann sie immer noch anlächelte. Also entweder er war schwachsinnig, oder sie hatte irgendetwas im Gesicht. Mit den Kartoffelecken spielte sie jedenfalls nicht mehr, darüber konnte er sich jetzt nicht amüsieren. Als sie allerdings in seine Augen sah – diese goldbraunen leuchtenden Augen –, da flog ihr weder Schwachsinn noch Schadenfreude oder ähnliches entgegen, sondern nichts als pure Freundlichkeit. Dieses Lächeln war so warm und wertschätzend (Konnte ein Blick Wertschätzung ausdrücken? Sah ganz danach aus …), dass sich diese Wärme glatt auf Nadine übertrug und ihr ein wohliges Kribbeln in der Magengegend bescherte. Nadine hatte das Gefühl, als würde er direkt in ihre Seele blicken. Und obwohl er sich offensichtlich von hinten an sie herangeschlichen hatte und nun für ihr Empfinden verdammt nah an ihr dran war, fühlte sie sich weder bedrängt noch anderweitig unwohl. Es fiel ihr nicht einmal schwer, den Augenkontakt aufrechtzuerhalten, was sonst gar nicht ihrem Naturell entsprach. Sie genoss den aufregenden Schauer, der gerade über ihren Rücken hereinbrach, und lächelte sanft zurück. Wenn sie es recht bedachte, war dieser Alkohol doch nicht ganz so lästig.

»Hi, ich bin Rafael«, sagte der Sunnyboy mit dem grandiosen Lächeln und streckte ihr seine Hand entgegen.

»Nadine«, erwiderte sie knapp und ergriff diese sogleich.

»Darf ich dir ein Kompliment zu deinem Parfüm machen? Es passt wirklich ganz ausgezeichnet zu dir und deinem Typ.«

Nadine sah verlegen zu Boden. Sie wusste nicht so recht, wie sie mit dieser gänzlich ungewohnten Situation umgehen sollte. Unbewusst fing sie an mit einer ihrer erneut gelösten Haarlocken zu spielen. Weil sie nicht wusste, wohin mit sich und ihrem Unbehagen, sah sie aus dem Fenster. Meine Güte, sie fand ihn echt süß! Was machte dieser Alkohol nur mit ihr?

»Bist du ganz alleine hier?«, hörte sie ihn fragen. Sie schielte etwas vorsichtig zu ihm hinüber und schüttelte stumm den Kopf.

»Meine Freundin ist dort drüben.« Mit einer schwachen Handbewegung deutete sie hinüber zu Linda. Er folgte ihrer Handbewegung, dann nickte er amüsiert.

»Auf diese Burschen haben meine Cousinen auch schon ein Auge geworfen.« Wieder lächelte er ihr zu und diesmal konnte sie seine weißen Zähne sehen, die hinter seinen Lippen hervorblitzten. Dann waren die zwei Rothaarigen an der Bar also seine Cousinen? Warum traute sie sich nicht einfach, ihn zu fragen? Und warum interessierte sie das überhaupt? Das Kribbeln in ihrer Magengegend wurde stärker und fing langsam an, sie richtig nervös zu machen. Unbeholfen nestelte sie an ihren Fingern herum und schwieg beklommen. Als sie schließlich ihren vom Restalkohol inspirierten Mut zusammenkratzte, um ihn noch einmal anzusehen, da sah er sie immer noch so wohlwollend und herzlich an, so als würde sie sich nicht wie eine total verklemmte Pute benehmen. Sein Lächeln hatte etwas Entwaffnendes und vor allem Ansteckendes. So ließ sie sich zu einem erneuten Blickkontakt hinreißen und ließ zu, dass sich seine Mimik wie durch Zauberhand auf die ihre übertrug. Wo hatte der Typ nur dieses Selbstbewusstsein her? Und was wollte er überhaupt von ihr? Sie versuchte sich mit dieser Frage zu beschäftigen, aber sie war nicht fähig, klar zu denken oder sich gar auf derlei Nebensächlichkeiten zu konzentrieren. Sie konnte ihn einfach nur ansehen und sinnfrei grinsen.

»Warum bist du nicht bei deiner Freundin?«, erkundigte er sich beiläufig. Anscheinend hatte er die Hoffnung auf ein lockeres Gespräch noch nicht aufgegeben. Nadine fühlte sich wie ein Mädchen, das zum ersten Mal einen Tennisschläger in die Hand bekommt. Egal wie viel Bälle der Typ ihr zuwarf, sie schaffte es einfach nicht, auch nur einen vernünftig zurückzuschießen. Sie blickte auf ihre Hände und zuckte die Schultern.

»Ich komme ganz gut alleine zurecht.« Das klang trotziger als sie beabsichtigt hatte. Dieser Rafael brachte sie ganz schön aus der Fassung. Er hatte etwas Faszinierendes an sich. Er wirkte so offen, so unbefangen und unkompliziert. Mit seinen goldblonden Haaren, die ihm wirr in die Stirn fielen, seinem Motivshirt und seinem Dauerlächeln wirkte er wie Mister Sorglos höchstpersönlich, als käme er frisch aus dem Urlaub direkt an den Tisch. Er weckte mit seiner warmherzigen Art Gefühle in Nadine, die ihr so fremd waren und die sich dennoch so gut anfühlten, dass sie sich von ihnen völlig überfahren fühlte. Die sich zu gut anfühlten, um wahr zu sein, wenn sie ehrlich war. Was machte dieser verdammte Alkohol nur mit ihr?

Sie sah ihm noch einmal in die Augen und als sie merkte, dass sich dieses Gefühl immer mehr ausbreitete anstatt sich zu verflüchtigen, stahl sich leise Panik in ihren Nacken.

Diese wurde auch nicht besser, als er spontan seinen Arm nach ihr ausstreckte und ihr ganz sachte mit den Fingerspitzen eine Haarlocke aus dem Mund zog. Dabei berührte sein Handrücken leicht ihre Wange und sorgte dafür, dass Nadine für einen Moment die Luft weg blieb. Sie hatte überhaupt nicht bemerkt, dass sie wieder auf ihren Haaren herumgekaut hatte. Bevor sie ihrem Geist noch länger erlaubte zu realisieren, was da gerade vor sich ging, setzte sie sich in Bewegung.

»I-Ich werde dann mal sehen, was meine Freundin so macht«, stammelte sie so leise, dass sie sich kaum selbst verstehen konnte und zeigte in aller Hektik gleich dreimal hintereinander in Lindas Richtung. Dann drängte sie sich mit gesenktem Blick an ihm vorbei, ohne sich nach ihm umzusehen.

***

Rafael stand wie vom Donner gerührt und starrte Nadine mit großen Augen hinterher. Er war so über ihre Reaktion erschrocken, dass er für einen Moment gar nicht wusste, was er denken sollte. Er starrte auf seine Hand, die noch vor wenigen Augenblicken ihre Haut berührt hatte und fragte sich, was schiefgelaufen war.

Noch bevor sie sich zu ihm umgedreht und ihm beinahe die Nase gebrochen hatte, war er bereits so hin und weg von ihrem Duft gewesen, dass er kaum einen klaren Gedanken hatte fassen können. Diese blumige, zarte Note, die ihr Parfüm ausmachte unterstrich ihre anmutige Ausstrahlung perfekt und hatte eine derart betörende Wirkung auf ihn gehabt, als wäre sie eine Sirene und er Odysseus.

Als sie dann auch noch diesen Lachanfall bekommen hatte, der sich wie ein buntes Feuerwerk auf ihrem Gesicht abgezeichnet hatte, da war es um ihn geschehen. Er war so hingerissen von ihrer Erscheinung, dass er die Beherrschung über seine Mundwinkel verlor und nicht mehr aufhören konnte zu grinsen. Gott sei Dank schien sie sein Gestarre nicht so zu verunsichert zu haben, wie er zunächst befürchtet hatte, denn sie hatte seinem Blick für eine Weile sogar standgehalten. Rafael meinte sogar eine gewisse Zugewandtheit darin erkannt zu haben.

Ihre weiße Bluse brachte ihr Gesicht zum Leuchten und ließ ihre Augen dramatisch funkeln. Auch hier hätte er ihr gerne wieder ein Kompliment gemacht, doch als er gemerkt hatte, wie unbehaglich sie sich bereits wegen des letzten Kompliments über ihren Duft fühlte, hatte er seine Gedanken lieber für sich behalten und konzentrierte sich stattdessen auf unverfänglichen Smalltalk. Während er eine oberflächliche

Frage nach der anderen gestellt hatte, beobachtete er, wie sich Nadine vor seinen Augen wand, als wäre sie ein Eichhörnchen, das gerne eine Nuss hätte, sich aber nicht an den Menschen, der sie in der Hand hält, heran traut. Ihr Gesicht wechselte von verschlossen zu zugänglich innerhalb eines Wimpernschlags. Sie schien hin- und hergerissen zwischen ihm und etwas, das er nicht definieren konnte.

Leider hatte er mit seiner letzten Frage etwas in Nadine ausgelöst, was ihr Gesicht wie eine Klappmuschel reagieren ließ. Ihre Antwort beinhaltete einen Unterton, der mehr preisgab, als die Worte selbst, und ihre Augen wirkten dabei so stark und traurig zugleich, dass Rafael aufhorchte. Für einen Moment schien sie so verletzlich in ihrer unbeabsichtigten Offenheit, dass er sie am liebsten in den Arm genommen hätte.

Für ihn stand fest: Er wollte mehr über diese Frau mit der Melancholie in den Augen erfahren, wollte ihr ihre beherrschte Maske zusammen mit ihrer Befangenheit abnehmen, um noch einmal diesem lebensfrohen und unbeschwerten Geschöpf gegenübersitzen zu können, das noch vor Kurzem so albern gekichert und mit seinem Essen gespielt hatte. Gedankenverloren hatte sie angefangen auf ihrer Locke herumzukauen und das wirkte so kindlich und süß, dass der Drang sie beschützen zu wollen übermächtig wurde.

Und dann hatte er es einfach getan. Er wusste selbst nicht wieso. Es war einfach ein Impuls dem er folgte. Er hatte nicht großartig darüber nachgedacht, ob er ihr damit zu nahe trat oder gar aufdringlich wirkte. Er hatte einfach seine Hand nach ihr ausgestreckt und dem dringenden Wunsch nachgegeben, sie in einer tröstlichen Geste zu berühren.

Wenn er nur ansatzweise geahnt hätte, dass er sich damit alles versauen würde … Aber so war es nun einmal. Sie hatte sich ihm schlagartig entzogen, war aufgesprungen und davongelaufen. Ihr blumiger Duft umwaberte ihn wie ein letztes Abschiedsgeschenk, als er so verlassen dastand. Mit seinem bedauernden Gesichtsausdruck sah er seinem hinreißenden Einhorn hinterher, das er ein zweites Mal an diesem Abend verscheucht hatte, und atmete einmal tief ein und traurig wieder aus.

***

Nadine schloss die Toilettentür nachdrücklich hinter sich und ließ sich mit geschlossenen Augen dagegen sinken. Ihre Knie zitterten leicht, während sie versuchte ruhig ein- und auszuatmen, um die Panik, die in ihr aufzukeimen drohte, zu unterdrücken. Sie war schnurstracks an Linda vorbei und hinunter zu den Toiletten geflüchtet, um so viel räumlichen Abstand wie nur möglich zwischen sich und Rafael zu bringen. Als die Kabine langsam aufhörte, sich zu drehen und ihre Atmung sich merklich verlangsamte, fühlte sie sich gefasst genug, um ihr Versteck wieder zu verlassen. Sie unterzog sich vor dem Spiegel am Waschbecken einer Gegenüberstellung mit sich selbst und betrachtete sich eindringlich. Sie sah so aus wie immer, aber sie fühlte sich absolut nicht wie immer. Etwas Derartiges, wie da oben, hatte sie noch nie zuvor erlebt. Ihre Eingeweide zogen sich schmerzlich zusammen, als sie sich an das elektrisierende Gefühl zurückerinnerte, das sie überkommen hatte, als seine Finger mit ihrem Haar spielten.

Erneut schloss sie ihre Augen und verlor sich für eine flüchtige Sekunde in dieser intensiven Erinnerung, bevor sie sich zwang, zurück in die Realität zu finden. Sie hatte einen Sohn. Mit einem anderen Mann. Sie verurteilte Lindas Fremdflirterei, missbilligte Ralfs Seitensprung und nun fand sie sich mit einem feuchten Höschen in einer Bar wieder, nur weil ihr ein Fremder eine Haarsträhne aus dem Gesicht gestrichen hatte? Das war inakzeptabel. Hochgradig inakzeptabel. Sie stand eindeutig unter Alkoholeinfluss und ihrem Verantwortungsbewusstsein zuliebe musste sie diesen Abend beenden, bevor ihr Gemütszustand wegen Reizüberflutung kollabierte.

Linda war versorgt, Ella war sowieso verschwunden. Es gab keinen triftigen Grund ihre Mutterpflichten länger zu vernachlässigen. Vorsichtig streichelte sie noch einmal über die Haarlocke, die Rafael vorhin zwischen seinen Fingern hatte, dann fasste sie sich ein Herz und verließ die Toilette.

Sie war noch keinen Schritt im Flur, da prallte sie mit ihrer Schulter gegen etwas Hartes. Als sie aufsah, fand sie sich in den Armen von Rafael wieder. Genauer gesagt, an seiner Brust. Meine Güte, war die hart. Er schien offensichtlich ein straffes Fitnessprogramm in seinen Alltag integriert zu haben. Schnell machte sie einen Satz zurück und musste sich schwer zusammenreißen, nicht wieder hinter einer der Toilettentüren zu verschwinden. Sie musste ziemlich verschreckt wirken, denn in Rafaels Gesicht zeichnete sich aufrichtige Besorgnis ab.

»Ist dir schlecht? Du siehst richtig blass aus«, befand er und musterte sie mit schief gelegtem Kopf. Sie hatte den Mund bereits geöffnet, um zu antworten, aber irgendwie waren ihr die Worte im Halse stecken geblieben. Sie merkte, wie ihre Handflächen anfingen feucht zu werden und die Panik von eben zurückkehrte. So starrte sie ihn eine Weile an, mit offenem Mund und großen Augen, und hatte das Gefühl, dass sich der Flur um sie herum zusammenzog wie eine Nacktschnecke in der Sonne.

»Ich habe einen Sohn«, sagte sie und klang dabei so mechanisch und tonlos wie ein Roboter. »Er heißt Fynn.« Es war, als hätte sie einen totalen Blackout und irgendjemand Anderer hätte sich in ihren Körper gehackt, um für sie die Konversation zu übernehmen.

Der Ausdruck, der sich nun in Rafaels Augen widerspiegelte, war kaum zu ertragen. Sie konnte spüren, wie sich die grausame Konsequenz, die ihre Aussage beinhaltete, langsam in ihr Bewusstsein schlich und sich lähmend auf ihren und seinen Körper gleichermaßen ausbreitete. Unglücklich starrten sie einander eine gefühlte Ewigkeit über die Enge des Flurs an und es war, als wäre in ihrer Mitte gerade etwas gestorben, das bis vor wenigen Minuten noch nicht einmal existiert hatte.

Rafael schluckte trocken und blickte mit einem schwachen Blinzeln zur Seite. Die Wärme, die er vorhin ausgestrahlt hatte, war verschwunden.

»Ich werd dann mal nach Hause gehen«, flüsterte sie kaum hörbar in seine Richtung und kämpfte mit den Tränen, die sich gerade ungefragt selbst zu dieser Party eingeladen hatten.

Wie ein Gentleman trat er einen Schritt zur Seite, um sie durchzulassen. Und sie nahm das Angebot dankend an. Mit schnellen Schritten hastete sie die Treppe hinauf, um sich noch schneller von Linda zu verabschieden. Denn im Wettlauf mit ihren Emotionen und den damit verbundenen Körperflüssigkeiten zählte jede Minute.

Die Kälte biss ihr unsanft in die Nase, als sie aus der Tür des *El Cantina* stolperte. Ellas Jacke fest an ihren Körper gedrückt, marschierte sie Richtung Taxistand und blinzelte mit stoischer Miene die Tränen weg, die dafür sorgten, dass die Pflastersteine vor ihren Füßen aussahen wie flimmernde Matschepampe.

Was, zur Hölle, war los mit ihr? Gestern noch, war sie froh, wenn sie ihre Ruhe hatte und für sich sein konnte und heute brachte sie die Tatsache, sich von dem lächelnden Gesicht eines fremden Mannes verabschieden zu müssen, zum Weinen. Es war noch nicht einmal einen Monat her, da hatte sie Lindas Techtelmechtel als launenhaft, egoistisch und verantwortungslos abgetan und heute war sie nur einen Fliegenschiss davon entfernt, selbst eines anzufangen. Sie konnte den Atem, den sie voller Frust von sich stieß, durch die Kälte wirbeln sehen, während das laute Klackern ihrer Stöckelschuhe das Rauschen in ihren Ohren übertönte. Noch immer war sie nicht fähig zu begreifen, was dort in dieser mexikanischen Bar mit ihr passiert war. Sie erkannte sich nicht wieder, sie … wieder war da dieses Kribbeln in ihrem Nacken und sie fuhr instinktiv herum.

Da stand er, direkt vor der Eingangstür, und starrte ihr hinterher.

Bevor ihr Gehirn richtig begriff, was sie da tat, hatte sie schon ihre Hand gehoben und winkte ihm wie ein Teenager zu. Als sie sich ihrer Handlung bewusst wurde, presste sie schnell ihren Arm an ihren Oberkörper und biss sich verschämt auf ihre Unterlippe. Sie atmete zittrig aus und schüttelte kaum merklich den Kopf. Was immer das zwischen ihm und ihr war, es war nicht real. Fynn war real, ihre Verantwortung als Mutter war real. Das hier war ein durch Alkohol aufgebauschtes und von ungeahnten Sehnsüchten genährtes Konstrukt ihrer Hormone. Nichts weiter. Und dennoch benötigte sie all ihre Willenskraft, um sich umzudrehen und ihren Gang zum Taxistand fortzusetzen.

Mit der festen Überzeugung, das Beste für ihre kommende Zukunft getan zu haben und mit einem Gefühl des Bedauerns, das die gesamte Hauptstraße füllte, stieg sie in das erste Taxi ein, ohne sich noch einmal umzusehen.

Kapitel 8

Torsten saß an dem haselnußbraunen Holztisch in seiner Wohnküche und versuchte sich verzweifelt auf seine Gäste zu konzentrieren. Er hatte Corinna, David und Alessandro an diesem Abend zu sich nach Hause eingeladen, um zu quatschen und gemeinsam abzuhängen.

Doch seine Gedanken kreisten unaufhörlich um Nadine und ihr immer seltsameres Verhalten. Er hatte sich aufrichtig gefreut, dass sie sich letztes Wochenende entschlossen hatte, zu dieser Geburtstagsfeier zu gehen. Er hatte es als Schritt in die richtige Richtung, weg von ihrem Eigenbrötlertum, gewertet. Umso deprimierender war es zu sehen, wie sie um kurz nach Mitternacht völlig in sich gekehrt – ja, beinahe verstört – nach Hause zurückkehrte, sich mit total verweinten Augen neben Fynn ins Bett legte und mit gespenstisch blasser Gesichtsfarbe vor sich hin starrte. Seine Versuche, mit ihr über den Abend zu sprechen, waren an ihrer undurchdringlichen Miene und einem einfachen »ich will nicht darüber reden« gescheitert. Sie benahm sich sogar noch irrationaler als damals nach der Grillfeier. Am nächsten Morgen hatte sie getan, als wäre nichts gewesen. War mit Fynn aufgestanden, spazieren gegangen, hatte Semmeln vom Bäcker geholt ... Wie ein Roboter und nicht wie eine Normalsterbliche, die die gestrige Nacht mit Cocktails, lauter Musik und wenig Schlaf verbracht hatte. So, als wäre gestern bei dieser Party nicht etwas passiert, was sie derart aus der Bahn geworfen hatte, dass sie bei ihrer Ankunft aussah wie ein traumatisiertes Unfallopfer.

Früher, als Fynn noch kleiner war und den Begriff Schlafrhythmus für sich selbst und seine Eltern komplett neu definierte, da war Torsten beeindruckt und stolz gewesen, wie gut Nadine diese kräftezehrende Situation beinahe ganz alleine bewältigt hatte. Sie hatte trotz des Schlafmangels und der ungewohnten Belastung einfach perfekt weiter funktioniert, ohne sich zu beschweren oder eine Ablösung von ihm einzufordern. Aber mittlerweile fand er Nadines Interpretation einer alleinerziehenden Mutter, die gar keine war, einfach nur gruselig und er war auch nicht mehr stolz, sondern wütend auf sie. Was sollte das? War er etwa unsichtbar? Er war der Vater von Fynn. Er war anwesend, ausgeschlafen und einsatzbereit.

Anfangs sah es so aus, als wolle sie lediglich für den Fall der Fälle vorbereitet sein. Als wolle sie bereit sein, sollte er sie verlassen, verunglücken oder was auch immer. Mit dem Wissen, dass sie selbst von einer alleinerziehenden Mutter großgezogen worden war, konnte er das sogar ein Stück weit nachvollziehen. Aber mittlerweile kam es ihm so vor, als wolle sie nicht nur darauf vorbereitet sein, der Belastung einer alleinerziehenden Mutter standhalten zu können, sondern als wäre es ihr Ziel, im Falle einer Apokalypse, mit ihr und Fynn als einzig Überlebende, gewappnet zu sein. Als wäre es ihre Aufgabe, unabhängig von jeglichem sozialen Kontakt, allein für Fynn zu sorgen. Es war für sie beinahe unerträglich, Hilfestellung in Bezug auf die Betreuung ihres Sohnes anzunehmen, so als wäre es ein Zeichen von Versagen, wenn sie sich die Erziehung ihres Sohnes mit anderen Personen teilte.

Er hatte neben ihr am Frühstückstisch gesessen und sie finster angestarrt, während sie in säuselndem Tonfall einen geriebenen Apfel in ihren Sohn hineinschaufelte. Er wollte ihr eigentlich sagen:

»Du musst nicht die ganze Verantwortung alleine tragen. Ich kann dir was abnehmen. Du bist verdammt nochmal nicht alleinerziehend, also benimm dich bitte auch nicht so!«

Aber er hatte stumm auf seiner Semmel herumgekaut und sich dieselbe Frage gestellt, die ihn auch jetzt, da er mit seiner

Schwester, seinem ehemaligen WG-Kumpel, sowie seinem Nachbar an demselben Tisch saß, noch quälte. *Wollte er mit Nadine überhaupt noch zusammen sein?*

Wenn er sich seine Schwester so ansah, die seit der Trennung von ihrem Mann regelrecht aufgeblüht war, dann fand er diese Frage gar nicht so unberechtigt. Ihr Blick wurde ganz verträumt, wenn sie über ihre neue Liebe sprach, sie leckte sich immer wieder über die Lippen und sie gackerte dabei wie ein vergnügtes Huhn, so sehr amüsierte es sie, über ihr junges gemeinsames Leben zu berichten. Ihre schulterlangen blondierten Haare waren einem frechen Kurzhaarschnitt gewichen und ihre grünen Augen leuchteten wie saftiges Gras vor frisch gewonnener Energie. Er beneidete seine Schwester. Sich so geliebt zu fühlen musste wundervoll sein. Mit schief gelegtem Kopf starrte er an seiner Schwester vorbei und fragte sich, ob Nadine ihn überhaupt je so geliebt hatte. Und nicht ganz ohne sich dabei etwas schuldig zu fühlen, fragte er sich, ob er im Gegenzug Nadine jemals so sehr geliebt hatte. Er liebte Nadine, aber er war einfach nicht glücklich. Diese Beziehung war auf dem Prinzip »zu wenig, um zu leben – zu viel, um zu sterben« aufgebaut und er hasste diesen Umstand. Es musste sich etwas ändern und zwar dringend. Entweder Nadine und er bekamen noch die Kurve, ließen sich endlich vorbehaltlos aufeinander ein und heirateten oder er würde seine Konsequenzen ziehen müssen. Denn er hatte keine Lust am ausgestreckten Arm zu verhungern und in zermürbender Stagnation vor sich hin zu dümpeln.

»Hey Mann, in welcher Welt bist du denn gerade?«
Das war Alessandro, mit seinem italienischem Akzent, der Torsten da von seinem Gedankenkarussell herunterschubste. Ungeduldig schnippte er vor Torstens Gesicht herum und sicherte sich so seine Aufmerksamkeit. So bemerkte Torsten auch, dass ihn die anderen beiden Gäste ebenfalls verwundert

anstarrten. Wie lange hatte er sich ausgeklinkt? Er fuhr sich in einer leicht verlegenen Geste durch seine Haare und fragte dann so unschuldig wie möglich: »Was is? Worum geht's?«

»Ich habe gerade erzählt, dass sich die Petersen aus der Wohnung über mir nach Weihnachten in ein Pflegeheim verabschiedet. Hab ich von ihrer Enkelin erfahren«, wiederholte Alessandro und machte keinen Hehl aus seiner Begeisterung über diese Neuigkeit. Torsten begegnete dieser Euphorie mit einem unverständigen Blick.

»Mädels-WG sag ich nur!« Alessandro grinste verschmitzt, zwinkerte David, der neben ihm saß, verschwörerisch zu und streckte Torsten seine linke Hand entgegen. Torstens Mundwinkel zuckten leicht nach oben, als er Alessandro ein High Five gab.

Alessandro war seit zwei Jahren Single und weiß Gott kein Kind von Traurigkeit. Mit seinem südländischen Charme und diesem feurigen Akzent hatte er leichtes Spiel bei den Frauen. Dass er eigentlich ein ganz sensibler familiärer Typ war, der mit seinen sieben Neffen und Nichten mehr Zeit verbrachte als Torsten mit seiner geliebten Playstation, offenbarte er den Wenigsten. Während sich Torsten und Alessandro mit ihren Bierflaschen zuprosteten, war David in sein Smartphone versunken. Er schien sich mit seiner Frau eine kleine WhatsApp-Schlacht zu liefern. Er hatte bereits an der Eingangstür angedeutet, dass es zu Hause nicht gerade rosig lief seit Baby Nummer drei auf der Welt war. Aus seinem Auslandssemester damals waren drei geworden und als er wieder nach Deutschland zurückgekehrt war, hatte er eine Frau und eine Tochter im Gepäck. Mittlerweile waren noch zwei weitere Kinder dazugekommen und David war wesentlich eingespannter in der Rolle des Vaters, als Torsten, weshalb es verständlicherweise auch mehr Reibungspunkte zwischen ihm und seiner Frau gab. Klar, wenn man mitreden durfte, war die Gefahr groß, etwas zu sagen, das dem anderen nicht gefiel. Er wünschte, er dürfte mitreden … Torsten betrachtete David aus dem Augenwinkel und stellte wieder einmal fest, dass sich sein bester Freund seit London stark verändert hatte. Er war jetzt ein Anzugträger, der mit seinen dreißig Jahren auch wie dreißig aussah. Überhaupt, alle in seinem Umfeld schienen sich zu verändern. Zuerst David, dann seine Schwester … Sogar die alte Frau Petersen aus dem vierten Stock fing auf ihre alten Tage noch mal ein neues Leben an. Er hingegen schien seit zwei Jahrzehnten wie ein Hamster im Laufrad festzustecken und das Einzige, was sich bei ihm veränderte, war der Kalkgehalt in seinen Gelenken. So konnte das nicht weitergehen. Er wollte so nicht mehr weitermachen. Entweder Nadine heiratete ihn oder sie würden getrennte Wege gehen, aber irgendetwas musste passieren.

Apropos Nadine: *Wo war sie eigentlich?* Torsten sah auf die Uhr und stellte mit gerunzelter Stirn fest, dass sie bereits vor über einer Stunde mit Fynn im Schlafzimmer verschwunden und seither nie wieder aufgetaucht war. Wahrscheinlich war sie am Ende selbst neben ihm weggedöst. Er beschloss, sie zu holen, schließlich hatten sie Gäste, da konnte sie sich nicht einfach so absetzen. In einer überdrüssigen Geste platzierte er sein Bier geräuschvoll auf der Tischplatte und machte sich auf den Weg zum Schlafzimmer.

Als er ihre Tür öffnete und der Lichtstrahl aus der Diele auf ihr gemeinsames Bett fiel, konnte er erkennen, wie sie aufrecht neben dem schlafenden Fynn saß und in ein grüblerisches Nichts zu starren schien und auf einer ihrer Haarlocken herumkaute. Ihre Augen waren glasig und ihr Gesicht wirkte auf beängstigende Weise ausdruckslos und leer, als sie sich ihm zuwandte. Für seinen Geschmack kultivierte sie ihre Eigenbrötlermacke etwas zu sehr und es fing an ihn mächtig zu ärgern. »Was machst du da?«, zischte er gedämpft und mit unverhohlener Missbilligung in der Stimme und zog seine Augenbrauen vorwurfsvoll zusammen. »Du kannst dich doch nicht einfach hier verschanzen!« »Ich verschanze mich nicht, ich bringe unseren Sohn ins Bett. Du weißt, wie schwer er sich tut, alleine einzuschlafen!«, verteidigte sie sich, aber die Verunsicherung in ihren Augen entlarvte ihre Aussage als pure Ausrede.

»Also erstens habe ich überhaupt keine Ahnung, wie schwer sich unser Sohn tun würde, alleine zu schlafen, weil diese Situation noch nie eingetreten ist, und zweitens: ER SCHLÄFT DOCH BEREITS!« Torsten zeigte auf seinen Sohn, als wäre er ein Anwalt, der soeben Beweisstück A präsentierte. Sie blickte unbeeindruckt zur Seite und zuckte unbehaglich mit den Schultern. Torsten stieß geräuschvoll den Atem aus. Diese Frau war einfach unglaublich! Vorsichtig schloss er die Schlafzimmertür hinter sich um sicher zu gehen, dass sie niemand hörte.

»Für dich gibt es nur noch Fynn, Fynn, Fynn …«

Er warf jetzt theatralisch die Arme in die Luft und fing damit an, aufgebracht im Raum auf und ab zu laufen. »Das geht so nicht mehr«, verkündete er entschieden. »Was du da veranstaltest, grenzt an Selbstaufgabe. Du trägst ihn den ganzen Tag herum, bespaßt ihn jede freie Minute. Wann warst du das letzte Mal beim Friseur? Wann haben wir das letzte Mal etwas nur für uns beide alleine unternommen? Wann hast du das letzte Mal darüber nachgedacht, dein Studium wieder in Angriff zu nehmen? Das war früher mal das Wichtigste für dich, doch jetzt gibt es nur noch Fynn. Als wäre er die Sonne, um die sich alle drehen … Da gehst du einmal innerhalb eines Jahres mit deinen Freundinnen aus und bist danach so mitgenommen, dass du gleich drei Tage hintereinander kaum ein Wort sagst und jetzt bringst du diese Nummer hier.« Jetzt zeigte er mit seiner Anwalthand auf die Schlafzimmertür, um sich auf die dahinter befindlichen Gäste zu beziehen.

Nadine folgte seiner Handbewegung mit den Augen. Ihre Haarlocke befand sich immer noch zwischen ihren Lippen und ihr Blick war nach wie vor kalt und starr wie Eiswürfel im Glas.

»Nadine, ich kann das so nicht mehr«, sagte er nun deutlich leiser und setzte sich zu ihr auf die Bettkante. Eigentlich hätte er seine Worte lieber herausgebrüllt, aber ihm war auf halber Strecke die Kraft ausgegangen. »Ich möchte, dass wir wieder damit anfangen, ein richtiges Paar zu sein. Ich möchte, dass Fynn anfängt in seinem eigenen Bett und möglichst bald auch in einem eigenen Zimmer zu schlafen und ich möchte heiraten. Ich möchte, dass wir eine richtige Familie werden mit allem Drum und Dran.« Er hatte beherzt ihre Hände in seine genommen und schaute ihr nun erwartungsvoll ins Gesicht.

Nadines entrückter Gesichtsausdruck heftete sich an Torsten wie ein Blutegel an einen Oberschenkel und fühlte sich gespenstisch auf seiner Haut an. Ihre Stimme klang unecht in seinen Ohren, als sie mit der Beiläufigkeit einer flüchtigen Bekanntschaft verkündete:

»Ich habe jemanden kennengelernt.«

***

Nadine hatte im Halbdunkel im Schlafzimmer neben Fynn gekauert und wieder einmal an Rafael gedacht. Seit sie vor drei Tagen einfach aus dieser mexikanischen Kneipe getürmt und in ein Taxi geflüchtet war, kreisten ihre Gedanken um diesen Mann, wie die Obstfliegen um die Banane.

Der Schmerz, den sie verspürte, wenn sie daran dachte, dass sie ihn nie wieder sehen würde, war überwältigend. Und dennoch war dieser Umstand für sie nicht verhandelbar. Es war nichts weiter als ein Moment gewesen und dieser Moment war vorbei. Sie hasste es, wenn sich die Vergangenheit, die keiner ändern konnte, so dominant ihrer gegenwärtigen Zeit bemächtigte. Die Vergangenheit ließ sich nicht ändern und selbst wenn sie noch einmal zurückkehren könnte, sie würde es immer wieder genau so machen. So und nicht anders. Fynns Wohl hatte oberste Priorität und zu diesem Wohl gehörte eine Kindheit mit beiden Elternteilen.

Basta! Ende Gelände. Schluss aus – Micky Maus.

Aber sie dachte weiterhin an diesen Mann mit den goldbraunen Augen und diesem wertschätzenden Hammerlächeln. Schon war dieses Kribbeln in der Magengegend wieder da und es befanden sich ihr Körper und ihr Geist erneut in hellem Aufruhr. Sie hatte gerade zum gefühlt hundertsten Mal versucht, diese Emotionen mit rationalen Argumenten niederzubügeln, da war Torsten mit seinem Kopf in der Tür erschienen und hatte sie aus ihrer Trance gerissen.

Mit seinem untypischen und für Nadines Empfinden völlig überraschenden Gefühlsausbruch war sie nun völlig aus dem Konzept gebracht. Weshalb sie auch überhaupt nicht nachdachte, als sie den Mund öffnete.

In dem Moment, als die Worte ihre Lippen verließen, wusste sie, dass das eine dämliche Idee gewesen war.

Es gab lobenswerte Aufrichtigkeit und es gab geistige Umnachtung. So entsetzt wie Torsten sie gerade ansah, gehörte dieser Satz und auch ihr darauffolgendes Geplapper definitiv zu Letzterem. Während sich ihr Innerstes immer mehr ereiferte und langsam in Panik verfiel, versuchte sich ihr Äußeres in sachlicher Argumentation und referierte über Vernunft, unvorhergesehene Hormonschwankungen und die Macht von Alkohol.

»Ich weiß selbst nicht genau, wie dieser Mann das gemacht hat«, versicherte sie schließlich. »Aber er hat mich einfach umgehauen. Er hatte so eine unglaublich gewinnende Art, verstehst du? Vielleicht war es wie gesagt einfach nur der Alkohol … Nicht, dass ich vorhätte, ihn wiederzusehen. Ich habe ihm auch gleich gesagt, dass ich einen Sohn habe.«

Nadine räusperte sich umständlich und hatte wirklich Probleme damit, Torsten weiter anzusehen.

»Hast du ihn geküsst?«, wollte Torsten wissen und in seinen Augen konnte Nadine lesen, dass er es eigentlich nicht wissen wollte, aber dass er es offensichtlich wissen musste, um nicht durchzudrehen. Sie wirkte beinahe stolz, als sie diese Frage mit einem Kopfschütteln beantworten konnte.

»Und hast du mich auch erwähnt?«, bohrte er weiter nach. Nadine begegnete seinem verletzten Gesichtsausdruck mit einer schuldbewussten Grimasse. Sie zögerte, weil sie aufrichtig versuchte sich zu erinnern, aber dann gab sie schließlich zu: »Ich weiß es nicht mehr.«

Meine Güte, diese Situation war in ihrer Skurrilität nicht zu überbieten. Er sprach von Hochzeit und sie knallte ihm an den Kopf, dass sie nicht aufhören konnte an jemanden zu denken, der sie ein wenig angelächelt hatte. Jetzt, wo sie das Ganze laut ausgesprochen hatte, kamen ihr herbe Zweifel, ob diese Sache überhaupt der Rede wert gewesen war. Es gab Menschen, die jahrelang ein Doppelleben mit zwei Familien, Haus und Hund führten und kein Wort darüber verloren und sie hatte nicht einmal vor, diesen Rafael jemals wiederzusehen und musste das Torsten gleich auf die Nase binden.

Sie begann sich zu fragen, ob es einen Nobelpreis für schonungslose Ehrlichkeit gab, von dem nur ihr Unterbewusstsein Kenntnis hatte. Wenn dem so war, so arbeitete es sehr ehrgeizig darauf hin, diesen zu gewinnen. Zuerst stieß sie Rafael mit Fynns Existenz vor den Kopf und nun überrumpelte sie Torsten mit derart pikanten Neuigkeiten über ihre schicksalhafte Begegnung mit einem hübschen Unbekannten.

Das war alles zu viel für sie. Und es ging ihr zu schnell. Gefühle, die sie nie zuvor gekannt hatte, hatten sich von jetzt auf gleich in ihrer Seele angesiedelt und sie fühlte sich damit total überfordert. Mit Fynns Geburt hatte sich die Büchse der Pandora geöffnet und sie dachte nun gar nicht mehr daran, sich zu schließen. Ohne Fynn wären Rafael und sein teuflisches Lächeln gar nicht erst so weit zu ihr durchgedrungen. Dieser kleine Wonneproppen hatte da eine Lawine losgetreten, die es in sich hatte. Er hatte sie verletzlich werden lassen und zugänglicher für andere Menschen und auch für sich selbst gemacht.

Die Folge war: Ihre innere Leere füllte sich langsam mit ungeahnt überwältigenden Emotionen. Sie war nach Fynns Geburt mit der neuen Intensität ihrer Muttergefühle überrumpelt gewesen und die Sache mit Rafael wirkte sich nicht minder beeindruckend auf sie aus. Nadines Geist rebellierte deshalb und ergoss diese Überforderung in Form von unkontrollierter Wortkotze über die Mitmenschen in ihrer Nähe.

Wenn sich Nadine Torstens Gesichtsausdruck so ansah, konnte man tatsächlich meinen, dass sie ihn mit Erbrochenem übergossen hatte. In seinen Pupillen spiegelten sich Schmerz und Enttäuschung. Nadine tat es in der Seele weh, ihn so zu sehen, aber um diese neuartigen Gefühle im Zaum zu halten und auf die richtigen Menschen in ihrem Leben zu lenken, brauchte sie Unterstützung. Sie musste den Gedanken an Rafael schnell wieder abhaken und durfte ihn nicht noch unnötig gedanklich weiterspinnen. Ohne Torstens Hilfe würde sie durchdrehen und am Ende auf der Holzbank vor dem Lieblingsspielplatz ihres Kindes sitzen und ihre Freundinnen darum bitten, auf Fynn aufzupassen, während sie sich heimlich mit anderen Männern vergnügte. Was hatte sie Linda vorgeworfen? Sie wäre egoistisch und das was sie tat war schäbig? Jetzt wusste sie, dass man sich seine Gefühle nicht aussuchen konnte. Sie waren kompromisslos und in ihrer Existenz nicht verhandelbar.

Allerdings waren ihre Taten verhandelbar und mit offenen Karten zu spielen, war der erste Schritt.

***

Nadine hatte es mit nur einem Satz geschafft, Torsten komplett handlungsunfähig zu machen. Er fühlte sich, als hätte sie ihm mit ihren Worten etwas Toxisches in den Körper gejagt. Er saß da wie gelähmt und gleichzeitig war ihm speiübel geworden. Sein Mund fühlte sich mit einem Mal ganz trocken an und seine Kopfhaut begann zu prickeln, während Nadine so nüchtern wie ein beschissenes Sachbuch über Dinge wie Vernunft, Projektion und irgendwas mit Hormonen faselte. Er war offensichtlich nicht der Einzige, bei dem der Drang nach Änderung laut geworden war. Dass da die Chance bestand, dass Nadine ihn für einen Anderen verlassen könnte, hatte er überhaupt nicht auf seinem Radar gehabt. In ihm schrie allerdings mittlerweile absolut nichts mehr nach Veränderung. Im Gegenteil. Nadines Beichte relativierte alles. Sein Gemütszustand hatte innerhalb weniger Sekunden einen Kostümwechsel von Wut zu Angst vollzogen. Er spürte, wie sich Panik und Verlustängste in ihm breit machten. Auf einmal schien eine Trennung für ihn undenkbar und eine Hochzeit völlig uninteressant. Jetzt zählte lediglich eines: Dass alles so bliebe wie es war.

Bevor er durch die Schlafzimmertür getreten war, war er überzeugt gewesen, dass er Nadine an die Wand spielen würde und nun hatte sie ohne, dass er es gemerkt hatte, Schisshase mit ihm gespielt. Und er hatte volle Granate verloren.

Komplett überfordert von der drastischen 180-Grad-Drehung der Situation, starrte er sie einfach nur ungläubig an und hatte nicht die leiseste Ahnung, was er erwidern sollte. Am liebsten hätte er einfach so getan, als hätte sie das alles nie gesagt. Er wollte sich tot stellen, einen Herzinfarkt vortäuschen, oder sonst was veranstalten, das ihm aus dieser Situation helfen würde, ohne dass er dazu Stellung beziehen müsste.

»Wusstest du, dass Frau Petersen in ein Pflegeheim kommt?«, war das Einzige, was er herausbrachte.

***

So viel zum Thema: Ihre Taten waren verhandelbar. Torsten hatte offensichtlich nicht die geringste Lust sich auf Verhandlungen dieser Art einzulassen. Stück für Stück hatte sie beobachtet, wie er in sich zusammengesackt war, während sie gesprochen hatte. Dann hatte er irgendeinen zusammenhanglosen Satz über Frau Petersen in den Raum geworfen und war mit mechanischen Bewegungen aus dem Schlafzimmer hinaus getaumelt.

Nadine hatte ernsthaft gedacht, es würde sie erleichtern, wenn sie sich erst einmal Torsten anvertraut und die Verantwortung und die Heimlichkeit mit ihren Worten abgegeben hätte, aber sie fühlte sich nach seiner Reaktion einfach nur leer. Leer und ausgelaugt. Sie legte sich auf den Rücken, faltete ihre Hände auf ihrem Bauch und starrte lange an die Decke. Na schön, sie würde das auch alleine hinkriegen.

Sie hatte sich bei Fynns Geburt geschworen, dass er immer an erster Stelle stehen würde und egal wie sehr ihr irgendein dahergelaufener Sunnyboy auch den Kopf verdrehen mochte, sie würde wegen ihm ihre mütterlichen Pflichten ganz sicher nicht einfach achtlos über Bord werfen und auf moralischen Kurswechsel gehen. Nein, sie würde nicht zulassen, dass sich die Gene ihrer Mutter in ihr durchsetzten.

Es ging in erster Linie um Fynn und seine Bedürfnisse und nicht um ihre. Auf ihre Bedürfnisse konnte sie sich wieder konzentrieren, wenn der kleine Mann soweit war, sich selbstständig und eigenverantwortlich um seine zu kümmern. Dann würde auch sie wieder anfangen sich schrittweise um ihre zu kümmern. Vorausgesetzt, dass sie bis dahin nicht wieder in den Tiefen ihres Unterbewusstseins begraben lagen.

Nadine saß zu Hause auf ihrem Bett und spielte mit ihrem Teddy und ihrer Barbie »Mutter-Vater-Kind«. Sie summte leise vor sich hin, während sie die beiden Spielfiguren über ihre Bettdecke tänzeln ließ. Heute war ein schöner Tag. Mami hatte Besuch von einem Mann und war guter Dinge. Nadine hatte ihn sich durch die Fensterscheibe genau angesehen, als sie die Klingel gehört hatte. Er hatte dunkles, nach hinten gekämmtes Haar, das irgendwie unnatürlich nass aussah und einen pechschwarzen dichten Bart, der seinen Mund beinahe komplett verdeckte. Jetzt wusste Nadine auch, wieso das ganze Haus nach Mamis Parfüm roch, als sie vorhin auf die Toilette gegangen war. Sie trug sonst nie Parfüm. Nur, wenn sie abends ausging. Allerdings hatten sie sonst auch nie Besuch. Außer Tante Annegret, aber das zählte nicht. Durch ihre Kinderzimmertür konnte sie ihre Mutter lachen hören. Es war eher ein Gackern und kam so laut und unvermittelt, dass Nadine leicht zusammenzuckte. Nadine verzog erfreut die Mundwinkel. Wenn Mami gute Laune hatte, dann gingen sie manchmal zusammen hinaus zu den Läden unten an der Straße. Ihre Mutter probierte dann viele neue Kleider an und manchmal bekam Nadine danach ein Eis. Bei dem Gedanken an ein Eis lief Nadine das Wasser im Mund zusammen. Überrascht stellte sie fest, dass sie richtig hungrig war. Manchmal, wenn ihr das Spielen richtig viel Spaß machte, spürte sie den Hunger erst sehr spät. Munter hopste sie mit ihrer blonden Barbie in der Hand von ihrem Bett herunter und tapste in den Flur, um sich etwas Essbares aus der Küche zu angeln. Verträumt schloss sie die Augen, als ihr eine üppige Parfümwolke in die Nase stieg, und träumte von dem Eis, das sie sich für morgen erhoffte. Kurz bevor sie in die Küche einbiegen wollte, sah sie durch die offene Wohnzimmertür, wie sich etwas auf der Couch bewegte. Erst bei näherem Hinsehen erkannte Nadine, dass es sich dabei um zwei Menschen handelte. Diese waren so ineinander verkeilt gewesen, dass sie sie erst nicht als solche identifizieren konnte. Erst, als der Mann, den sie bereits von ihrem Fenster aus kannte, sein Gesicht in ihre Richtung wandte und ein heiseres »Fuck!« von sich gab, verstand sie, dass es sich um ihre Mutter und ihren Besuch handelte. Ihre Mutter, die zur Hälfte unter dem Mann begraben lag, blickte Nadine nun direkt ins Gesicht. Sie sah mit ihrem zerwühlten Haar und ihren groß und schwarz geschminkten Augen ein wenig aus wie ein verschreckter gerupfter Vogel. Nadine starrte mit weit aufgerissenen Augen zurück und spürte, wie ihr Unterkiefer nach unten klappte. Einem Fluchtreflex folgend, drehte sie sich auf dem Absatz um und machte sich auf den Weg zurück in ihr Kinderzimmer, während sie hörte, wie die Erwachsenen sich in energischem Ton irgendwelche Worte zuwisperten. Sie war noch nicht ganz bei ihrem Zimmer angelangt, da fühlte sie, wie eine Hand sie grob am Arm packte und durch ihre Zimmertür schubste. Als sie sich umwandte, blickte sie in das wutverzerrte Gesicht ihrer Mutter. Sie hatte glasige Augen und die Haut um ihren Mund sah aus, als wäre sie bei dem Versuch einen Buntstift zu essen mehrere Male abgerutscht. Der Rock, den sie trug, war voller Falten und so hoch gerutscht, dass er nun einen großen Teil der Oberschenkel entblößte.

»Musst du mir alles versauen?«, zischte Renate Fischbach ihre Tochter an und ihre Augen sprühten vor Zorn, sodass Nadine verängstigt ihre Barbie mit beiden Armen wie ein Schutzschild vor ihrer Brust umklammert hielt. »Weißt du, wie schwer das ist, jemanden zu finden, wenn man ein Kind hat?«, zischte ihre Mutter weiter und kam mit ihrem Gesicht bedrohlich an das ihrer Tochter heran. Nadine stellte fest, dass sich ihr Parfüm mit irgendeinem anderen Geruch vermischt hatte und fragte sich unwillkürlich, ob sie jetzt wohl doch kein Eis bekommen würde.

Ihre Mutter lamentierte stattdessen mit bedrohlich leiser Stimme vor sich hin, betitelte ihre Tochter als Satansbraten und warf mit Begriffen wie *volle Absicht* und *Stimmungskiller* um sich. So lange, bis ihr die Tränen in die Augen traten.

Nadine starrte ihre Mutter entgeistert an. Sie hatte nichts von dem verstanden, was ihre Mutter zu ihr gesagt hatte. Das Einzige, was sie begriff, war die Tatsache, dass ihre Mutter weinte und dass es wohl alleine ihre Schuld war. Sie hatte ihre Mutter wütend und traurig gemacht, ohne genau zu wissen wie. Sie wollte sich doch nur in der Küche etwas zu Essen holen. Verängstigt starrte sie nun ihre Zimmertür an, hinter der sie noch vor wenigen Augenblicken das Lachen ihrer Mutter vernommen hatte. Es hatte wie ein Versprechen nach einem schönen gemeinsamen Ausflug zu zweit geklungen und sie hatte daraus irgendwie einen Albtraum gemacht. Das brachte sie so durcheinander, dass sie sich schuldig, hilflos und verletzt zugleich fühlte. Nadine spürte, wie sich ein Knoten in ihrer Brust zu einem Paket aus Verzweiflung zusammenschnürte und kämpfte mit den Tränen, die sich unter ihren Lidern hervordrängten. Sie hatte nie vorgehabt, ihrer Mutter irgendetwas zu »versauen«.

Diese hatte sich inzwischen erschöpft auf das Bett sinken lassen und rieb sich nun angestrengt mit geschlossenen Augen ihre Nasenwurzel. Nadine folgte durch die Tränen hindurch den verschwommenen Umrissen ihrer Mutter. Sie spürte, wie sich das harte Plastik des Puppenkörpers an ihrer Brust schmerzlich in ihren Magen grub, doch sie war nicht fähig, ihre Arme aus ihrer verkrampften Haltung zu lösen. Die Situation überforderte sie dermaßen, dass sie sich außerstande sah, sich zu bewegen. Sie hätte ihre Mutter gerne in den Arm genommen, doch sie wagte es einfach nicht. Stattdessen stand sie einfach nur da, blinzelte die Tränen, die immer wieder aufs Neue ihre Augen verschleierten, beiseite und wusste nicht weiter. Nadine kam es wie eine Ewigkeit vor, dass sie so dastand, bis sich ihre Mutter plötzlich wieder erhob. Sie wischte sich mit hektischen Handbewegungen über die Augen und verließ, ohne ihre Tochter eines weiteren Blickes zu würdigen, den Raum.

Nadine stand in der Mitte ihres Kinderzimmers und starrte unglücklich auf die Kinderzimmertür. Leise Tränen kullerten unablässig über ihre geröteten Wangen. Sie stand nur da und rührte sich nicht, bis die Dunkelheit der Nacht sie schließlich wieder in die Gegenwart zurückholte. Ihre Hände waren von der verkrampften Haltung um ihre Puppe bereits ganz kalt und taub geworden. Sie spürte einen stechenden Schmerz, als sie ihre Barbie von ihrer Brust löste. Mit versteinerter Miene schaltete sie ihr Nachtlicht an und ignorierte ein geräuschvolles Magenknurren. Dann begann sie, all ihre Stofftiere aus ihrem Regal zu holen und in ihr Bett zu packen. Dort lag sie eine ganze Weile mit offenen Augen und schmerzendem Magen und starrte an die Zimmerdecke. Umrahmt von ihren Stofftieren, die das Bett bis an die Unterkante füllten, lag sie da und fühlte sich selbst einfach nur leer und elend.

Kapitel 9

Als Rafael Corinnas verheultes Gesicht durch die Fensterscheibe seines Ladens erkannte, ließ er seine Werbeaufkle-
ber, die mit der Aufschrift »Rafas-Radluniversum« verziert
waren, zu Boden rieseln und hastete zur Eingangstür. Er
öffnete diese so schwungvoll, dass ihm Corinna auf halbem
Wege entgegengeflogen kam. Verschreckt blickte sie zu ihm
empor. Als sie ihren Fänger durch die tränenverschleierten
Augen hindurch als Rafael identifiziert hatte, warf sie sich
mit einem ungehemmten Schluchzen gegen seine Brust. Be-
stürzt blieb Rafael wie festgefroren in der Tür stehen und
schlang schützend seine Arme um seine beste Freundin.

Das letzte Mal, als er Corinna gesehen hatte, hatte sich
diese gerade frisch von ihrem Mann getrennt und Hals über
Kopf in eine neue Beziehung gestürzt. Sie hatte ihn, wie sie
sich ihre Zukunft mit ihrer neuen Liebe ausgemalt hatte,
mit ihrer überschwänglichen Art, an ihn erinnert. Sie war
so voller Euphorie gewesen und strahlte wie ein Glühwürm-
chen auf Ecstasy. Genau so hatte er sich damals gefühlt,
bevor er »Rafas-Radluniversum« gekauft hatte. Ein Kauf,
der überhaupt erst durch Corinnas Bemühungen zustan-
de gekommen war. Ihr und ihrem Exmann, dem Bankan-
gestellten, hatte es Rafael zu verdanken, dass er den Kredit
für sein Geschäft bewilligt bekommen hatte. Deshalb war
Rafael trotz seiner Vorbehalte, was Corinnas überstürztes
Liebeschaos anging, damals zu hundert Prozent hinter ihr
gestanden, so wie sie damals, als es um seine Geschäftsidee
und seinen Schritt in die Selbstständigkeit ging. Die beiden
kannten sich schon seit der Schulzeit und hatten den Kontakt zueinander, auch wenn sie sich eher selten sahen, nie
verloren.

Corinna jetzt so aufgelöst zu sehen, erschütterte ihn zutiefst. Nicht nur, weil sie nach all den Jahren beinahe wie eine Schwester für ihn war, sondern auch, weil der Kontrast zwischen jetzt und ihrer letzten Begegnung so groß war. Er wartete eine Weile, bis Corinna gefasst genug schien, um ohne fremde Hilfe aufrecht zu stehen und führte sie dann, indem er beschützend den Arm um sie legte, zu einem der beiden Hocker hinter der Theke. Dann rannte er zurück zur Eingangstür und wendete das Schild mit der Aufschrift »geöffnet«, um den Laden bis auf Weiteres dicht zu machen.

Lisa, die gerade damit beschäftigt war, die auf den Boden gefallenen Aufkleber wieder zusammenzusammeln, fragte Corinna, ob sie ihr einen Tee oder einen Kaffee anbieten könne. Corinnas Kopfschütteln wirkte so kindlich und anrührend, dass Rafael sie am liebsten gleich noch einmal in den Arm genommen hätte. In Kombination mit ihrer neuen Kurzhaarfrisur wirkte sie nicht wie zweiunddreißig, sondern eher wie zweiundzwanzig. Lisa blickte etwas ratlos zu ihm hinüber, als das Elend aus Corinnas Gesicht zu ihr durchgedrungen war und er gab ihr nonverbal zu verstehen, dass sie sich im Lager beschäftigen sollte.

Dann setzte er sich auf den Hocker neben seine Freundin und wartete geduldig, dass sich diese etwas beruhigte. Unauffällig suchte er mit seinen Augen das Ladeninnere nach Taschentüchern ab, aber natürlich war sein Geschäft für derlei Gefühlsausbrüche nicht ausgerüstet. Er rieb sich etwas verlegen den Nacken, während er wartete. Und wartete. Corinna zog nach einer Weile eine Packung Tempos aus ihrer Handtasche und schnäuzte sich zweimal geräuschvoll. Sie holte tief Luft und erzählte Rafael schließlich, warum sie so außer sich war. Ihre neue große Liebe Jan hatte sich wohl als Mogelpackung entpuppt und ihr den Laufpass gegeben, nachdem er für sich festgestellt hatte, dass er doch keinen Bock darauf hatte, mit Corinna und ihren beiden Söhnen einen auf Patchworkfamilie zu machen. Er war durchaus bereit, sich mit ihr zu treffen, wenn die Jungs am Wochenende bei ihrem Vater waren, allerdings lehnte er es kategorisch ab, ihre Beziehung darüber hinaus wachsen zu lassen. Und Corinna hatte vor einer Stunde ihre Konsequenzen daraus gezogen und war nun dementsprechend am Boden zerstört.

Immer wieder drängten unkontrollierte Schluchzer ihrer Erzählung Pausen auf, die sie damit füllte, indem sie Rafael Fotos, die in ihrem Smartphone wohnten und sie und diesen Arsch zusammen zeigten, vor die Nase hielt. Rafael saß steif wie eine Salzsäule neben Corinna und blickte mit finsterer Miene auf das Handydisplay. Wie gern er dieser Fratze eins verpassen würde, dachte er sich, während er seiner Freundin tröstend über den Rücken streichelte. Er kochte innerlich vor Wut und musste sich schwer zusammenreißen nicht etwas Unüberlegtes zu tun. Am liebsten würde er jetzt aus Corinna die Adresse dieses Kotzbrockens herausschütteln, ihn heimsuchen und anschließend zeigen, was er von Menschen hielt, die derart verantwortungslos mit den Gefühlen anderer umgingen. In einer überdrüssigen Geste drückte Corinna Rafael ihr Handy in die Hand und kramte erneut in ihrer Handtasche nach einem Taschentuch. Rafael blätterte sich unwirsch durch Corinnas Fotoordner. Seine Finger klopften grob auf dem Display herum und er schnaubte bei jedem seligen Grinsen von Jan verächtlich auf. *So ein Wixer!*

Sein Finger flog immer hektischer über das Gerät, als ihm plötzlich ein Gesicht entgegensprang, das er kannte. Wie eine übernatürliche Erscheinung hatte es sich zwischen die anderen gestohlen und sorgte dafür, dass Rafael fast das Handy aus der Hand geflutscht wäre. Diese weichen Locken, dieser melancholische Zug um diese großen rehbraunen Augen, diese unglaubliche Ausstrahlung. Wie oft hatte er die letzten Tage an genau dieses Gesicht gedacht. Nie hätte er damit gerechnet, es wiederzusehen. Und schon gar nicht so schnell und in Zusammenhang mit seiner besten Freundin.

»Woh ... Wer ist das?« Das kam so heftig, dass Corinna leicht zusammenzuckte und ihn etwas komisch ansah. Rafael machte ein Gesicht, als hätte er einen selbstgedrehten Porno auf ihrem Handy entdeckt. Aber sie war noch zu eingenommen von ihrem eigenen Kummer, dass ihr die Muße fehlte, sich mit Rafaels Reaktion näher auseinanderzusetzen. Sie wischte sich ihre Tränen von den Linsen und konzentrierte sich auf das Zentrum seines Interesses. Es zeigte Nadine, wie sie auf Corinnas Terrasse saß und mit Fynn auf dem Schoß herumalberte. Der Kleine hatte seinen Kopf in den Nacken geworfen und lachte vergnügt in die Kamera, während Nadine ihn mit ihren feingliedrigen Fingern kitzelte und ebenfalls lächelte. Der Wind hatte Nadines Locken wild in ihr Gesicht fallen lassen und verlieh dem Bild eine ausgelassene Stimmung. Nur wenn man genau hinsah, konnte man sehen, dass Nadines Augen nicht mitlachten.

»Das ist meine Schwägerin mit meinem Neffen«, erklärte Corinna und schniefte dabei leicht. Sie fühlte sich zwar immer noch wie durch den Fleischwolf gedreht, aber wenigstens hatte sie sich wieder soweit im Griff, dass sie sich wieder verständlich artikulieren konnte.

Michelle lief mit Kopfhörern im Ohr und einem Kaugummi im Mund hinter den beiden an der Kasse vorbei. Stolz wollte sie Rafael den Karton in ihrer Hand präsentieren, der bis zum Rand voll war mit 14 Zoll Fahrradschläuchen der Marke Schwalbe, auf deren Lieferung sie jetzt über eine Woche gewartet hatten. Unbedarft steckte sie ihren Kopf zwischen die der anderen Beiden und schenkte Corinna ein herzliches »Hi« zusammen mit einem fröhlichen Grinsen. Dieses fror jedoch sofort fest, als sie Corinnas Gesicht sah. Ganz eineiiger Zwilling, blickte Michelle genauso hilflos drein wie bereits Lisa zuvor und wandte sich mit großen Augen an Rafael. Doch da weckte das Smartphone in seiner Hand ihr Interesse.

»Hey, ist das nicht ...« Michelles Frage wich einem erstickten Jaulen. Mit einer ruckartigen Bewegung schnellte ihr Kopf zurück und sie rieb sich mit schmerzverzerrtem Gesicht ihren rechten Fuß an ihrer linken Wade. Durch das Gewicht in ihrer Hand rang sie einige Sekunden mit ihrem Gleichgewicht und sah dadurch irgendwie aus wie ein betrunkener Flamingo. Rafael riss Corinna mit einer schnellen Armbewegung an sich, damit diese weder sein noch Michelles Gesicht sehen konnte. Während Michelle ihrem Cousin einen vernichtenden Blick zuwarf, fuchtelte dieser hektisch mit seinem freien Arm hinter Corinnas Rücken in der Luft herum. Sein bedrohlicher Gesichtsausdruck wirkte wie ein Türsteher, der Michelle soeben Hausverbot erteilt hatte. Mit einem theatralischen Schnauben humpelte Michelle ins Lager, während Corinna wieder mit ihren Taschentüchern beschäftigt war und sich darüber freute, dass sich Rafael so umsichtig um ihre Privatsphäre und die vermeintlichen Zuschauer kümmerte.

Rafael schloss angestrengt die Augen und zwang sich ruhig zu atmen. Er erinnerte sich noch, wie sein Vater gesagt hatte: »Du kannst dir doch keinen Barhocker hinter die Kasse stellen! Das gibt ein unmögliches Bild für die Kunden ab und du wirst mit der Zeit fett.«

Jetzt war er heilfroh seinen Vater (und nicht nur in diesem Fall) ignoriert zu haben, denn er wäre vermutlich einfach umgekippt wie eine gefällte Eiche, wenn er jetzt nicht sitzen würde.

»Oh nein, ich habe ganz vergessen, dass Nadine und Torsten dieses Wochenende zum Abendessen kommen wollten!« Corinna, die sich gerade wieder so schön gefasst zu haben schien, wurde durch diese plötzliche Erinnerung einem erneuten Gefühlsausbruch unterworfen. Ein schrilles Aufheulen durchdrang den verwaisten Fahrradladen und Rafael zuckte leicht zusammen. »Ich wollte ihnen doch Jan am Samstag vorsteeeellen!« Sie hielt sich schnell ihr zerschlissenes Taschentuch vor das bereits wieder feucht glitzernde

Gesicht und begann in einer Lautstärke zu weinen, die in ihrer Intensität einem Katzenkampf gleichkam.

Rafael stieß geräuschvoll die gestaute Luft in seinen Lungen aus. Er hatte gar nicht bemerkt, dass er die Luft angehalten hatte. Wie ein verschrecktes Eichhörnchen starrte er Corinna an und hatte absolut keine Idee, wie er mit der Situation umgehen sollte.

Plötzlich fuhr ein Ruck durch Corinnas emotionsgebeutelten Körper. Das sah ganz nach Geistesblitz aus, dachte Rafael und musterte sie aufmerksam.

»Kannst du nicht auch kommen und mir seelischen Beistand leisten, wenn ich ihnen meinen Fehltritt beichte? Ich schaff das unmöglich alleine, ohne dabei total zusammenzuklappen!« Ihre Augen weiteten sich hoffnungsvoll und sie griff mit ihren Händen nach seinen, um ihrer Bitte Nachdruck zu verleihen. Das vollgerotzte Taschentuch klebte jetzt an Rafaels Handrücken, aber das war im Moment das kleinste seiner Probleme. Er hielt sich an der Theke fest, um nicht von seinem Barhocker herunterzupurzeln. Alter Schwede! Da half auch kein Sitzen mehr.

»Corinna, das geht nicht. Nein!«, leise Panik schwang in seiner Stimme mit und er hatte das Gefühl, er müsse gleich ersticken. Sofern das möglich war, wurde der nächste gequälte Aufschrei von Corinna, der seiner Antwort folgte, noch einen Tick lauter. Sie fing an, sich an Rafael festzukrallen, wie eine Ertrinkende. Ihre Stimme klang hysterisch, während sie ihn anflehte, ihr doch diesen Gefallen zu tun.

Oh Mann. Er konnte Frauen nicht weinen sehen. Und schon gar nicht seine beste Freundin. Außerdem war er ihr etwas schuldig.

Wie hätte er auch eine Absage rechtfertigen können? »*Sorry, aber das geht nicht, denn wenn deine Schwägerin und ich im gleichen Raum sind, verwandle ich mich in die Grinsekatze und sie in das letzte Einhorn.*«

Er fuhr sich gestresst mit seinen Fingern durch die Haare und suchte verzweifelt nach einer Lösung. Es gab keine. Egal wie er es drehte und wendete, jede Option die er in Erwägung zog schrie: *Scheiß Idee.* Das würde eine Katastrophe werden, das wusste er jetzt schon. Aber wie sollte er das Corinna begreiflich machen, ohne sich als der Stelzbock ihrer Schwägerin zu outen? Selbst, wenn er als moralische Unterstützung antrat, wie sollte er es schaffen, sich derart zu verstellen, dass niemand etwas von dem mitbekam, was in ihm vorging? Ganz zu schweigen, dass er Nadines Reaktion überhaupt nicht einschätzen konnte. Er stützte sich mit dem Ellenbogen an der Theke ab und rieb sich über die Stirn. Das Taschentuch baumelte noch an seiner Hand, während er Corinna ergeben zunickte. Diese fiel ihm mit ihrer ganzen Restenergie um den Hals und flüsterte ein ersticktes »Danke« in seine Halsbeuge hinein. Rafael hätte am liebsten ein inbrünstiges »Verdammt« in die Weite des Raumes gestoßen, aber er verkniff sich jeglichen Kommentar. Er versuchte sich mit der Tatsache zu trösten, dass er wohl der beste Freund aller Zeiten war und ließ die Gewissheit, dass er IHR bald gegenüberstehen würde, auf sich wirken.

Als er dieser Frau am letzten Wochenende dabei zugesehen hatte, wie sie in das nächstbeste Taxi geflüchtet war, da meinte er, dass sein Herz jeden Augenblick stehen bleiben würde. Er hatte nicht gewagt, ihr nachzulaufen, wollte sie nicht bedrängen. Aber die Vorstellung, sie einfach ohne weiteres gehen zu lassen, ganz ohne die Möglichkeit zu haben, sie wiederzusehen, war einfach nicht auszuhalten. Er war der festen Überzeugung gewesen, den Verstand zu verlieren, sollte dies wirklich das letzte Mal gewesen sein, dass er sie sah. Denn dann wäre er auf ewig in diesem ambivalenten Zustand gefangen, der in ihm tobte, ohne die Hoffnung auf Erlösung. Mit solch einem jähen Ende hatte er an diesem Abend nicht gerechnet. Scheiße, sie hatte ein Kind, sie hatte einen Mann.

Warum vergaß er immer auf die Finger der Frauen zu sehen, die ihm gefielen? Immer auf einen Ehering achten! Er war mit seinen 32 Jahren in einem Alter, da man einfach auf so etwas zu achten hatte. Wie ein auf der Autobahn ausgesetzter Hundewelpe war er dagestanden und hatte nicht gewusst, wie er mit diesen neu aufgedeckten Tatsachen umgehen sollte.

Er hatte sich auf schizophrene Art und Weise gleichsam verzweifelt wie euphorisch gefühlt. Euphorisch, weil sie ihn nicht seinetwegen zurückgewiesen hatte und verzweifelt, weil ihm so eine besondere Frau noch nie zuvor begegnet war und es keine Chance für die beiden auf ein Happy End gab. Noch nie hatte ihn eine Frau so schnell auf solch eine intensive Weise berührt.

Dass da etwas Besonderes zwischen ihnen war, war so offensichtlich, so deutlich spürbar gewesen, dass man es fast in der Fensterscheibe der Bar reflektieren hatte sehen können. Das konnte keine Einbildung seinerseits gewesen sein. Doch als sie dann doch so schlagartig die Flucht vor ihm ergriffen hatte, da hatte er für einen flüchtigen Moment an sich gezweifelt und gemeint, dass er an totaler Selbstüberschätzung litt. Das passierte ihm manchmal, denn sein Ego war so groß wie die ganze Theresienwiese. Er war immer der Letzte, der merkte, wenn ihn jemand nicht leiden konnte. Er wäre todunglücklich gewesen, wenn ihn sein Instinkt bei ihr derart getrügt hätte. Er hatte zwar ebenfalls geahnt, dass da noch etwas war. Etwas, das sich zwischen sie gestellt hatte wie eine unsichtbare Mauer. Allerdings hatte er gedacht, sie stünde sich selbst im Weg und wäre einfach nur schüchtern. Jetzt wusste er: Sie hatte einen Mann und sie hatte ein Kind. Und er würde den Teufel tun und sie aus ihrem geordneten Leben einfach herausreißen, so wie es dieser Arsch von einem Exfreund mit Corinna getan hatte. Er empfand Hochachtung für Nadine, weil sie, obwohl er sicher war, dass sie das gleiche gefühlt hatte wie er, so verantwortungsvoll mit dieser Situation umgegangen war. Sie hatte sofort mit offenen Karten gespielt. Diese Frau besaß eine innere Stärke, die ihm gleichermaßen imponierte, wie ihn ihr melancholisches Grundwesen faszinierte.

Wie oft er die letzten Tage und Wochen an diese Frau denken musste. Dieses zarte, verletzliche Wesen, das so eine verspielte Seite unter dem Mantel der Selbstbeherrschung versteckt trug. Er wollte nichts mehr, als diese geheimnisvolle Frau näher kennenlernen.

Er strich Corinna gedankenverloren über den Rücken, der durch die Nachwirkungen ihres Nervenzusammenbruchs noch sporadisch zuckte und versicherte ihr nochmals, dass er sie kommendes Wochenende nicht im Stich lassen würde.

Gleichzeitig fragte er sich mit vor Besorgnis gefurchter Stirn, wie er das nur überstehen sollte, ohne dass dieser Abend in einem Desaster enden würde.

Wie gesagt, er schuldete Corinna eine Menge und die Frau ihres Bruders zu begehren, war nicht gerade der beste Weg, seine Dankbarkeit auszudrücken.

Kapitel 10

Die nächsten beiden Wochen vergingen, doch der Gedanke an diesen einen, alles verändernden Abend blieb. Nadine saß neben Torsten in der U-Bahn, wippte Fynn sanft auf ihren Knien und dachte wie so oft in den letzten Tagen an diese laute, stickige und überfüllte Bar zurück. Und an die Wärme in ihrem Bauch, das Kribbeln in ihrem Nacken, das Ziehen in ihrem Unterleib. Sie schloss ihre Augen, als sie versuchte, den Moment, da er nach ihrer Haarsträhne gegriffen hatte, zurückzuholen und seufzte sehnsüchtig. Ihr Leben war die letzten Tage weitergelaufen wie bisher, ohne weiterhin zu sein wie bisher. Rafael wohnte jetzt in ihrem Herzen und tobte sich nach Herzenslust in ihrem Hinterkopf aus und Nadine konnte sich nicht entscheiden, ob sie den Gedanken an ihn hinauswerfen, oder für immer in sich tragen wollte. Sie wusste weder, was sie denken, noch was sie fühlen sollte. Deshalb hatte sie die letzten Tage in grüblerischer Schweigsamkeit verbracht, während Torsten so getan hatte, als hätten sie nie miteinander über Rafael gesprochen. Auch mit Ella und Linda hatte sie bisher nicht darüber reden wollen, weshalb sie sich bei ihren letzten Zusammentreffen vorwiegend schweigsam gezeigt hatte. Das war eine Angelegenheit, die sie mit sich selbst aushandeln musste. Zu ihrer Erleichterung waren die anderen beiden ebenfalls nicht sonderlich gesprächig. Ella schwieg sich darüber aus, warum sie an ihrem eigenen Geburtstag so hastig verschwunden war, und Linda benahm sich schon seit gut einem Monat seltsam.

Sanft zupfte Fynn Nadine an ihrer Jacke, um ihr zu signalisieren, dass die U-Bahn ihr Ziel erreicht hatte und sie aussteigen mussten. Sie schlang ihre Arme fester um ihn und versuchte ihre Gedanken auf das bevorstehende Abendessen zu konzentrieren.

Corinna lebte in einem Doppelhaus in Sendling, einem Stadtteil von München. Das Haus lag in einer friedlich verträumten Straße, eingebettet in eine Reihe aus Familienidylle, Ziergärten und Bio-Lebensmittelläden. Philip hatte Corinna nach der Trennung die Doppelhaushälfte bereitwillig überlassen. Er selbst hatte schnell eine Wohnung im Zentrum gefunden und war ohne viel Aufheben ausgezogen. Das alles war derart reibungslos über die Bühne gegangen, dass es auf Nadine wirkte, als wäre er froh gewesen, dass Corinna einen Schnitt gemacht und ihm damit eine gewichtige Entscheidung abgenommen hatte. *Wer weiß, wie lange die beiden schon nicht mehr glücklich zusammen waren*, dachte Nadine als sie auf die Eingangstür zusteuerten.

Als Corinna die Tür öffnete und die kleine Familie vor sich freundlich empfing, zuckte Nadine leicht zurück. Sie wirkte fahrig und nervös, ihre Wangen waren eingefallen und sie hatte dunkle Schatten unter den Augen. Nichts erinnerte an die verliebte, aufgeblühte Corinna von letzter Woche. War sie erkältet? Hatte sie Kummer? Vermisste sie ihre Jungs, die übers Wochenende bei ihrem Vater waren? Es war schon verrückt, wie sehr sich ein Mensch innerhalb kürzester Zeit sowohl innerlich, als auch äußerlich verändern konnte, dachte Nadine und damit meinte sie nicht nur Corinna.

Im Flur empfing sie drückende Stille. Sie kannte das Haus nur mit zwei tobenden und zankenden Halbwüchsigen darin, mit Philips geliebter Jazzmusik, die sonst stets leise im Hintergrund lief, und einer fluchenden Corinna, die ihren Söhnen irgendwelche Drohungen hinterherbrüllte. Kein Wunder, dass sich Corinna in diesem leeren Haus schlecht fühlte. Sie selbst konnte sich kein einziges Wochenende ohne Fynn vorstellen.

Corinna führte alle zur Begrüßung in die Küche, um ihnen eine Tasse Tee anzubieten. Nadine war kein Fan von Tee, weshalb sie nur die mitgebrachte Nachspeise im Kühlschrank verstaute und dann im Wohnzimmer verschwand, um den ebenfalls mitgebrachten Rotwein auf den Esstisch zu stellen.

Brennende Duftkerzen verströmten einen angenehmen Lavendelgeruch und erinnerten Nadine an frisch gewaschene Bettwäsche. Für Fynn lag auf einer Decke neben dem Esstisch ausgebreitet Kinderspielzeug von Corinnas Söhnen bereit.

Der Esstisch selbst war bereits eingedeckt. Salat, selbst gemachte Antipasti, eine Wasserkaraffe mit einer Zitronen- und einer Orangenscheibe darin, auf hochglanz polierte Weingläser, eine kitschige Tischdeko und die dazu passend abgestimmten Servietten. Alles war fein säuberlich zu einem Gesamtkunstwerk auf dem Tisch drapiert worden. Corinna war schon immer ein Mensch gewesen, der für die Liebe zum Detail lebte. Nadine fand das bewundernswert. Ihr selbst fehlte leider die Geduld für derlei Spielereien, was sie sehr bedauerte, denn sie genoss die Atmosphäre, die diese Details erzeugten. Es hatte diesen Hauch von Exklusivität und machte aus einem einfachen Abendessen ein richtiges Event. Auch wenn Corinna gerade eine Grippe auszubrüten schien, ihre Begeisterung für gut gedeckte Tische schmälerte das nicht.

Es sah aus wie die Abendessen, die sie eingenommen hatten, als Philip noch aktuell gewesen war. Nur ohne Philip eben. Gleiche Bühne, neue Darsteller. Von außen betrachtet schien eine Trennung ganz einfach zu sein.

Nadine und Torsten waren die letzte Station, bevor Corinna Jan ihren Kindern vorstellen wollte. Nadine fand das sehr verantwortungsvoll und bedacht von Corinna. Sie meisterte diese Trennungssache ziemlich souverän und bewies einmal mehr ihre Mutterqualitäten.

Anscheinend lag das Problem in Nadines Kindheit nicht in der Trennung ihrer Eltern, sondern schlicht und ergreifend an ihrer Mutter als Person und was diese aus dem Umstand alleinerziehend zu sein gemacht hatte.

Nadine presste ihre Kiefer aufeinander, verbot sich, heute Abend noch einmal an ihre Mutter sowie an diesen Rafael zu denken und knallte die Tür zum Wohnzimmer wieder zu. Dann ging sie zu den anderen zurück in die Küche, wo sie mit Fynn zusammen aus dem Fenster sah, um die vorbeifahrenden Autos zu beobachten. Sie war schon ganz gespannt auf diesen Jan.

Corinna und Torsten unterhielten sich gerade über Fynns kommenden Geburtstag und Weihnachten, als sie von einem erstickten Laut unterbrochen wurden. Nadine hatte aus dem Fenster gestarrt und so scharf die Luft eingesogen, als hätte sie gerade einen Mord auf offener Straße beobachtet. Ihr Gesicht leuchtete in einem beängstigenden Weiß und Torsten machte instinktiv einen Schritt auf sie zu.

»Kannst du Fynn kurz nehmen, ich muss schnell auf die Toilette«, stammelte sie betonungslos und hastete zur Tür hinaus.

Im Bad stützte sich Nadine schwer atmend am Waschbeckenrand ab und kämpfte gegen den Würgereiz an, der sie zu übermannen drohte. Sie fühlte sich so zittrig und aufgewühlt, als hätte sie einen Geist gesehen. Wenn sie daran dachte, wen sie da gerade tatsächlich auf seinem Fahrrad die Straße hatte entlangfahren sehen, wünschte sie sich beinahe, sie hätte einen gesehen. Das konnte doch alles nicht wahr sein! Wohnte Rafael etwa hier in dieser Straße? Wie viele Menschen lebten in München? Vorsichtig schielte sie aus dem Badezimmerfenster im ersten Stock hinunter zur Straße, um in Erfahrung zu bringen, welches Haus er anfuhr. Ungläubig sah sie mit an, wie er vor dem Haus Halt gemacht hatte und drauf und dran war abzusteigen. VOR CORINNAS HAUS! Nadines Gesicht verformte sich zu einer lautlosen Fratze, die in ihrem

Entsetzen Munchs »Der Schrei« Konkurrenz machte. Jetzt ein Selfie und ein neues Meisterwerk ward geboren … Für einen kurzen Moment spielte sie mit dem Gedanken, sich in der Badewanne zu ertränken. Dann schloss sie die Augen, setzte sich auf den Toilettendeckel und zählte langsam bis zehn.

Auch wenn sie nun vorbereitet war und so einer unkontrollierten Selbstentblößung vor Torsten und Corinna entging, er war es nicht. Er würde sie sehen, wiedererkennen und höchstwahrscheinlich rückwärts die Stufen zur Eingangstür hinunterfallen. Torsten würde in Verbindung mit ihren entgleisten Gesichtszügen eins und eins zusammenzählen und ihr eine Szene machen, woraufhin sie wiederum in Tränen ausbrechen würde – das schien ja in letzter Zeit zur Gewohnheit zu werden. Corinna, die ohnehin aussah wie ein wandelnder Nervenzusammenbruch wäre total überfordert und das Chaos somit perfekt. *Oh Mann, dieser Abend ist sowas von im Eimer, bevor er überhaupt angefangen hat*, dachte Nadine und verbarg ihr Gesicht in einer erschöpften Geste hinter ihren Händen.

Schluss jetzt! Sie war erwachsen, sie würde das hinkriegen. Sie hatte nichts zu verbergen, sie hatte nichts zu befürchten. Außer, dass er sie noch einmal so umwerfend angrinsen könnte wie damals in der Bar … Widerstrebend öffnete sie mit zittrigen Fingern und einem flauen Gefühl im Magen die Tür. Ihr Adrenalinspiegel musste dem eines Freeclimbers gleichkommen, so aufgewühlt fühlte sie sich.

Von unten stieg der Laut vertrauter Stimmen die Treppe zum Badezimmer empor. *Er ist bereits im Flur*, dachte sie und Gänsehaut breitete sich auf ihrem Rücken aus. *Bleib cool!,* ermahnte sie sich selbst und hielt sich am Treppengeländer fest. Der würzige Geruch von Fleisch und Zwiebeln stieg ihr in die Nase.

»Ich habe Hackbällchen mitgebracht«, hörte sie ihn reden. *Er kann kochen.*

»Und Grünkernbratlinge, falls Vegetarier unter uns sind.«

Er ist rücksichtsvoll.

Nadine kämpfte sich Stufe um Stufe nach unten. In ihrem Inneren loderte ein Kampf. Die Angst, er würde sie erkennen und die Befürchtung, er würde es nicht tun, stritten in Kopf und Herz miteinander, als wäre es ein Kampf auf Leben und Tod. Als sie unten ankam, sah sie, wie Corinna dankend die Schüssel mit dem Essen entgegen nahm. Torsten war nicht zu sehen. Mit ihrer Bewegung erregte sie die Aufmerksamkeit der beiden. Schnell verzog sie ihren Mund zu einem steifen Lächeln und hielt Rafael ihren ausgestreckten Arm entgegen, bevor sie überhaupt die letzte Stufe erreicht hatte. Sie wollte es einfach nur schnell hinter sich bringen.

»Das ist nicht Jan.« Diese Feststellung machte Torsten, der ohne dass Nadine es bemerkt hatte, mit Fynn auf dem Arm in der Wohnzimmertür erschienen war. Nadine ließ wie in Zeitlupe ihre Hand sinken und unterdrückte den Impuls, sich mit der flachen Hand auf die Stirn zu patschen. Sie war doch ein Schaf. Natürlich! Corinnas Freund hieß Jan, nicht Rafael. Ein zweiter Sherlock Holmes würde wohl nicht aus ihr werden, so träge, wie sich ihr Gehirn hin und wieder präsentierte. »Das ist gar nicht dein Freund?«, wisperte sie leise an Corinna gewandt. Sie hörte die Erleichterung in ihrer eigenen Stimme. Wobei sich dieser Gedanke gegen den Schock ohnehin nicht wirklich in ihrem Kopf durchgesetzt hatte.

»Hey, Torsten, alles klar? Lange nicht gesehen.« Rafael setzte sein unbeschwertes Hammerlächeln auf und klopfte Torsten, der mittlerweile bei der Eingangstür angekommen war, auf die Schulter.

Nadine blickte wie ein debiles Totenkopfäffchen zwischen den beiden hin und her und konnte die Zahnräder in ihrem Gehirn rattern hören. Torsten und Rafael kannten sich? Na klar, sonst hätte Torsten ja wohl kaum gewusst, dass Rafael nicht Jan war. Woher kannten sich Rafael und Torsten? Woher kannte Corinna Rafael? Und wo zum Teufel steckte dieser mysteriöse Jan? Sie musste mehr Nüsse essen. Ihr Gehirn war eindeutig unterversorgt. Oder mit zu viel Cortisol voll-gestopft.

»Und das ist wohl dein Sohn«, schlussfolgerte Rafael ganz neutral und beugte sich leicht nach vorne, um mit Fynn auf Augenhöhe zu sein. Er strich dem skeptisch dreinbli-ckenden Lockenkopf sanft über den Handrücken. Nadine konnte die Hitze, die Mister Ich-koche-gerne-für-Vegetarier ausstrahlte, auf ihrer Haut spüren, so dicht war er jetzt an ihr dran. Als er sich ihr zuwandte, um ihr zur Begrüßung die Hand zu geben, starrte sie ihn nur an. So viel zum The-ma cool bleiben … Wie mechanisch streckte sie ihre Hand nach vorne. Seine Hand umschloss die ihre in einer derart flüchtigen Bewegung, dass es sich anfühlte, als hätte sie ei-nen Schmetterling berührt. Er schenkte ihr kaum mehr als einen Augenaufschlag und wandte sich bereits wieder der Gastgeberin zu.

Corinna stellte Rafael als ihren besten Freund vor und Nadine brachte daraufhin nur ein gedehntes »Aha« hervor. Sie war sich sicher, dass ihr Gesichtsausdruck in diesem Mo-ment so viel Anmut besaß wie eine laufende Giraffe. Nadine brannten ganz andere Fragen auf der Seele. *Hatte er sie etwa einfach vergessen? Echt jetzt? Wollte er sie verarschen?* Nadine schnappte sich schnell Fynn, um ihr Gesicht hinter seinen Haaren verstecken zu können.

»Was machst du hier?«, fragte Torsten ohne Umschweife. Er wirkte aufrichtig interessiert und bemerkte Nadine und ihr eigenwilliges Gesicht nicht. Rafael, der sich zur Hälf-te hinter Corinna geschoben hatte und sie nun wie einen Schild an den Schultern festhielt, antwortete gelassen:

»Ich bin zur moralischen Unterstützung da.«

»Das verstehe ich nicht.« Torstens Verwirrung war nicht zu überhören.

Nadines Augenbrauen schnellten hinter Fynns Locken in die Höhe. *ER verstand das nicht? Ha!* Beinahe hätte sie laut aufgelacht.

»Er ist hier, weil ich nicht alleine mit euch essen wollte. Und … und da ich Jan verlassen habe, ist Rafael als Ersatz eingesprungen.«, mischte sich Corinna in die Unterhaltung. Ihre Stimme klang dünn und zerbrechlich und Nadine war sich sicher, dass sie gleich anfangen würde zu weinen.

»Warum hast du denn das Abendessen nicht einfach abgesagt?« Torsten war nun ziemlich aufgebracht und hob seine Hände fragend in die Höhe.

»Ich wollte nicht alleine sein«, gestand Corinna mit piepsiger Stimme und senkte den Blick. Schon kullerten die bereits erwarteten ersten Tränen über ihre Wangen.

»Warum hast du denn überhaupt mit ihm Schluss gemacht?«, wollte Torsten wissen, ohne sich um den Gefühlsausbruch seiner Schwester zu scheren.

»Weil Jan ein mieses Arschloch ist!«, verkündete Rafael mit düsterer Miene. Seine Stimme hatte einen bedrohlichen Unterton angenommen und er legte schützend den Arm um Corinna. Dann führte er sie an den anderen vorbei ins Wohnzimmer und rieb ihr tröstlich über den Rücken.

Nadine und Torsten blickten den beiden verblüfft nach. Damit war das Thema Jan erledigt und weder Torsten noch Nadine trauten sich, den restlichen Abend seinen Namen noch einmal zu erwähnen.

Nadine legte Fynn, der bereits zu Hause gegessen hatte, im Wohnzimmer auf die Decke und sah ihm dabei zu, wie er sich begeistert mit den unbekannten Spielsachen auseinandersetzte. Ohne Corinnas Söhne im Hintergrund, konnte er sich ungestört mit ihnen beschäftigen. Er gurrte zufrieden, während er sich einen Plastik-Transformer in den Mund schob.

Rafael, der immer noch wie ein Beschützer an Corinnas Seite stand, bestaunte den Tisch und sagte mit aufrichtiger Begeisterung: »Wow! Corinna, ist das dein Werk? Du bist ja eine richtige Künstlerin.«

Corinnas Miene hellte sich bei diesen warmen Worten schlagartig auf und in Nadines Magen begann es zu flattern. Diese wertschätzende Art wirkte in seiner Authentizität so anziehend, dass sie ein verträumtes Lächeln nicht verkneifen konnte. Jetzt, wo sie sah, welch positive Auswirkung sein Kompliment auf Corinna hatte, bekam sie beinahe ein schlechtes Gewissen. Ihr war der Tisch auch sofort aufgefallen, wieso hatte sie nichts gesagt? Wieso war sie nur so verdammt unkommunikativ. *Wenn du etwas gut findest, dann sag es!* Sie musste sich dringend ein wenig entspannen.

Sie saßen noch nicht einmal richtig am Tisch, da fing Nadine auch schon an, mit gesenktem Blick den Wein in die Gläser zu verteilen. Nachdem sie allen hektisch zugeprostet hatte, leerte sie ihr Glas in einem Zug und füllte es sogleich wieder auf. Schnell schenkte sie Torsten ein entschuldigendes Lächeln, der sie entsetzt von der Seite anstarrte und zuckte mit den Schultern. Der Raum füllte sich mit einer unerträglichen Stille. Das einzige Hintergrundgeräusch war ein wohliges Schmatzen von Fynn, der sich wie bei einem Buffet durch alle Actionfiguren durchprobierte. Nadine hatte tausend Fragen im Kopf, die sie am liebsten alle auf einmal herausgeschrien hätte, aber sie wollte sich natürlich nicht verdächtig machen. Allerdings wäre es ebenso verdächtig, keine Fragen zu stellen. Also tastete sie sich, nachdem die anderen weiter schwiegen, langsam vor, indem sie sich erkundigte, woher Torsten und Rafael sich kannten. Wenn man ihrem Blick folgte, konnte man meinen, sie stellte ihre Frage an den Esstisch persönlich, denn sie wagte es noch immer nicht, einen der Anwesenden im Raum direkt anzusehen.

»Ich kenne Corinna seit der siebten Klasse«, hörte sie Rafaels warme Stimme sagen. »Sie hat mir Nachhilfe in Mathe gegeben. Ohne sie hätte ich mein Abi nie geschafft. Wenn wir bei ihr zu Hause gelernt haben, kam Torsten gefühlte fünf Mal in der viertel Stunde hereingeplatzt, um wegen irgendwas zu nerven.« Rafaels Stimme klang so amüsiert und gelöst, dass Nadine das Gefühl hatte, im falschen Film zu sein. Hatte er vielleicht einen Zwilling von dem niemand etwas wusste? Es konnte doch nicht sein, dass sie sich anstellte wie eine Vierzehnjährige, die sich in ihren Klassenlehrer verliebt hatte, und er sich so verhielt, als hätte es diesen Abend in der mexikanischen Bar nie gegeben. Hatte sie die Situation derart falsch eingeschätzt?

Torsten, der auf Rafaels Neckerei eingegangen war (Ich musste euch davon abhalten, dass ihr euch gegenseitig besteigt. Hö, hö, hö!) und mit ihm eine Weile in Erinnerungen geschwelgt hatte, erkundigte sich gerade, was er jetzt aktuell so trieb. Rafael erzählte von seinem neu eröffneten Fahrradgeschäft und berichtete, dass Michelle und Lisa ihn bei der Führung des Ladens tatkräftig unterstützten. Torsten nickte wissend.

»Die sind in meine Parallelklasse gegangen«, erinnerte er sich. Nadine beobachtete die beiden interessiert. Sie fand diese Situation derart abgefahren, dass sie sich zusammenreißen musste, um nicht ständig ungläubig mit dem Kopf zu schütteln. Sie versuchte, es so unauffällig wie möglich zu machen, aber sie konnte nicht aufhören, Rafael anzustarren. Wahrscheinlich wäre das ohnehin niemandem aufgefallen. Torsten war so in sein Gespräch mit Rafael vertieft, dass er es nicht einmal mitbekommen hätte, wenn sie Rafael eine Kusshand zugeworfen hätte und Corinna war damit beschäftigt vor sich ins Nichts zu starren. Immer wieder landeten Nadines Blicke auf Rafael. Musterten sein Gesicht von oben bis unten. Sie versuchte verzweifelt, einen leisen Anflug von Wiedererkennung, einen Hauch von Verunsicherung in seinen Augen, in seiner Körpersprache, in seinen Blicken zu erkennen. Aber da war nichts. Als sie ihn vom Fenster aus gesehen hatte, dachte sie ihr Herz würde stehen bleiben. Hätte sie nicht die Toilette als Rückzugsmöglichkeit gehabt, um sich zu beruhigen, sie würde jetzt wahrscheinlich in eine Papiertüte atmen, um nicht zu hyperventilieren. Und bei ihm zuckte nicht ein einziger verdammter Muskel. Im Gegenteil. Er saß dort, als könnte ihn kein Wässerchen trüben, plauderte fröhlich mit Torsten über alte Zeiten und trug sein gemeingefährliches Lächeln zur Schau. Nadine hielt das nicht länger aus. Nachdem sie ein Fleischbällchen hinuntergewürgt und ein paar Salatblätter auf ihrem Teller zerrupft hatte, setzte sie sich zu Fynn auf die Decke, um Rafael nicht mehr so nah zu sein.

Nadine ließ einen Plastik-Dinosaurier auf ihrem Arm auf und ab spazieren, während sie mit ihren Ohren angestrengt der Unterhaltung der beiden Männer lauschte. Gerade hatte Torsten das Berghüttenevent, welches für das letzte Novemberwochenende geplant war, zum Thema gemacht. Er erklärte Rafael, dass Nadine und er anlässlich Fynns ersten Geburtstags eine Hütte im Zillertal gemietet hatten, um dort mit der ganzen Familie Seifert (Oma, Opa, Corinna und Söhne) zu feiern. Ihr Nachbar Alessandro hatte ihnen diese Hütte in dem kleinen Ort Fügen empfohlen und seine Familientauglichkeit angepriesen. Nadine hörte, wie Corinna langsam aus ihrer Starre erwachte. Geräuschvoll hatte sie die Luft eingesogen und Nadine konnte sich auch denken wieso. Es war das Wochenende, an dem sie Jan ihren Eltern und ihren Kindern vorstellen wollte. Eine dunkle Vorahnung begann sich in Nadine breit zu machen. Vorsichtig wagte sie einen Blick in Corinnas Richtung, deren Augen bereits wieder in Tränenflüssigkeit schwammen. Nadine wollte gerade ihren Mund aufmachen und das Thema wechseln, doch Corinna kam ihr wie befürchtet zuvor.

»Hättest du nicht Lust mitzukommen?« Hoffnung kämpfte nun mit der Tränenflüssigkeit in Corinnas Augen um die besten Plätze, als ihre Hand Hilfe suchend nach Rafael griff. Dieser verschluckte sich prompt an seinem Fleischbällchen und hustete es bröckchenweise über den kunstvoll dekorierten Tisch. Nadine ließ vor lauter Schreck den Dinosaurier von ihrem Arm und auf den Boden purzeln, wo er mit einem lauten *klonk* landete. Während Torsten irritiert zu Nadine hinübersah, kümmerte sich Corinna mit besorgter Miene um den nach Luft ringenden Rafael. Rafael schnappte sich schnell sein Weinglas und versuchte das Kratzen in seinem Hals hinfort zu spülen. Torsten hingegen pflichtete seiner Schwester arglos bei. »Das ist eine prima Idee. Warum nicht?«

***

Rafael, dessen Gesicht noch halb hinter seinem Weinglas verborgen lag, hatte das Gefühl, dass ihm seine Augäpfel gleich aus den Höhlen und mitten in den Salat hüpfen würden. Wie hatte er sich nur in eine derart katastrophale Situation hineindrängen lassen können?

Oh, wie er sich selbst dafür hasste. Schon als er noch in der Eingangstür gestanden und ihre Silhouette auf der Treppe wahrgenommen hatte, da war ihm klar geworden, dass er diesem Theater nicht gewachsen war. Sie war noch viel schöner, als er sie in Erinnerung gehabt hatte. Jetzt, bei Tageslicht, konnte man ihre kleinen Sommersprossen auf der Nase erkennen und ihr offenes Haar glänzte in den einzelnen Lichtstrahlen, die er mit hineingetragen hatte. Obwohl er mehrere Tage Zeit gehabt hatte, um sich seelisch und moralisch auf diesen Abend vorzubereiten, fühlte er sich überfordert und unfähig. Er hatte sich regelrecht hinter Corinna versteckt, nachdem er das erste Aufeinandertreffen nach einer geschätzten Zehntelsekunde abgebrochen hatte. Das Gefühl, diesen Abend nicht durchstehen zu können, ohne sich mit jeder Bewegung zu verraten, wurde beinahe übermächtig. Er war so nervös, dass er sich gar nicht auf Nadines Reaktion konzentrieren konnte. Ihre Unruhe war deutlich für ihn wahrzunehmen, doch er wagte es nicht, sie länger als eine Atempause lang anzusehen.

Beim Essen hatte er ihren bohrenden Blick auf seiner Haut gespürt. Er war sich bewusst gewesen, dass er sie mit seiner aufgesetzten Lockerheit total verwirren musste. Doch er hatte einen Job zu erledigen. Und der bestand darin, den Abend für Corinna so erträglich wie möglich zu machen und nicht noch mehr Drama hineinzubringen. In einer ruhigen Minute würde er sich mit Nadine zusammensetzen und vernünftig über die Sache diskutieren. Er wusste zwar selbst nicht, wie er diese »Sache« definieren sollte – es war doch nichts weiter, als ein flüchtiger Moment in einer ätzenden Bar – , aber dass sie darüber reden mussten, stand außer Frage.

Dass Torsten ihn zu allem Überfluss so herzlich empfangen hatte und ihn jetzt auch noch zu einem gemeinsamen Wochenende verpflichten wollte, war der absolute Overkill für Rafael. *Prima Idee. Warum nicht?* Rafael war sich sicher, dass Torsten eine ehrliche Antwort auf diese Frage nicht verkraften würde. Er verkraftete sie ja nicht einmal selbst.

Mit erhobenen Händen, die Serviette dabei wie eine weiße Fahne emporstreckend, erklärte er, dass ein Ausflug nach Österreich für ihn ausgeschlossen sei, weil er sich um seinen Laden kümmern müsse. Vergeblich versuchte er seinen Worten Nachdruck zu verleihen, doch es kam nur verzweifeltes Gestammel dabei heraus.

»Du hast doch samstags nur bis 14 Uhr auf«, fiel ihm Corinna in den Rücken. Und Sonntag hast du geschlossen. *Na, vielen Dank auch, Corinna.*

»Michelle und Lisa schmeißen den Laden bestimmt auch mal einen Vormittag alleine.« Sie klang wie ein kleines Mädchen, das seinen Vater mit wirren Argumenten dazu überreden will, ihm ein Pony zu Weihnachten zu schenken. »Oder du kommst einfach später nach? Bitte Rafa!«

Rafael schloss die Augen. Das war ein absoluter Albtraum. Wie sollte er ein Nein schlüssig begründen? Er war so schlecht im Lügen und außerdem total unkreativ.

»Komm schon, was spricht denn dagegen?«, mischte sich Torsten wieder ein. »Unsere Eltern freuen sich sicherlich auch, dich mal wieder zu sehen und ich könnte ein wenig männliche Unterhaltung gut gebrauchen.«

Nadine saß mit dem Rücken zu dem Debakel, das sich dort am Esstisch in rasanter Geschwindigkeit entwickelte und wirkte in ihrer Unbeweglichkeit auf Rafael wie eine Holzpuppe. Corinna und Torsten beobachteten ihn erwartungsvoll, während er versuchte, Nadine via Willenskraft dazu zu bewegen, sich umzudrehen und die Situation mit irgendeinem Geistesblitz zu retten. Doch die Zeit verstrich und der Druck der beiden Augenpaare, die auf ihn gerichtet waren, war zu groß. Also seufzte er einmal resigniert auf, bevor er das Einzige aussprach, was der Wahrheit am nächsten kam. »Ja, was spricht eigentlich dagegen?«

Das Geräusch von schwerem Plastik auf Holz ließ die Köpfe der Geschwister Seifert zu Nadine herumfahren und Rafael einen Satz machen. Mit hochgezogenen Augenbrauen starrte er auf den Dinosaurier, der gerade in hohem Bogen gegen das Sideboard geknallt war. Mit einem missglückten Lächeln und einem heiseren »Ups« richtete sich Nadine auf und entschuldigte sich auf die Toilette.

***

Als sich Nadine wieder soweit gefasst hatte, dass sie sich zurück ins Wohnzimmer traute, stellte sie zu ihrem eigenen Entsetzen fest, dass Torsten und Corinna verschwunden waren. *Das wurde ja immer besser.* Sie blieb eine Weile lang unschlüssig in der Tür stehen und starrte Rafael an, der genauso verschreckt zurückstarrte, wie sich ihr Gesicht anfühlte. Der Moment, in dem sie nur das Rauschen in ihren Ohren wahrnahm, das mit jeder Sekunde lauter wurde, schien sich endlos in die Länge zu ziehen. Schließlich fasste sie sich ein Herz und fragte so beiläufig, wie es ihr Nervenkostüm erlaubte: »Wo sind die anderen?«

»Eine rauchen gegangen«, entgegnete Rafael knapp und nickte zur Terrassentür hinüber.

Jetzt, wo die hemmenden Neutren mit ihrer Abwesenheit glänzten, war es um Nadines Selbstbeherrschung geschehen. Ihre Augen verengten sich zu bedrohlichen Schlitzen. Sie hatte aufgehört, klar zu denken und hörte, wie ihr Mund Worte formte, die er aus dem Herzen heraus, direkt an die Oberfläche zerrte. »Ich kann einfach nicht glauben, dass du dich nicht mehr an mich erinnerst!«, zischte sie ihm entgegen. »Ich kann seit 14 beschissenen Tagen an nichts und niemand anderen mehr denken, als an dich und du weißt nicht einmal mehr, dass wir uns überhaupt je begegnet sind? Du ...«

»Süße, wie hieß der Film nochmal, von dem mir David neulich so vorgeschwärmt hat?«

An Torstens Gesichtsausdruck konnte Nadine erkennen, dass er ernsthaft an ihrem geistig einwandfreien Zustand zu zweifeln begann. Ob im Flur, danach beim Essen, oder anschließend bei ihrer Dinosaurier-Wurfaktion, wie bei einer Punktetabelle waren das Entsetzen und das Unverständnis in seinen Augen stetig gewachsen. Beim Anblick ihres mit Sicherheit mittlerweile knallrot angelaufenen Gesichts in Verbindung mit ihrem verstörten Gesichtsausdruck, war diese Situation nun bestimmt der unangefochtene Tabellenführer auf Torstens Liste.

Nach einer peinlichen Schrecksekunde, die Nadine derart den Wind aus den Segeln genommen hatte, dass sie sich schwindelnd am Türrahmen festhalten musste, antwortete sie mit etwas brüchiger Stimme: »Das war kein Film, das war eine Serie soviel ich weiß. *räusper.* Irgendwas mit Anzügen, glaube ich.«

Torsten schloss die Tür kommentarlos wieder und Nadine konnte an seinem Blick erkennen, dass er sie ab jetzt im Auge haben würde. Dieses Wissen war allerdings ihr kleinstes

Problem. Hatte sie Rafael gerade wirklich einen Einblick in ihre Gefühlswelt gewährt? WAR SIE IRRE?

Ihre Gehirnzellen schalteten langsam wieder auf Bereitschaft und jetzt begann sie sich schrecklich für ihren verbalen Ausrutscher zu schämen. Sie sprach grundsätzlich nie über ihre wahren Gefühle – sie deutete sie höchstens hin und wieder an – und schon gar nicht mit Fremden. Was hatte dieser Mann nur an sich, dass er es schaffte, ein derartiges Chaos bei ihr auszulösen?

»Nadine, ich …«

Ruckartig streckte sie ihre Hand nach ihm aus und brachte ihn mit dieser Geste sofort zum Schweigen, rauschte dann zu Fynn, der mittlerweile hinter das Sofa gekrabbelt war, riss ihn an sich und verschwand mit ihm nach oben in den ersten Stock.

Rafaels Adamsapfel zuckte hektisch auf und ab, während er von seinem Stuhl hochschnellte. Er versuchte noch, sie mit einer zögerlichen Handbewegung aufzuhalten, doch sie würdigte ihn keines Blickes mehr, als sie an ihm vorbei und zur Wohnzimmertür hinausstürzte. Verzweifelt fuhr er sich mit seinen Fingern durch die Haare und blieb ratlos und verloren vor dem Esstisch stehen.

Nadine hastete in großen Schritten mit dem laut protestierenden Fynn in eines der Kinderzimmer im ersten Stock und ließ schwungvoll die Tür hinter sich ins Schloss fallen. Im Schutz der geschlossenen vier Wände ließ sie sich an der Tür entlang zu Boden sinken und schloss erschöpft die Augen. Verärgert und schockiert zugleich kaute sie auf einer ihrer Haarlocken herum. Sie hatte das Gefühl, völlig die Kontrolle zu verlieren, wenn Rafael in ihrer Nähe war. Sie war sonst ein solch beherrschter und disziplinierter Typ, aber bei ihm folgte ihr Gehirn offensichtlich anderen Gesetzmäßigkeiten. *Ich kann seit 14 beschissenen Tagen an nichts und niemand anderen mehr denken, als an dich ...* »Scheiße, ist das peinlich Fynn!«, flüsterte sie den Hinterkopf ihres Sohnes an und starrte mit grüblerischer Miene auf die Legosteine vor ihrer Nase. Sie konnte da nicht wieder runter gehen, soviel stand fest. Sie setzte Fynn zu den Legosteinen vor sich und begab sich zu einem der beiden Fenster. Die kalte, frische Luft auf ihrer Haut tat gut und sie atmete diese tief ein und stieß sie anschließend noch tiefer wieder aus. Sie musste sich dringend wieder beruhigen. Es gab nichts Schlimmeres für Nadine, als sich derart verletzlich zu fühlen und das zu allem Überfluss auch noch zu zeigen. Ein Windstoß brauste durchs Zimmer und ließ sie fröstelnd zusammenzucken. Schnell schloss sie das Fenster wieder und drehte sich zu ihrem Sohn um. Zärtlich streichelte sie ihm über sein weiches Haar und lächelte ihm aufmunternd zu, als sie neben ihm in die Hocke ging. »Wird Zeit, dass wir wieder nach Hause fahren, was sagst du?«

Das Lächeln, das er ihr schenkte, landete in sanften Wogen in ihrer Brust und entspannte sie augenblicklich. Liebevoll schlang sie ihre Arme um ihn und bedeckte sein Gesicht mit kleinen Küssen. Fynn quietschte vor Vergnügen und streichelte mit seinen kleinen Händchen den Kopf seiner Mutter.

»Hamm«, sagte er ein paar Mal hintereinander, während seine Hände immer wieder laut patschend in Nadines Gesicht landeten.

»Hamm?«, wiederholte Nadine zweifelnd und war auf einmal gar nicht mehr so entspannt.

»Hamm!«, bestätigte Fynn.

Nadine richtete sich mit ihrem Sohn im Arm auf und sah ihn nun erschrocken an. »Ernsthaft? Du hast JETZT Hunger? Genau jetzt?«

»Hamm«, beharrte der kleine Knopf vor ihrem Gesicht und strampelte dabei freudig erregt mit seinen Füßen.

Argh! Dieses Kind und sein unberechenbares Hungergefühl. Nadine seufzte noch einmal und diesmal aus tiefster Seele.

Wenn er Hunger hatte, hatte er Hunger. Das war nicht verhandelbar. Warum nur hatten kindliche Grundbedürfnisse so ein verdammt schlechtes Gespür für Timing, fragte sie sich, als Torsten den Kopf durch die Tür streckte.

»Was machst du denn schon wieder?«, erkundigte er sich unverhohlen vorwurfsvoll.

»Ich habe Fynn … gewickelt! Ja, er war voll.«, antwortete Nadine und blickte ertappt zu Boden.

»Du hättest ja mal einen Ton sagen können. Wenigstens zu Rafael.« Er musterte sie argwöhnisch. Augenscheinlich vermutete er hinter ihrem plötzlichen Verschwinden ihren Hang zum Eigenbrödlertum. Das sollte Nadine nur recht sein. So musste sie wenigstens keine weiteren Erklärungen abgeben und sie hatte obendrein auch noch eine glaubhafte Ausrede, warum sie sich jetzt nicht zurück ins Wohnzimmer begeben, sondern in die Küche verkrümeln musste. Ohne Torsten die Gelegenheit zu geben, sie in ein unangenehmes Gespräch zu verwickeln, drückte sie ihm den zappelnden Fynn in die Hand und teilte ihm mit, dass sie in die Küche gehen müsse, um für Fynn eine Banane zu zerdrücken. »Der kleine Mann hat nämlich Hunger.« Sie belegte das Wort »Hunger« mit einem bedeutungsschwangeren Tonfall und sah ihren Sohn dabei gespielt vorwurfsvoll an. »Danach sollten wir langsam nach Hause gehen, findest du nicht?« Sie fixierte weiterhin Fynns Gesicht und spielte währenddessen mit seinem Füßchen, um den Wunsch, der hinter dieser Frage steckte, zu überspielen.

»Wir haben noch nicht einmal die Nachspeise gegessen. Es kommt überhaupt nicht in Frage, dass wir uns schon wieder so überhastet verabschieden.« Torsten klang unerbittlich. Nadine unterdrückte einen weiteren Seufzer und begab sich resignierten Schrittes in die Küche.

Der Bananenbrei für Fynn war schnell zubereitet, weshalb sie sich sogleich daran machte, die Nachspeise zu portionieren.

Wie in Zeitlupe richtete sie die Dessertschalen auf der Anrichte an. Sie wollte unter keinen Umständen zurück ins Wohnzimmer. Während sie die Quarkcreme löffelweise in die Schalen verteilte, überlegte sie fieberhaft, wie sie Torsten nur dazu bringen konnte, möglichst schnell nach dem Essen zu verschwinden. Da er sich dummerweise so prima mit Rafael (ausgerechnet!) verstand, würde es schwierig werden, ein überzeugendes Argument zu finden. Er würde es ohnehin wieder auf ihren neurotischen Drang, alleine sein zu wollen, schieben und nicht ernst nehmen. Sie wühlte gedankenverloren in der Schüssel herum, während sie verzweifelt nach einer Lösung für ihr Problem fahndete, als sie auf einmal ein Kribbeln in ihrem Nacken spürte. Große Hände schlossen sich fest um die ihren und drückten sie sanft auf die Arbeitsfläche. Sie nahm seine Körperwärme an ihrem Rücken war und versteifte sich erschrocken. Gänsehaut überflutete ihren gesamten Körper und sie schloss erwartungsvoll und verängstigt zugleich ihre Augen. Sie wagte kaum zu atmen, als er mit seinen Lippen ganz nah an ihr Ohr kam und flüsterte:

»Ich erinnere mich daran, wie sehr du mich von der ersten Sekunde an, da ich dich alleine an diesem Holztisch in dieser schäbigen Bar gesehen hatte, fasziniert hast. Ich erinnere mich, dass du unter all den Menschen in diesem überfüllten Raum herausgestochen hast wie ein Fabelwesen. Du hast gleichzeitig so wunderschön und zerbrechlich ausgesehen, dass ich dich einfach kennenlernen musste. Ich erinnere mich an die Stärke, die aus deinen traurigen Augen geblitzt ist und an die kompromisslose Aufrichtigkeit, mit der du mir begegnet bist. Ich erinnere mich an die vielen kleinen Locken, die dir wie verspielte kleine Kinder immer wieder ins Gesicht gefallen sind. Vor allen Dingen erinnere ich mich an das Gefühl, das ich hatte, als ich dich von mir weg und zu diesem verfluchten Taxi hingehen sah.

Ich erinnere mich, wie du deine Nase kraus gezogen hast, als du so konzentriert damit beschäftigt warst, eine Armee aus deinen Kartoffelecken zu basteln. Wie gelöst und unschuldig du wirktest, weil du für einen flüchtigen Moment vergessen hattest, wo du warst.«

Er machte eine kurze Pause, um für einen Moment dieser liebgewonnenen Erinnerung nachzuspüren. Ein Moment, in dem Nadines Herz drohte, aus ihrer Brust und ihm direkt in die Arme zu hüpfen.

»Mein Gott, war das niedlich!«, stieß er hervor und seiner Kehle entfuhr ein leises Glucksen.

Sie sog scharf die Luft ein, als sie seine Lippen auf ihrem Haar spürte. Sein Daumen fuhr zärtlich über ihren Handrücken und Nadine fühlte sich wie elektrisiert. Sie musste sich zwingen weiter zu atmen und befürchtete, jeden Moment den Verstand zu verlieren.

Mit geschlossenen Augen inhalierte er ihr Parfüm, an das er die letzten Wochen so oft hatte denken müssen und hauchte kaum hörbar, jedoch mit einer Bestimmtheit, die keinen Zweifel zuließ, »Ich erinnere mich an absolut alles.«

Kapitel 11

Er war so plötzlich wieder aus der Küche verschwunden wie er sich ihr genähert hatte und Nadine hatte den restlichen Abend wie in Trance zugebracht. Von diesem Moment an, schien die Realität für Nadine nicht mehr zu existieren. Sie hatte sich in eine Art wohligen Schockzustand in ihr Innerstes zurückgezogen und nach außen hin wie ein hohler Roboter funktioniert.

Die nächsten Tage konnte sie sich kaum auf etwas anderes konzentrieren, als auf ihre Erinnerungen an diesen einen Moment.

Immer wieder schloss sie die Augen und schenkte ihre volle Aufmerksamkeit dem Prickeln, das sie durchdrang, sobald sie an seinen warmen Körper an ihrem Rücken dachte.

Ein unbekanntes, alles durchdringendes Verlangen, war mit diesem Augenblick in ihr aufgekeimt und seither nicht wieder verschwunden.

Nie zuvor hatte sie etwas derart Vergleichbares empfunden. Auch nicht bei Torsten. Sie hatte sich begehrt gefühlt. Früher hatte sie sich höchstens bedrängt oder gar belästigt gefühlt, aber nie begehrt. Das sprach eine bisher unentdeckte Seite ihres Frauseins an und bescherte ihr ein wohliges Ziehen in der Unterleibsgegend. Es beängstigte, überforderte, aber berauschte sie auch gleichermaßen und sie wollte auf keinen Fall, dass es aufhörte. Sie wollte in diesem Gefühl versinken und nie mehr auftauchen. Sie wollte mit dieser Erinnerung verschmelzen und es in einer Zeitschleife immer und immer wieder aufs Neue durchleben.

Wenn sie daran dachte, dass sie ihn schon bald ein ganzes Wochenende um sich haben würde, begannen ihre Wangen in einem Zwiespalt aus freudiger Erwartung und zermürbenden Schuldgefühlen zu glühen.

Wenn die Schuldgefühle in nüchternen Momenten, da sie ihren schlafenden Sohn in den Armen wiegte, die Überhand gewannen, startete sie hin und wieder halbherzige Versuche, mit ihrer früher so dominanten rationalen Art den Geschehnissen die Verfänglichkeit zu nehmen. Sie versuchte, sich die Flatterhaftigkeit solch triebgesteuerter Gefühle vor Augen zu führen. Sie dachte angestrengt daran, dass sie sich mit einer Affäre nur großem emotionalen Kummer und unnötiger Verwirrung aussetzen würde. Sie dachte an Linda und daran, was diese damals auf der Bank neben dem Spielplatz so eindringlich versucht hatte zu beschreiben und wie unverständlich das auf sie als Unbeteiligte gewirkt hatte. Sie dachte auch an Corinna und dass deren ganzer Ärger nur deshalb angefangen hatte, weil sie dieser närrischen Träumerei überhaupt erst nachgegeben hatte.

Und wenn das alles nichts half, weil sich der Gedanke an Rafael in ihrem Gehirn festgesaugt hatte wie ein ausgehungerter Blutegel, dann klammerte sie sich an die unumstößlichen Fakten. Und zu einer dieser Fakten gehörte die Tatsache, dass sie Rafael überhaupt nicht kannte. Meistens schrillten dann die Alarmglocken in ihrem Hirn und sie begann an ihre Mutter und deren rücksichtslosen Männerverschleiß zu denken.

Wie viel Erbgut von ihrer Mutter wohl in ihr schwelte? Sie fürchtete nichts mehr, als dass sich die Gene ihrer Mutter irgendwann Bahn brechen und sie zu einem Menschen verkommen würde, dessen Spiegelbild sie in keinem Fall ertragen könnte. Diese Angst begleitete sie ständig und raubte ihr schon seit vielen Jahren in regelmäßigen Abständen den Schlaf. Jetzt, da ihr innerer Widerstand, was eine Trennung von Torsten anbelangte, bereits bedenklich bröckelte, war diese Angst berechtigter denn je. Sie war nur ein Wochenende davon entfernt, die Fehler ihrer Mutter zu wiederholen und ihrer eigenen Schwäche zu erliegen. Denn auch ihre Mutter hatte nach der Trennung von ihrem Vater bestimmt harmlos und mit den besten Absichten – wenn auch nur mit den besten Absichten sich selbst gegenüber – ihr Leben gelebt. Sie musste dieser genetischen Vorbelastung unbedingt entgegenwirken, bevor ihr die Kontrolle komplett entgleiten und Fynn am Ende der Leidtragende sein würde.

***

Am Anfang hatte Renate Fischbach ihre Tochter lediglich vernachlässigt und sich von ihrem Wechselbad der Gefühle – verursacht durch ihren permanent wechselnden Beziehungsstatus – vereinnahmen lassen. Dann waren jedoch der Alkohol und die wachsende Aggressivität hinzugekommen. Je selbständiger ihre Tochter wurde, desto mehr nahm sie sich das Recht heraus, sich gehen zu lassen. Sie ließ ihre Tochter für sich einkaufen und ließ die Wohnung verdrecken, bis sich Nadine ihrer ergeben annahm.

Frau Fischbach kultivierte ihren Schmerz über das Alleinsein in Gestalt des Bösen als Lebensform. Durch ihre Beziehungsunfähigkeit befand sie sich in einem chronischen Zustand des Leidens, der sich, sobald Nadine ihr süßes kindliches Äußeres durch das einer jungen Heranwachsenden eingetauscht hatte, in Form von Beleidigungen über ihrer Tochter entlud. Nadine streunte oft nach der Schule ziellos durch die Stadt, weil sie nicht nach Hause wollte. Für ihre Mutter war Nadine die perfekte Zielscheibe, um ihren Frust loszuwerden. Sie liebte es, ihre Tochter in Angst und Schrecken zu versetzen und ihr mit Heim zu drohen, um für einen kurzen Moment vergessen zu können, dass sie sich selbst verabscheute.

Je älter Nadine wurde, desto schlimmer wurde es für sie, mit ihrer Mutter auszukommen. Denn nach und nach wurde es für Renate Fischbach immer unerträglicher, mit einem jungen, hübschen und unverbrauchten Teenager zusammen zu wohnen, dem noch alle Möglichkeiten im Leben offen standen. Nadine erkannte bald, dass die Drohungen ihrer Mutter pures Wunschdenken waren und der Hass, der mit diesem Wunsch einherging, erschreckte Nadine zutiefst. Was Nadines Mutter zurückhielt, war die Tatsache, dass sie unweigerlich sehr viel Aufmerksamkeit bekommen hätte und das aus einer äußerst unliebsamen Richtung, wenn sie einen Heimaufenthalt für ihre Tochter tatsächlich anstrebte. Zumindest, wenn man es aus der Sicht einer Alkoholikerin betrachtete.

Nadine erkannte auch diese Zusammenhänge mit dem Alter und sie verlor stückweise den Respekt vor ihrer Mutter. Gleichzeitig wuchs der Unmut gegen diese Frau, an die sie genetisch und räumlich gebunden war. Es war eine paradoxe Beziehung aus »ich verachte dich« und »du bist das Einzige, was ich habe« entstanden. Diese Situation wurde mit der Zeit immer unerträglicher für beide Seiten und entlud sich in regelmäßigen Auseinandersetzungen.

Sobald Nadine ihren Schulabschluss in der Tasche hatte, machte sie einen radikalen Schnitt und brach den Kontakt zu ihrer Mutter vollständig ab. Der Einzug in ihre erste WG wirkte wie ein Befreiungsschlag. Es war eine harte und anstrengende Zeit in der sie den Einstieg in die Berufswelt, das Zurechtfinden in einem neuen Lebensraum und das Nachholen ihres Fachabiturs gleichzeitig unter einen Hut bringen musste. Doch diese neuen Herausforderungen schenkten ihr, mit ihrer mitschwingenden Hoffnung auf eine schöne Zukunft, neue Energie und Lebensmut. Sie hatte kurzerhand beschlossen, diesen neuen Lebensmut zu nutzen, um all den Schmerz aus ihrer Vergangenheit hinter sich zu lassen und noch einmal ganz von vorne zu beginnen.

Doch jetzt musste sie diese schmerzlichen Erinnerungen aus ihrer Kindheit wieder aufleben lassen, um nicht Gefahr zu laufen, die Fehler ihrer Mutter zu wiederholen. Fynns Leben für eine Phase aufs Spiel zu setzen, deren Zeitraum sie nicht einmal abschätzen oder beeinflussen konnte, das wäre undenkbar. Wenn sie so an ihre Mutter dachte, musste sie sich auch eingestehen, dass sie um ihr eigenes Leben ebenfalls fürchtete. Ihre Mutter hatte sicherlich nicht geplant so zu werden wie sie letztendlich geworden war. So kaputt und bemitleidenswert.

Wie könnte sich Nadine einen derartigen Fehler verzeihen, wenn sie doch so gut über seine Folgen Bescheid wusste.

***

Rafael stand in der Mitte von »Rafas-Radluniversum« und starrte seine beiden Cousinen finster an. Er hatte die Hände vor der Brust verschränkt und versuchte seine Stimme autoritär und herrisch klingen zu lassen, als er ihnen zum wiederholten Male erklärte, dass er ihnen ihre kleinen Hintern aufreißen würde, wenn sie morgen früh verschliefen. Wie ein verzweifelter Religionslehrer hatte er sich vor den beiden rothaarigen Teufeln, die mit ihrem amüsierten Lächeln keinen Zweifel daran ließen, dass sie ihn nicht ernst nahmen, aufgebaut und betete nun seine improvisierten Geschäftsregeln herunter.

»Ich meine es ernst. Während der Öffnungszeiten herrscht striktes Handyverbot und das Radio wird nicht lauter gestellt, als es gerade ist. Die Reparaturaufträge werden zusammen mit dem jeweiligen Rad RECHTS neben dem Eingang zur Garage gestapelt und auf jedem Auftrag muss die Handynummer des Kunden stehen. Bitte nie, nie, NIE die Handynummer des Kunden vergessen, sonst bin ich aufgeschmissen! Ansonsten habt ihr nichts in dieser Garage zu suchen, ihr macht am Ende nur was kaputt. Wenn ihr euch unsicher sein solltet, egal in welchem Bereich, dann ruft mich an. IMMER!«

Michelle und Lisa, die mit ihrem rotzfrechen Grinsen und ebenfalls verschränkten Armen breitbeinig gegenüber von Rafael standen, tauschten einen vielsagenden Blick. Sie rollten so provokativ mit den Augen, dass Rafael am liebsten etwas nach ihnen geworfen hätte. Wer so frech war, der konnte bestimmt auch einen Tacker mit dem Kopf fangen. Er seufzte resigniert, war aber noch nicht bereit aufzugeben.

»Benutzt die neu gedruckten Aufkleber nicht zum flirten, die waren teuer. Jeder Kunde kriegt nur einen davon, auch die schnuckeligen Männer. Und bitte, tut mir den Gefallen und spielt auf keinen Fall in Anwesenheit der Kunden mit den Kindersignalhupen. Entgegnet auf jede Frage, die ihr gestellt bekommt: *Das kann ihnen der Chef gerne am Montag persönlich beantworten* und es wird kein Kaugummi gekaut!«

Seine Augen flatterten unsicher von einem Zwilling zum anderen und als eine Antwort ausblieb, fragte er ungeduldig: »Verstanden?«

Michelle hob belustigt ihre rechte Augenbraue und erwiderte in gespielt strengem Tonfall, der wohl dem von Rafael ähneln sollte: »Das kann ihnen der Chef gerne am Montag persönlich beantworten.«

Lisa, deren Grinsen im Laufe der Unterredung immer breiter geworden war, begann nun laut loszuprusten. Michelle konnte ebenfalls nicht mehr an sich halten und fiel ihrer Schwester laut lachend in die Arme.

Rafael warf verzweifelt die Hände in die Luft und kehrte dem gackernden Weibsvolk den Rücken. Was hatte er nur getan? Er hatte das Wichtigste in seinem Leben zwei geistigen Teenagern, die sein Heiligtum vermutlich zu einer Karaoke-Bar umbauten, sobald er mit seinem Wagen um die nächste Ecke bog, anvertraut. Bis vor wenigen Tagen war dieser Laden das einzig Bedeutende in seinem Leben gewesen. Er hatte für nichts anderes Zeit und Lust gehabt und nun überließ er ihn einfach seinem Schicksal. Und wofür das alles? Für eine Frau! Für zwei Frauen, um genau zu sein.

Corinna hatte letzten Samstag so lange auf ihn eingeredet, bis dieser ihr das Versprechen gegeben hatte, dass er auch wirklich sicher mitkommen würde. Sie musste seinen Widerstand förmlich gerochen haben, denn sie betonte bei jedem zweiten Satz, wie wichtig seine Anwesenheit für sie wäre, dass man ja an diesem Abendessen sehen könne, wie gut er ihr täte und dass sie unbedingt moralische Unterstützung bräuchte, wenn es um eine Gegenüberstellung zwischen ihr und ihren Eltern ginge.

Mit finsterer Miene schüttelte er den Kopf über sich selbst, als er in seinen Wagen stieg und die Adresse dieser österreichischen Hütte in sein Navi eingab.

Gerade im Winter lief das Geschäft ohnehin so schlecht, da konnte er sich derlei Experimente eigentlich gar nicht leisten. Für die Inventur und die Feiertage gingen genug Verkaufstage drauf. *Es ist ja nur für fünf Stunden*, versuchte er sich zu beruhigen. Der Gedanke daran, Nadine wiedersehen zu können, war jede Minute wert.

Nadine … Diese Frau brachte ihn derart durcheinander, dass er seine ohnehin ausgeprägte Impulsivität in ihrer Nähe überhaupt nicht mehr unter Kontrolle hatte. Nachdem sie bei ihrer letzten Begegnung in Corinnas Haus zuerst eine krasse Ansage gemacht und danach aus dem Wohnzimmer gestürmt war, musste er seine ganze Willenskraft aufbringen, um ihr nicht nachzulaufen. Er hätte sie am liebsten sofort in seine Arme gezogen und dieses schändliche Missverständnis aufgeklärt. Doch er hatte sich zur Ruhe gemahnt und eine weitere Stunde dazu gezwungen, ein guter bester Freund zu sein. Als er sie allerdings wenig später in der Küche gesehen hatte, wie sie so verloren und mitgenommen in ihrem Dessert herumgerührt hatte, da hatte er all seine gut gemeinten Absichten und Vorsätze kurzerhand über Bord geworfen und ihr offen ins Gesicht gesagt, was er wirklich dachte und empfand. Na ja, genauer gesagt, hatte er es in ihr Haar gesagt. *Diese Haare* … energisch schüttelte er den Gedanken an ihren Duft und ihre wahnsinnige Anziehungskraft ab und versuchte sich auf die weniger betörenden Erinnerungen zu konzentrieren. Da war zum Beispiel dieses kleine Geschöpf, das Nadine nie länger als fünf Minuten aus den Augen lies. Nadine würde es nie ohne Fynn geben. Eine Patchworkfamilie gehörte nicht in seinen Lebensplan. Er hatte weder die zeitlichen noch die nervlichen Kapazitäten dazu. Mal abgesehen davon, dass Fynn nicht irgendein Kind war. Er war der Sohn des Bruders seiner besten Freundin. Und er mochte sowohl seine beste Freundin, als auch deren Bruder verdammt gerne. Wie sollte er es je mit seinem Gewissen vereinbaren, sich in diese Familie zu drängen?

Aber er fühlte, was er eben fühlte und der Wunsch, Nadine nahe zu sein, reduzierte die Relevanz der gegebenen Rahmenbedingungen auf die Größe eines Marienkäfers.

»Verdammter Mist!«, bellte Rafael aufgebracht und schlug seine Handfläche mit voller Wucht mehrfach gegen das Lenkrad. »Mist! Mist! Mist!«

Er war so aufgeregt wie ein kleiner Schuljunge, fühlte sich unsicher und ratlos. Das passte ihm überhaupt nicht in den Kram und er verfluchte sich gedanklich dafür, als er auf die Autobahn fuhr. Hinzu kam das schlechte Gewissen Corinna gegenüber, weil er den Drang Nadine nahe zu sein, als Fürsorge ihr gegenüber verkaufte. In Wirklichkeit waren seine Absichten alles andere als ehrenhaft.

Kapitel 12

Beate und Klaus Seifert waren mit ihrem Sohn und ihren beiden großen Enkeln nach Fügen in die Innenstadt gegangen, um einen großen heißen Kakao zu trinken und hatten Corinna und Nadine mit Fynn alleine auf der Hütte zurückgelassen. Corinna hatte sich mit ihrem Liebeskummer zusammen in ihr Zimmer eingeschlossen und Nadine genoss nun die besinnliche Ruhe des Ortes und die ungestörte Zeit mit Fynn. Gemeinsam saß sie mit ihrem Sohn auf der holzverkleideten Terrasse und genoss die Aussicht auf die Berge und die klare Luft. Sie reckte ihr müdes Gesicht in die Sonne und schloss genüsslich die Augen, während Fynn mit Straßenkreide den Boden verzierte.

Torsten hatte dieses alte Mehrfamilienhaus auf Davids Empfehlung hin gebucht. Nadine war zuerst skeptisch gewesen, ob es ihr hier so hoch oben in der Kälte gefallen würde, doch jetzt war sie begeistert. Im Wohnzimmer gab es einen Kamin und die Küche war riesig. Die Inneneinrichtung war altbäuerlich und rustikal und versprühte mit seinem ländlichen Charme jede Menge Verheißungen auf Idylle und Erholung. Es war zwar in der Tat klirrend kalt, doch die Sonne zeigte sich großzügig und sorgte für einen erträglichen Ausgleich, sobald man aus dem Schatten heraustrat.

Nadine hatte sich eine Decke um ihre Hüfte geschlungen und musste sich zwingen, nicht wegzudösen. Die letzte Nacht war anstrengend gewesen. Fynn war mehrmals hochgeschreckt und nachdem sie ihn wieder beruhigt hatte, brauchte sie eine Ewigkeit, um selbst wieder einzuschlafen. Sie hoffte inständig, dass sich Fynn in dieser fremden Umgebung wohl genug fühlte, um erfolgreich durchzuschlafen. Noch so eine Nacht würde sie nicht überstehen.

Die Schlafräume waren jedenfalls geräumig und gut geheizt, sodass die Chancen auf eine angenehme Nacht gut standen. Für Corinnas Jungs gab es ein kleines Zimmer mit Stockbetten und für die drei Pärchen jeweils ein größeres mit Doppelbett. Corinna hatte sich kurzerhand eine Matratze geschnappt und war in das Zimmer ihrer Söhne gezogen. So hatte Rafael sein eigenes Zimmer. Wenn er denn auftauchte. Nadine hatte sich bis jetzt nicht getraut, Corinna nach Rafael zu fragen. Also hatte sie keine Ahnung, ob er noch kurzfristig eine Ausrede gefunden hatte, dieser Hütte fern zu bleiben oder nicht. Bei dem Gedanken an ihn biss sie sich verzagt auf die Unterlippe. Für sie würde das Wochenende eine emotionale Mission Impossible werden, völlig gleichgültig ob er auftauchte oder nicht. Fragte sich nur, welche Alternative schwerer zu verkraften war. Seine Nähe fürchten, oder missen …

Sollte er wirklich auftauchen, würden sie allerdings nicht viel Gelegenheit haben, einander näher zu kommen, denn vorerst müsste er an Beate und Klaus vorbei. Diese würden sein Erscheinen nicht so einfach hinnehmen und ihn ordentlich ins Verhör nehmen. Von Corinna konnte er keine Hilfe erwarten, schließlich hatte sie ihn extra wegen den Beiden herbeordert. Beate und Klaus Seifert waren trotz ihres stolzen Alters jung gebliebene Großeltern, voller Elan und glasklar im Kopf. Sie würden sofort eins und eins zusammenzählen, wenn er hier auftauchte und dann würde es das gesamte Wochenende lang eine Grundsatzdiskussion über das Thema Scheidung geben. Nadine schmunzelte bei der Vorstellung, wie die kleine Frau Seifert den groß gewachsenen Rafael über ihren Brillenrand hinweg mustern und dabei missbilligende Schnalzgeräusche mit der Zunge machen würde. Herr Seifert würde sich wie immer hinter seiner Zeitung verstecken (damit man ihn nicht ansprechen und entdecken konnte, dass er kaum noch etwas hörte, von dem, was man zu ihm sagte) und bestimmt einen Monolog zum Thema Ehebruch ablassen. Oder er würde schweigend zwischen Toilette und

Wohnzimmer hin und her pendeln, denn seine Prostata war im Gegensatz zu seinem Verstand zeitgemäß gealtert. Nadine hatte dieses alte Paar über die Jahre in ihr Herz geschlossen. Sie gingen sehr liebevoll mit ihren Enkeln um und Nadine bedauerte es sehr, dass sie so weit weg wohnten. Für Fynn wäre ein engerer Kontakt mit Sicherheit eine Bereicherung gewesen. Auch wenn Beate Seifert immer die Art von Geschenken dabei hatte, die Nadine ihrem Sohn niemals freiwillig in die Hand drücken würde (leicht verschluckbare Luftballons, Bonbons mit giftigen Farbstoffen, kleine gehörschädigende Tröten), Beate bemühte sich so liebevoll um ihre Enkel, dass diese Frau absolute Narrenfreiheit bei ihr hatte.

Nadine öffnete die Augen, als sie etwas Feuchtes auf ihrer Hand spürte. Fynn hatte sich zu ihr hinüber gerobbt und malte nun mit der angesabberten Kreide auf ihrem Handrücken herum. Sie verzog etwas angewidert das Gesicht, als sie den kreideverschmierten Mund ihres Sohnes sah. Mit einem übermütigen Lachen schnappte sie den kompakten Kleinkindkörper, zog ihn zu sich auf den Schoß und kitzelte ihn kräftig. Fynns Rücken bog sich, bei dem Versuch seiner Mutter zu entkommen, wie eine Banane durch und sein Quietschen hallte bis ins Tal hinunter.

Nadine betrachtete ihren Sohn, der so unbeschwert und glücklich in ihren Armen zappelte und war zuversichtlich.

Sie hatten einander. Alles würde gut werden.

***

Die Familie war gegen Abend wieder komplett in der Hütte versammelt. Sie hatten alle das schöne Wetter genutzt und auf der Terrasse zu Abend gegessen. Eine Feuerschale neben zwei Bierbänken im Gras lud zu einem anschließenden Lagerfeuer-Event ein. Besonders Corinnas Söhne waren begeistert von dieser Idee und machten sich sogleich daran,

geeignetes Holz für ein gigantomanisches Riesenfeuer auf-
zutreiben. Während sie lachend durch die Feldwege tollten,
träumten sie von gegrillten Marshmallows und spannenden
Gruselgeschichten.

Herr Seifert bereitete für alle einen heißen Glühwein nach
seinem persönlichen Geheimrezept zu und so waren alle versorgt, als die Nacht auch das letzte Fünkchen Restwärme verschluckte. Nur Torsten war auf Tee umgestiegen, da er sich,
seit sie aus der Stadt zurückgekehrt waren, kränklich und
unwohl fühlte. Nadine hatte sich mit Schal und Daunenjacke
bewaffnet und freute sich schon sehr auf das versprochene
Feuer. Fynn schlief bereits und so baumelte das Babyfon um
ihren Hals, wie die Glocke bei einer Kuh auf der Alm.

Nachdem Torsten mit Müh und Not ein kleines Feuerchen
gezaubert hatte, saßen nun alle entspannt – und vom Tag
erschöpft – davor und starrten in die lodernden Flammen.
Tim und Jonas lagen mit ihren müden Köpfen im Schoß ihrer Mutter, Torsten lehnte sich mit geschlossenen Augen an
Nadines Schulter und Frau Seifert summte leise Lieder vor
sich hin, die Nadine nicht kannte. Herr Seifert hatte sich bereits vor einer viertel Stunde ins Hausinnere verabschiedet.
Er genoss, ebenso wie Nadine, Phasen der Einsamkeit und
war ihr deshalb auch so ans Herz gewachsen.

Als Nadine hörte, wie ein Wagen die Straße nach oben
fuhr, wusste sie sofort, dass er es war. Ihre Kopfhaut fing an
zu prickeln und sofort spannten sich ihre Muskeln an. Fröstelnd zog sie sich den Schal über Mund und Nase. Ihr offenes
Haar fiel ihr wirr ins Gesicht, sodass beinahe nur ihre vor
Erwartung funkelnden Augen zu sehen waren.

Corinna sprang auf, sobald sie das Auto in der Einfahrt erkannt hatte und lief direkt auf Rafael zu. Sie legte ihre ganze
Erleichterung in die folgende Umarmung und riss ihn mit ihrem Gefühlsausbruch fast zu Boden. Er schlang seine Arme
um sie und hob sie dabei stürmisch in die Höhe. Sein Kopf

über ihrer Schulter starrte zu dem Feuer hinüber und suchte hinter den Flammen die Gesichter ab. Bei Nadine blieb er hängen und fixierte sie eine innige Sekunde lang, bis er Corinna wieder abgesetzt hatte. Bereitwillig ließ er sich von Corinna an der Hand zum Versammlungsort der Seiferts führen und begrüßte dort der Reihe nach alle mit formvollendeter Höflichkeit. Frau Seifert umarmte ihn herzlich zur Begrüßung und fragte ihn sogleich interessiert über sein jetziges Leben aus. Er setzte sich zwischen die alte Dame und Corinna und begann geduldig von seinem Fahrradgeschäft zu erzählen.

»Das ist ja toll, mein Junge«, lobte Frau Seifert und tätschelte mütterlich Rafaels Hand. Dieser wartete wieder einmal mit seinem Hammerlächeln auf und erkundigte sich:

»Wie geht es Ihren Rosenstöcken, Frau Seifert? Blühen sie immer noch so herrlich wie damals? Sie hatten ja schon immer einen grünen Daumen.«

Belustigt stellte Nadine fest, dass Frau Seiferts Gesicht in Rafaels Gegenwart ganz weiche Züge bekam. Sie erwiderte sein Lächeln auf beinahe schelmische Art und Weise und schenkte ihm einen Augenaufschlag, der Nadine erröten ließ. Schnell versteckte sie ihre Gedanken hinter ihrem Schal und lenkte den Blick auf die dampfende Tasse in ihrer Hand. Sie drehte das wärmende Keramik nachdenklich in ihrer Hand und fragte sich, ob sich Rafael seiner Macht, die er über das weibliche Geschlecht hatte, bewusst war. Mit seiner gewinnenden und wertschätzenden Art hatte er die Gabe, jeder Frau das Gefühl zu verleihen, besonders und wundervoll zu sein. Dieses Bewusstsein weckte ein Gefühl in ihr, das sie nicht zu deuten wusste.

Sie beobachtete Rafael über den Rand ihrer Tasse hinweg. Er wirkte immer so ausgelassen, so unbeschwert. Bei ihm sahen Herausforderungen wie Kommunikation und Geselligkeit so einfach aus. Das war genau die Kategorie, in der Nadine noch nie glänzen konnte. Augenkontakt kostete sie unheimliche

Überwindung und Smalltalk raubte ihr jegliche Energie. Die meiste Zeit beobachtete sie die Leute nur und hielt sich vorwiegend im Hintergrund. Die einzige Person bei der sie sich rundum wohl fühlte, war Fynn. Bis jetzt zumindest.

Nachdem Rafael mit seinen Geschichten die ganze Runde unterhalten hatte, fingen die Jungs in Corinnas Schoß langsam an zu jammern und Frau Seifert erklärte sich bereit, die beiden ins Bett zu bringen. Torsten, der ohnehin bereits dem Halbschlaf verfallen war und Nadines Daunenjacke hingebungsvoll ansabberte, schloss sich spontan an. Wortlos reichte Nadine ihm das Babyfon und wünschte ihm eine gute Nacht.

Da waren sie also nur noch zu Dritt, stellte Nadine fest und spürte, wie die Nervosität sie packte. Rafael neben Corinna auf der einen Seite und sie auf der anderen Seite des Feuers. Vorsichtig stellte sie ihre Tasse neben sich ab, so als wolle sie diesen Platz für ihren imaginären Freund frei und die anderen beiden von sich fern halten und streckte ihre Hände den Flammen entgegen. Genüsslich saugte sie die Wärme in sich auf und versuchte angestrengt, die andere Seite nicht zu offensichtlich anzustarren.

Corinna hatte Rafael eine Tasse Glühwein organisiert und sich eine weitere Portion nachgeschenkt. Es dauerte nicht lange, da fing sie bereits an zu lallen. Nadine konnte erkennen, wie ihre Augenlider gegen die Schwerkraft kämpften. Die Schwerkraft lag punktemäßig klar vorne, stellte sie besorgt fest und schob sich unbewusst ihren Schal vom Gesicht und eine Haarlocke zwischen die Lippen.

Rafael schien ihre Veränderung ebenfalls zu bemerken, denn er erkundigte sich interessiert, während er tröstlich seinen Arm um sie legte:

»Wie geht's dir Corinna? Besser als letzte Woche?«

Das hätte er lieber nicht fragen sollen, denn Corinnas Selbstbeherrschung löste sich mit dieser Frage in depressives Nichts auf.

»Er fehlt mir so«, gab sie kopfschüttelnd zu und die ersten Tränen rollten über ihr Gesicht. Rafaels Blick huschte flüchtig über Nadines peinlich berührtes Gesicht. Beide wussten nicht, was sie darauf erwidern sollten und es entstand eine Pause betretenen Schweigens. Rafael zog eine Packung Taschentücher aus seiner Gesäßtasche und reichte sie Corinna. Diese schnäuzte sich geräuschvoll, bevor sie erzählte:

»Jan hat mir all das gegeben, was ich bei Philip so schmerzlich vermisst hatte, ohne es wirklich vorher gemerkt zu haben, verstehst du? Ich hatte das Gefühl, dass er mich gesehen hat, wie ich wirklich bin. Er hat meine Seele auf eine Art und Weise berührt, die ich nicht mit Worten beschreiben kann. So, als könnte ich seine Anwesenheit erspüren und gleichzeitig das fühlen, was er fühlt. Beinahe so, als könnten unsere Herzen unabhängig von unseren Körpern miteinander kommunizieren.«

Nadine, die gerade in Corinnas Worten verpackt, ihre eigenen Gefühle präsentiert bekam, blickte mit offenem Mund und ungeschminkter Fassungslosigkeit zu ihrer Schwägerin hinüber. Das traf den Kern der Sache mit einer derartigen Präzession, dass Nadine hörbar schlucken musste.

»Durch ihn habe ich mich so vollständig gefühlt«, fuhr Corinna fort, ohne zu merken, was sie mit ihren Worten bei den anderen auslöste.

»Es herrschte so eine innere Ruhe, so eine tiefe Zufriedenheit, wenn wir zusammen waren. Zeitlos, bedingungslos, wertfrei. Es relativierte einfach unsere komplette Gegenwart, wenn wir Zeit miteinander verbrachten.« Gedankenversunken starrte sie in die Flammen, während Rafaels Blick in dem von Nadine sein Ziel fand. Für eine perfekte Sekunde lang verschwanden sie in den Augen des anderen. Rafaels Augen wanderten zärtlich über Nadines Gesicht und blieben schließlich begehrlich glänzend an ihrem Mund hängen. Nadine leckte sich bei dieser intensiven Berührung, die im Grunde keine war, über die Lippen. Es war wie ein Kuss mit den Augen und sie konnte spüren, wie ihr die Hitze in die Wangen schoss.

Ohne den Blick von Nadine abzuwenden fragte Rafael seine Freundin:

»Soll ich dich nach oben bringen?«

Nadines Augen weiteten sich erschrocken. Als sie hilflos mit ansah, wie sich Rafael und Corinna von der Bank erhoben, sich mit knappen Worten verabschiedeten und anschließend die Treppen zum Haus hinauf verschwanden, da war sie derart verwirrt, dass sie weder wusste, was sie jetzt denken, noch was sie fühlen sollte.

Sie seufzte tief und griff nach ihrer fast leeren Tasse. Gedankenverloren atmete sie den Geruch von Wein und Zimt ein und starrte gebannt in die Flammen vor sich. Ihre Nerven vibrierten vor Anspannung als sie an den intensiven Moment zwischen ihr und Rafael zurückdachte.

»Das wird ein krasses Wochenende«, murmelte sie in ihre Tasse hinein.

»Da könntest du recht haben«, erklang eine Stimme direkt neben ihr.

Nadine wich das Blut aus dem Gesicht. Mit einem dumpfen Aufprall landete ihre Tasse auf der Erde zu ihren Füßen und verteilte in künstlerischer Freiheit die Reste des Glühweins auf ihrem Hosenbein. *Wieso musste er sich immer an sie heranschleichen wie ein Ninja?* Rafael, der jetzt direkt neben ihr stand, beugte sich in einer lässigen Bewegung nach vorne und reichte ihr mit einem frechen Lausbubengrinsen ihre Tasse. Sein Knie war so nah an dem ihren, dass sie die Hitze, die er ausstrahlte, leicht spüren konnte. Mit weit aufgerissenen Augen starrte sie zuerst in sein Gesicht und dann auf die Tasse. Zögerlich nahm sie das lädierte Geschirr an sich und wisperte ein tonloses »Danke« in seine Richtung. Er setzte sich genau dort hin, wo noch vor Kurzem ihr Glühwein gesessen hatte und stützte sich in einer grüblerischen Geste mit den Ellenbogen auf seinen Oberschenkeln ab. Sie konnte aus den Augenwinkeln erkennen, wie er sich mit der rechten Hand den Nacken rieb und in das Feuer vor sich starrte. Genau so, wie sie es vor wenigen Augenblicken noch getan hatte.

So saßen sie eine Weile schweigend nebeneinander und sahen der Glut beim Atmen zu. Kleine Funken stahlen sich mit dem Wind davon, um auf dem Weg zu den Sternen mit der Nacht zu verschmelzen. Die Stille verlieh dem Moment etwas Magisches und Nadine merkte, wie sich die Wogen ihres Nervenkostüms langsam wieder glätteten. Nur das gelegentliche Knacken des trockenen Holzes erinnerte daran, dass die Zeit nicht stehengeblieben war.

Er lehnte sich etwas zurück, sah sie allerdings immer noch nicht an, als er fragte:

»Corinna geht es echt mies, oder?«

Nadine zuckte leicht mit den Schultern. »Es könnte schlimmer sein«, antwortete sie lapidar. »Torsten hat für sie die Drecksarbeit übernommen und ihren Eltern von der Scheidung und von Jan erzählt. Das hat ihr bisher einiges an Drama erspart. Zumindest haben sie sie noch nicht darauf angesprochen.«

Nadine schluckte geräuschvoll, als sie seinen Blick auf sich spüren konnte. Verlegen klammerte sie sich an ihrer Tasse fest und scharrte ein wenig mit ihren Füßen in der trockenen Erde. Als sie sein Schweigen nicht mehr länger ertrug, wagte sie einen kleinen Vorstoß in puncto Konversation.

»Was hast du denn jetzt wegen morgen mit deinem Laden gemacht?«, erkundigte sie sich und versuchte dabei ganz gelassen zu klingen.

»Meine Cousinen«, brummte er unglücklich.

»Es ist bestimmt nicht leicht für dich gewesen, etwas das so einen dominanten Platz in deinem Herzen hat, einfach in fremde Hände abzugeben.«

Sein Kopf schnellte erschrocken in ihre Richtung, als hätte sie ihn mit Matsch beworfen. Der Blick, den er ihr zuwarf, war schwer einzuordnen. Er konnte sowohl Ärger, als auch Betroffenheit bedeuten.

»Nicht, dass ich das deinen Cousinen nicht zutraue«, versicherte sie schnell und hob beschwichtigend ihre freie Hand.

»Also ich kenne sie ja auch gar nicht …«

Sein Lächeln ließ sie verstummen. *Okay, kein Ärger*, urteilte sie im Stillen und musste erneut schlucken, als ihr bewusst wurde, dass seine Augen erneut an ihren Lippen hängen geblieben waren. Hektisch wandte sie sich wieder der Lichtquelle neben sich zu und meinte:

»Deine Familie ist sicher sehr stolz auf dich.«

Er bedachte ihren Kommentar mit einem freudlosen Lachen und sein Mund bekam einen bitteren Zug, als er entgegnete:

»Meine Eltern sind alles andere als begeistert von meiner Entscheidung, mich selbstständig zu machen. Sie warten im Grunde genommen nur darauf, dass ich mit meinem Enthusiasmus auf die Nase fliege, damit sie mir ihren Wir-habens-dir-doch-gesagt-Text pressen können. Ständig liegen sie mir in den Ohren, dass ich etwas Vernünftiges aus meinem Leben machen soll.« Er untersetzte das Wort »Vernünftiges« mit einem verächtlichen Tonfall.

»Sie haben nie wirklich verstanden, wie wichtig mir dieser Laden ist. Genauso wenig, wie sie verstanden hatten, wie wichtig ihre Unterstützung für mich gewesen wäre.«

Er malte eine Weile mit seiner Schuhspitze kleine Rillen in den Boden und runzelte dabei angestrengt die Stirn.

»Als Kind hatten sie mir immer gesagt, dass ich das machen soll, was mich glücklich macht. Und als ich's dann tatsächlich gemacht habe, da waren sie außer sich.« Wieder schnaubte er verächtlich in die anonyme Schwärze der Nacht und schüttelte dabei kaum merklich den Kopf.

Nadine verkniff sich das »Tut mir leid«, das ihr auf der Zunge lag, denn es würde nur abgeschmackt klingen und niemandem weiterhelfen. Stattdessen versuchte sie ihn ein wenig auf andere Gedanken zu bringen.

»Ich bin ja eher ein Roller-, als ein Fahrrad-Fan«, gestand sie und versuchte sich an einem aufmunternden Lächeln.

»Früher bin ich mit meiner alten Vespa überall hingefahren. Das ist jetzt schon der zweite Sommer in dem ich auf sie verzichten muss.«, erklärte sie und seufzte dabei wehmütig.

»Zuerst, weil ich mit Fynn schwanger war. Meine Güte, mit diesem Monsterbauch hätte ich nicht einmal mehr aufsteigen können, geschweige denn fahren! Ich sah aus wie ein Besenstil, dem man einen Medizinball vorne drangeklebt hat.« Sie lachte bei dieser Erinnerung verhalten auf.

»Und diesen Sommer war Fynn einfach noch zu klein.« Als sich ihre Blicke ein weiteres Mal trafen, schrak sie ertappt vor seinen sanftmütigen Augen zurück. Sie hatte gerade erschreckend viel von ihrem wahren Ich preisgegeben und fühlte sich auf seltsame Weise nackt und schutzlos. Ohne es zu merken, hatte sie sich ihm geöffnet und war für einen flüchtigen Moment ganz sie selbst gewesen. Ungelenk rieb sie sich mit ihrer rechten Hand über ihren linken Arm und richtete ihr Augenmerk auf das neutrale Element vor ihnen. Beherzt legte sie ihre Alibi-Tasse neben sich auf der Bank ab.

»Du trägst gar keinen Ehering«, bemerkte er mit einer künstlichen Beiläufigkeit, die Nadine in ihren Schal schmunzeln ließ.

»Torsten und ich sind nicht verheiratet«, gab sie offen zu. »Ich sehe keinen Sinn darin, aber dafür umso mehr unnötigen Aufwand.« Zu ihrer eigenen Überraschung stellte sie fest, dass in ihrer Aussage ein gereizter Unterton mitschwang. Sie hatte nicht vor gehabt, derart offen Stellung zu diesem Thema zu beziehen.

Rafael ließ mit spielerischer Leichtigkeit seine Hand unter ihre gleiten und tat mit fachmännischer Miene so, als würde er ihre Hand nur neutral begutachten wollen.

»Hast du mit deinen langen Fingern jemals daran gedacht Klavier zu spielen?«, fragte er mit der Sachlichkeit eines Talentscouts.

Nadine, deren Hand sich wie elektrisiert über der seinen anfühlte, entzog sich schnell dieser intensiven Berührung und legte ihre Hand reglos in ihren Schoß.

Ein schwaches Aufblitzen tief verborgener Erinnerungsfetzen verlieh ihren Augen ein kummervolles Aussehen.

»Ich hätte tatsächlich sehr gerne Klavier gelernt«, gab sie zu und fixierte dabei die Hand in ihrem Schoß, die seiner gerade noch so nahe gewesen war.

»Als ich in die zweite Klasse ging, da hatte ich eine Freundin, die sehr gut spielen konnte. Ich durfte ihr manchmal beim Üben zusehen. Aber meine Mutter … Es hat sich irgendwie nie ergeben.« Unwillig schüttelte sie ihren Kopf. Seine Gegenwart löste in ihr aus, dass sie anfing zu plappern, ohne nachzudenken.

Sie hielt grundsätzlich nichts davon, andere Leute mit ihrer Lebensgeschichte zu langweilen. Sie sah keinen Nutzen darin, die Sensationsgier anderer Leute mit ihrer Vergangenheit zu füttern. Das hatte für sie nichts mit Ehrlichkeit zu tun. Sie äußerte ihre Meinung, wenn sie danach gefragt wurde – wenn auch nicht sonderlich gerne. Aber zu zeigen, wofür man steht und zu zeigen, wer man ist, waren für sie zwei verschiedene Dinge und sie sorgte gewissenhaft dafür, beides voneinander zu trennen. *Sei stark, sei unauffällig.* Sie hatte dieses Mantra bis in die Haarspitzen verinnerlicht und perfektioniert. Doch Rafael stellte all ihre Vorsätze und Grundprinzipien auf den Kopf.

Sie presste ihre Lippen fest aufeinander und sah zu ihm hinüber. Das warme Licht der Flammen wurde von seinen karamellbraunen Augen reflektiert und ließen sie leuchten wie Herbstlaub, in dem sich die Abendsonne bricht. Seine halblangen Haare hingen ihm wild in die Stirn und warfen mit

Hilfe der zuckenden Flammen tänzelnde Schatten auf sein Gesicht. Er hatte wieder diesen weichen Gesichtsausdruck, aber diesmal lächelte er nicht. Er versank für die Unendlichkeit einiger Sekunden mit seinen Augen in ihren und Nadine hatte das Gefühl, dass er durch ihre verschlossene Miene hindurch, direkt auf den Grund ihrer Seele blicken konnte. Sie konnte spüren, wie sein Herz das ihre auf unerklärliche und wunderschöne Weise berührte und fühlte sich auf magische Weise geschützt und zufrieden. Wie hypnotisiert saugten sich ihre Augen an seinen fest und als gäbe es zwischen ihnen eine unzähmbare gravitative Anziehungskraft, bewegten sich ihre Körper kaum merklich, aber dafür stetig, aufeinander zu. Als ihre Nasen kaum mehr als einen Finger breit voneinander entfernt waren, da landete plötzlich eine kleine Schneeflocke auf seiner Wange.

Nadine wich ein wenig zurück und beobachtete, wie die kleine Eisblume auf seiner warmen Haut zu einem winzigen Tropfen zerfiel. Schnell waren viele weitere hinzugekommen und sie reckte blinzelnd ihren Kopf gen Himmel. Mit kraus gezogener Nase, offenen Handflächen und verzogenen Mundwinkeln begrüßte sie die Ankunft des ersten Schnees in diesem Winter.

***

Rafael saß am nächsten Nachmittag neben Torsten auf der Couch und starrte angespannt in den Fernseher. Die Sonne stand bereits tief und warf lange Schatten in den gemütlichen Wohnraum. Torsten lag verschnupft und fiebrig unter einer dicken Decke begraben und war kurz vorm Einschlafen. Rafael, der ihm hin und wieder Tee nachschenkte und sich nach seinen Kopfschmerzen erkundigte, tat so, als würde er sich auf die laufende Serie konzentrieren. In Wirklichkeit aber war er mit seinen Gedanken seinem Herzen gefolgt und das war bei Nadine. Seit diesem unbeschreiblichen Moment, den sie gestern Abend gemeinsam am Feuer erlebt hatten, konnte er an nichts anderes mehr denken. Die halbe Nacht war er wach gelegen und hatte an die Zimmerdecke gestarrt. Diese Frau faszinierte ihn. Mit ihren zwei Gesichtern wirkte sie sehr geheimnisvoll. Wenn sie sich beobachtet fühlte, wirkte sie so beherrscht und anmutig. Aber wenn sie für einen Moment vergaß, wo sie war, dann ließ sie einen direkt in ihre Seele blicken. Diese Augenblicke waren unbezahlbar und Nadine selbst einfach umwerfend. Es war genau so, wie damals in der Bar, als sie so unbeschwert mit ihrem Essen gespielt hatte. Beinahe so, als würde sie sich vor seinen Augen in einen komplett anderen Menschen verwandeln.

Aber auch mit ihm war etwas geschehen an diesem Abend. Er hatte ihr von seinen Eltern erzählt. Dabei war er doch der lockere, unkomplizierte Typ. Das war seine Rolle. Seine verletzliche Seite zeigte er eigentlich nie jemandem. Bei Frauen kam so etwas nicht gut an und bei seiner Kundschaft wären solche Äußerungen unangebracht. Nadine hatte ihm mit ihrer Aussage über seinen Laden, das Gefühl gegeben, als könne sie genau verstehen, wie er sich fühlte. Beinahe so, als hätte sie sein wahres Ich erkannt und wie einen Spiegel zu ihm zurückgeworfen. Da hatte er einfach sein Innerstes nach außen gekehrt, ohne nachzudenken.

Am nächsten Morgen, bei nüchterner Betrachtung, war ihm diese seelische Entblößung allerdings doch etwas peinlich gewesen, weshalb er ihr den ganzen Vormittag, als sie in der Küche eine Torte für Fynn gebacken hatte, aus dem Weg gegangen war. Stattdessen hatte er einen Kontrollanruf bei seinen Cousinen getätigt, um zu checken, ob diese auch pünktlich aufgesperrt und soweit alles im Griff hatten. Anschließend kontrollierte er mit unterdrückter Rufnummer, ob sie sich auch an sein erteiltes Handyverbot hielten (was sie natürlich nicht taten) und gesellte sich dann zu Corinna und ihren Söhnen, die sich ihre Zeit damit vertrieben, einen Schneemann aus dem gestern gefallenen Schnee zu bauen. Offensichtlich hatte es die ganze Nacht hindurch geschneit, denn der gesamte Berg war unter einer dicken Schneeschicht begraben.

Gegen Mittag hatte er sich dann wieder soweit im Griff gehabt, dass er sich einem geplanten Spaziergang mit der ganzen Familie gewachsen fühlte. Ziel war ein Wasserfall ganz in der Nähe, zu dem man angeblich direkten Zugang hatte. Der wurzeldurchsetzte Pfad dorthin war steil und durch den gestrigen Schneefall gefährlich rutschig. Torsten hatte Fynn in einer Rückentrage bei sich und bildete die Vorhut. Beate und Klaus Seifert hatten mit der verkaterten Corinna das Schlusslicht gebildet, während Tim und Jonas wie kleine Duracellhasen hin und her sprangen. Als sie sich langsam einer Brücke näherten, auf der man einen guten Blick auf den tosenden Wasserfall hatte, war es passiert. Nadine war an einer herausragenden Wurzel hängen geblieben und ins Straucheln geraten. Rafael war sofort bei ihr gewesen und hatte sie reflexartig aufgefangen. Ihr warmer Oberkörper hatte sich gegen seinen gepresst und sie hatte verschreckt zu ihm aufgeblickt. Ihr Atem streifte zärtlich seine Haut und Rafael konnte ein überraschtes Keuchen nicht unterdrücken. So nah war er ihr noch nie gewesen. Er musste all seine Willenskraft aufbringen, sie wieder freizugeben und eine unbeteiligte Miene aufzusetzen. Der Augenblick zog sich hin. Zu lange, um den Schein zu waren, aber zu kurz, um die Sehnsucht im eigenen Herzen zu stillen. Verlegen hatte sie ihre Jacke glatt gestrichen und war weitergelaufen, als wäre nichts gewesen und er war zu benommen von seinen Gefühlen, als dass er sich auf die Reaktion der anderen hätte konzentrieren können. Eine seltsame Kälte hatte sich auf seinem Brustkorb ausgebreitet, genau dort, wo sie sich ihm entzogen hatte. Verstohlen war er mit seinen Fingerspitzen darübergefahren, bevor er sich wieder in Gang setzte. Es war eine so bittersüße Grausamkeit gewesen, neben ihr zu laufen, ohne sie ein weiteres Mal berühren zu dürfen, dass er sich völlig erschöpft gefühlt hatte, als sie endlich wieder an der Hütte angekommen waren.

Jetzt waren alle in die Therme gefahren und Rafael hatte dankend abgelehnt. Er war bei Torsten geblieben, der sich durch den Spaziergang wieder schlechter fühlte und ausruhen musste. Er hätte nicht gewusst, was er gemacht hätte, wenn er Nadine auch noch in Badekleidung gesehen hätte. Bei diesem Gedanken schüttelte er sogleich nervös den Kopf.

Er war ein impulsiver Mensch. Wenn ihm etwas gefiel, zeigte er das offen und ohne Umschweife. Ganz einfach und unkompliziert. Normalerweise stand er zu all seinen Gefühlen und Taten, also konnte er auch offen damit umgehen. Nur diesmal waren die Umstände so verdammt kompliziert! Diesmal gab es kein richtig oder falsch. Irgendwie war alles richtig und irgendwie alles falsch. Sein emotionaler Zustand war eine konfuse Masse aus Schuldgefühl, Verlangen, Angst und etwas völlig Unbekanntem, das er verspürte, jedes Mal, wenn er sich in Nadines Nähe befand. Sie hatte etwas an sich, das seinen Gemütszustand in hellen Aufruhr versetzte. Aber hier ging es nicht um seinen Gemütszustand, es ging um viel mehr. Es ging hier darum, eine Familie zu schützen. Chaos zu vermeiden. Vernünftig zu sein. Doch das war so völlig gegen sein Naturell, dass jemand, der ihn genauer beobachtete, unmissverständlich seine Absichten gegenüber Nadine erkennen konnte. In der Art, wie er mit ihr sprach, sie ansah – der permanente Wunsch, sie zu berühren. Er war durchschaubar wie eine Kristallvase, weshalb er einfach für Abstand sorgen musste, um Fynns Geburtstag nicht mit einem unkontrollierten Egotrip zu ruinieren. Er hatte sich gestern am Feuer sehr weit aus dem Fenster gelehnt und heute am Wasserfall beinahe die Beherrschung verloren. Er hatte sich fest vorgenommen, ab jetzt mehr Distanz zu wahren.

Wie es mit ihm und Nadine weiterginge, sollte allein ihre Entscheidung sein, beschloss Rafael. Schließlich ging es hier um ihre Familie und nicht um seine. Er wollte sie mit seiner überschwänglichen Art weder drängen noch manipulieren, aber sie anlügen oder sich großartig verstellen, das wollte er auch nicht. Deshalb würde er sich lediglich etwas mehr zurücknehmen, als es seinem impulsiven Naturell entsprach und abwarten, was die Zeit so brachte. Eins war klar, wie dieses Wochenende endete, musste allein von Nadine abhängig bleiben.

Torsten schnäuzte sich neben Rafael und erinnerte diesen, dass er auch noch da war. Rafael mochte Torsten. Außerdem war er Corinnas Bruder und die war bekanntlich seine beste Freundin. Die Freundin des Bruders der besten Freundin zu verführen wäre nicht sehr freundemäßig, dachte er und fügte dieses Argument seiner imaginären No-Go-Liste bei. Ihm entfuhr ein gedehntes Stöhnen und Torsten blickte interessiert zu ihm hinüber.

»Wie geht's dir?«, lenkte Rafael schnell das Thema in eine andere Richtung, um keine unangenehmen Fragen beantworten zu müssen.

Torsten schloss sich Rafaels Seufzer von eben an und richtete sich unbeholfen auf.

»Geht schon«, meinte er achselzuckend und fuhr sich mit der Hand über das Gesicht.

»Ich bin ehrlich gesagt froh, dass ich mich dieses Wochenende etwas zurückziehen kann. Da kommt mir diese Erkältung gerade recht.«

Rafael hob fragend die Augenbrauen und wandte seinen Körper dem von Torsten zu.

»Nadine hat mir vor ein paar Wochen erzählt, dass sie jemanden kennengelernt hat.«

Rafael schluckte geräuschvoll und senkte seinen Blick. *»Diese Frau ist doch wirklich einmalig«*, dachte er mit einer Mischung aus Belustigung und Unglauben und konnte spüren, wie die Hitze in sein Gesicht schoss. Er hoffte inständig, dass Torsten dieser Umstand aufgrund seiner schlechten Verfassung entging.

»Sie geht nie aus. Normalerweise lässt sie den Kleinen keine Sekunde aus den Augen und ist die totale Übermutti«, ereiferte sich Torsten und nahm seine Brille von der Nase.

»Und dann geht sie einmal in so eine komische Bar und lässt sich sofort von irgendeinem dahergelaufenen Typen aufreißen!« Torsten schnaubte verächtlich und rieb sich erschöpft die Nasenwurzel.

»Und jetzt?« Rafael warf seine Frage in einer Vehemenz durch den Raum, dass Torsten beinahe seine Brille fallen gelassen hätte.

»Ich meine, was hat sie noch so gesagt? Liebt sie ihn? Wollt ihr euch jetzt trennen?«

Torstens durchdringender Blick und seine gerunzelte Stirn brachten Rafael augenblicklich zum Verstummen. *Soviel zum Thema weniger Impulsivität.* Verärgert über seine mangelnde Impulskontrolle presste er seine Kiefer fest aufeinander. Torstens Augen bohrten sich unangenehm in die von Rafael, sodass sich dieser schnell abwandte. Er hatte das Gefühl unter einem Felsbrocken begraben zu sein.

Seine Kiefermuskulatur schmerzte bereits, so angestrengt war er damit beschäftigt, sich zu beherrschen. Am liebsten hätte er Torsten bei den Schultern gepackt und jedes einzelne Wort, das Nadine über ihren gemeinsamen Abend verloren hatte, aus ihm herausgeschüttelt. Doch Torsten schwieg.

»Tut mir leid für dich Mann, das muss echt hart für dich sein«, versuchte Rafael das Gespräch wieder in Gang zu bringen. Er musste einfach mehr erfahren. Er hätte sonst keine ruhige Minute mehr.

Zu seiner Erleichterung reagierte Torsten. Wenn auch nur mit einem Schulterzucken.

»Sie hat anscheinend nicht vor, ihn noch einmal wiederzusehen«, erklärte er etwas unwillig. Rafaels heftige Reaktion hatte ihn augenscheinlich etwas verunsichert.

»Sie hat ihn angeblich nicht mal geküsst, aber angepisst bin ich trotzdem irgendwie.« Wieder dieses Schulterzucken.

Rafael saß wie angewurzelt an seinem Platz und starrte Torsten, den Lethargieprofessor, ungläubig an. *Angepisst bin ich trotzdem irgendwie? War das sein Ernst?* Er wäre längst ausgerastet, da war sich Rafael sicher. Wie konnte Torsten nur so cool mit dieser Info umgehen? Plötzlich kam ihm ein Verdacht.

»Aber ihr liebt euch doch noch, oder etwa nicht?« Rafael versuchte diese Frage so beiläufig wie möglich klingen zu lassen und hoffte inständig, dass Torsten nicht in seinem Gesicht lesen konnte, welch entscheidende Bedeutung seine Antwort für ihn hatte.

Torsten wand sich unter dieser Frage. Sein unglücklicher Gesichtsausdruck verriet mehr, als ihm bewusst zu sein schien. Schließlich antwortete er kleinlaut:

»Irgendwie schon.«

Rafael atmete geräuschvoll aus, woraufhin er erneut einen verwirrten Blick von Torsten erntete. Rafael hob entschuldigend seine Augenbrauen. Er hatte gar nicht gemerkt, dass er die Luft angehalten hatte.

Er verkniff sich jede weitere Frage und konzentrierte sich stattdessen auf die mickrigen Antworten, die er aus Torsten hatte herausholen können. »*Sie hat anscheinend nicht vor, ihn noch einmal wiederzusehen*«

Dieser Satz und die Tatsache, dass sie Torsten gegenüber so erschreckend ehrlich gewesen war, zeigten Rafael, dass Nadine etwas an ihrer Beziehung zu Torsten lag. Was bedeutete, dass seine Rolle in dieser Geschichte in die Kategorie Verbotene-Schokolade-während-der-Diätwoche gehörte.

Tief getroffen von dieser Einsicht zogen sich seine Augenbrauen zusammen und er starrte unglücklich auf seine im Schoß liegenden Hände.

Dann hob er seinen Kopf, starrte eine Weile aus dem Fenster und traf schließlich eine Entscheidung.

***

Nadine stand mit der Geburtstagstorte in der Hand mitten in der Küche und rieb sich verstohlen über die Augen. Sie hatte vor Aufregung die letzte Nacht kaum ein Auge zugetan. Ihr Baby war jetzt ein Jahr alt! Sie wollte es immer noch nicht so recht glauben. Hingebungsvoll blickte sie auf das zarte Gesicht ihres Sohnes herab, dessen Augen vor Vergnügen und Erwartung hell leuchteten und stimmte gemeinsam mit den anderen Anwesenden in ein Geburtstagsständchen ein.

Beate Seifert knipste so viele Fotos von Fynn und seinen Geschenken, dass man glauben konnte, sie wolle ein Daumenkino produzieren, Tim und Jonas machten sich über die Torte her, sobald die Kerze darauf ausgepustet war und Fynn saß mit glühenden Wangen inmitten von Geschenkpapier und gab freudige Laute von sich. Er wirkte in dem ganzen Trubel so unbeschwert und rundum glücklich, dass Nadines Augen anfingen vor Rührung zu brennen. Jede ihrer Überlegungen, all ihre gehegten Hoffnungen und Bemühungen galten diesem kleinen Wunder und seinem persönlichen Glück. Zu sehen, dass ihre Mühe Erfolg gehabt hatte, erleichterte sie und erfüllte sie gleichzeitig mit Stolz. Ihre Angst, in ihrem Job als Mutter zu versagen, rückte für diesen Moment in den Hintergrund und sie konnte sich vorbehaltlos mit ihrem Sohn an diesem besonderen Moment erfreuen.

Torsten trat von hinten an Nadine heran und legte seine Hand auf ihre Hüfte. Mit dem Kopf dicht an ihrem Hals sagte er: »Das Bobby-Car von Corinna und meinen Eltern findet er total super.«

Nadine lächelte zustimmend. »Er ist viel zu schnell so groß geworden« wisperte sie, so als hätte sie Angst, Fynn beim Auspacken seiner Geschenke zu stören.

»Ich hab was für dich«, murmelte Torsten geheimnisvoll an ihrer Schulter und sie drehte sich überrascht zu ihm um. Erwartungsvoll hob sie ihre Augenbrauen, als ihr Torsten einen in Zellophan verpackten kleinen Kaktus in die Hand drückte. Mit dem Blick auf diesen kleinen putzigen Stachelknödel gerichtet, protestierte sie etwas halbherzig.

»Heute ist Fynns Geburtstag, nicht meiner.«

»Aber du bist der Grund, warum Fynn überhaupt hier ist. Und dass er so ein tolles erstes Lebensjahr hatte, hat er nur dir zu verdanken. Ich finde, dafür hast du dir auch etwas Kleines verdient.«

Nadine sah Torsten mit offenem Mund und großen Augen an. Sie sammelte schon seit sie ein junger Teenager war Kakteen. Sie bewunderte ihre unverwüstliche Art und ihre Fähigkeiten, mit einem Minimum an Versorgung überleben zu können. Torsten zeigte sich von den vielen kleinen Blumentöpfen, die sich im Laufe der Jahre auf den Fensterbänken gesammelt hatten, immer genervt, weshalb sie sich über seine Geschenkwahl sehr wunderte. Ebenso über den Grund des Geschenks. Denn er hatte sich das ganze letzte Jahr immer wieder darüber beschwert, was für eine klammernde Gluckenmutti sie doch sei. Egal. Sie schüttelte diese Gedanken von sich. Das war jetzt alles unwichtig. Wichtig war, dass er jetzt anscheinend anders dachte.

Sie war so überwältigt von dieser berührenden Geste, dass ihr die Worte fehlten. Sich Mühe zu geben und damit Erfolg zu haben war die eine Sache, aber in seinen Bemühungen gesehen zu werden, noch einmal eine ganz andere. Sie sah Torsten in sein freundlich lächelndes Gesicht und konnte ein Aufschluchzen nicht länger unterdrücken. Stürmisch warf sie sich in seine Arme und ließ ihren Tränen freien Lauf, während er ihr sanft über den Rücken streichelte.

***

Rafael lehnte mit stoischer Miene und mit vor der Brust verschränkten Armen im Türrahmen der Küche und beobachtete, wie sich Torsten und Nadine glücklich in den Armen lagen. Er wusste, dass es das beste Ende für alle Beteiligten war und dennoch brach ihm der Anblick von Nadine in den Armen eines anderen auf grausame Weise das Herz. Er hatte sich gestern bereits, als er in den nächsten Baumarkt gefahren war, um für Torsten den Kaktus zu besorgen, schon beschissen (beinahe wie ein Märtyrer) gefühlt, aber das hier toppte es um Längen. *Du hast dich entschieden,* sagte er grimmig zu sich selbst und stieß sich dann schwungvoll vom Türrahmen ab.

»Hey Jungs, wie siehts aus? Gehen wir Rodeln?«, rief er durch den Tumult in der Küche und verschwand aus dem Zimmer, ohne sich noch einmal umzusehen.

Rafael hatte mit seiner ruckartigen Bewegung Nadines Aufmerksamkeit erregt. Sie schreckte merklich vor der Härte in seinem Gesicht zurück und versteifte sich etwas verunsichert in Torstens Armen. Schlagartig sank ihre Stimmung und sie fühlte sich auf seltsame Weise unbehaglich. Sanft löste sie sich aus der Umarmung und blickte verunsichert auf den leeren Fleck, den Rafaels Erscheinung im Türrahmen hinterlassen hatte. Beklommen rieb sie sich über den Arm und fragte sich, was wohl in seinem Kopf vor sich ginge. Er hatte bei ihrer ersten Begegnung mit seinem sonnigen Gemüt ein schwaches Glimmen in ihre Seele gezaubert, das sich so langsam aber sicher zu einem unkontrollierten Buschfeuer ausgebreitet hatte. Sie konnte spüren, wie sie von Innen heraus zu leuchten begann, wenn sie nur an ihn dachte. Doch seit gestern war keine Gegenseitigkeit mehr in dieser Hinsicht zu erkennen gewesen. Irgendetwas hatte sich verändert. Er hatte sich verändert. Ängstlich konfrontierte sie sich mit dem Gedanken, dass sich sein Interesse an ihr in Gleichgültigkeit gewandelt haben könnte.

Bei Jan und Corinna war es schließlich auch so gewesen. Corinnas Buschfeuer hatte in einem destruktiven Waldbrand geendet und sie war einsam und verlassen in einer kargen

Steppe gelandet, weil sich Jan plötzlich wieder für sein altes Leben entschieden hatte. Romantische Gefühle waren eben lediglich flatterhafte Geschöpfe, die in ihrer Existenz so unbeständig waren wie die Gezeiten. Es lohnte sich nicht, sie über irgendetwas zu stellen. Schon gar nicht über die eigenen Prioritäten.

Rafael hatte keine Kinder, war in einer ganz anderen Situation und lebte sein Leben unter völlig anderen Umständen. Das ließe sich auf Dauer einfach nicht vereinbaren. Sie war in erster Linie eine Mami und er in erster Linie Geschäftsmann.

Verschiedene Leben, verschiedene Welten, verschiedene Wege. Rafael schien das jetzt wohl erkannt zu haben und hatte seine Konsequenzen daraus gezogen. Zumindest war er seit der Sache am Wasserfall wie ausgewechselt. Wo er zuvor ihre Nähe gesucht hatte, schien er sie nun zu meiden. So als hätte er es sich plötzlich anders überlegt oder seine Meinung schlagartig geändert. Erneut musste Nadine mit aufkeimenden Tränen kämpfen. Allerdings hatten diese, im Gegensatz zu den vorherigen keinen erfreulichen Ursprung mehr. Sie wollte einfach nicht wahrhaben, dass sich all diese neuen Erfahrungen, Gefühle und Sehnsüchte zusammen mit dem Verlassen dieser Hütte und dem Aufbruch zurück in das alte Leben für immer verabschiedeten.

Fynns entspanntes, in Tiefschlaf verfallenes Gesicht entlockte Nadine ein sanftes Lächeln auf ihrem sonst so grüblerischen Gesicht. Sie hatte sich zu ihm ans Bett gesetzt, nachdem sie das Zimmer aufgeräumt hatte und sah ihm jetzt beim Schlafen zu. Nachdem Fynn mit seinem neuen Gefährt die Flure des alten Holzhauses unsicher gemacht und ein viertel Stück Torte ganz alleine verdrückt hatte, war er wenig später friedlich und zufrieden grinsend auf ihrem Arm eingeschlafen. Still und in sich gekehrt hatte sich Nadine anschließend daran gemacht, die Koffer zu packen und versucht, sich innerlich auf den endgültigen Abschied von Rafael vorzubereiten.

Dieser war mitten im Geburtstagsgetümmel mit Tim und Jonas im Gepäck verschwunden und seither nicht wieder aufgetaucht. Seine Abwesenheit schmerzte sie bereits jetzt schon. Sie wollte sich gar nicht ausmalen, wie sich Corinna, die so viel mehr Zeit mit Jan verbracht hatte, bevor sich dieser von ihr abgewandt hatte, fühlte. Sie fühlte sich jedenfalls schrecklich verlassen, ratlos und verwirrt.

»Es ist besser so«, murmelte sie in die friedliche Stille des Zimmers hinein. Ihre Worte hinterließen dabei einen bitteren Geschmack in ihrem Mund. Dieses Wochenende war so ereignisreich gewesen, dass sie das Gefühl hatte, als komplett anderer Mensch zurück in ihren Alltag kehren zu müssen. Und das fühlte sich irgendwie nicht richtig an …

»Was ist besser so?« Torsten stand auf einmal dicht hinter ihr. Sie war so in Gedanken versunken gewesen, dass sie ihn überhaupt nicht bemerkt hatte. Ihr Blick war undurchdringlich, als sie zu ihm aufsah. Ohne auf seine Frage eine Antwort zu erwarten, setzte er sich neben Nadine und griff nach ihrer Hand.

»Ich freue mich schon so, wenn wir wieder zu Hause sind«, sagte er mit ungewohnter Wärme in der Stimme und drückte ihr einen Kuss auf die Wange. Nadine sah unverwandt auf Torstens Hand, die sich wie ein Fremdkörper auf ihrer Haut anfühlte und entzog sich ihm sogleich. Zu ihrer Überraschung reagierte er ziemlich ungehalten.

»Was ist denn jetzt schon wieder?«, presste er genervt hervor und Nadine sah ihn mit großen Augen an. »Eben bist du noch glücklich in meinen Armen gelegen und jetzt darf ich nicht einmal mehr deine Hand halten. Dieses Hin und Her geht mir echt auf die Nerven!«

Er schnaubte frustriert und erhob sich geräuschvoll. »Und dieser blöde Kaktus ändert überhaupt nichts. Aber das hab ich Rafael von Anfang an gesagt, dass das …«

»Wie meinst du das?« Nadine unterbrach Torsten so scharf, dass Fynn leicht im Schlaf zusammenzuckte.

»Der Kaktus war Rafaels Idee?«, hakte sie ungeduldig nach und erhob sich nun ebenfalls, als Torsten nur dastand und sie grenzdebil anglotzte. Er rieb sich verlegen den Nacken, dann nickte er schließlich zustimmend.

»Er meinte, wenn ich dich zurück haben will, muss ich lernen, das wertzuschätzen, was dich ausmacht«, gab er zu.

»Dann hat er …«

Nadine konnte erkennen, dass Torsten weiter redete, doch sie hörte nichts mehr von dem, was seinen Mund verließ. In ihrem Kopf brach gerade ein tosender Sturm los, der alles andere übertönte. Torsten hatte mit Rafael über ihre Beziehung gesprochen? Rafael hatte Torsten zu einem Geschenk geraten, das ausdrücken sollte, wie sehr er sie als Person wertschätzte? Wieso? Und Torsten hatte dieses Geschenk als Waffe einsetzen wollen, um bei ihr damit ein gewünschtes Verhalten zu erzielen? Angewidert von dieser Erkenntnis verzog sie ihre Mundwinkel.

»Meine Güte, jetzt sieh mich nicht so an«, hörte sie Torsten brabbeln. »Ich wollte doch nur, dass wir uns wieder näher kommen.« Seine Stimme hatte einen jammervollen Tonfall angenommen und er machte ein Gesicht beim Reden, als hätte er Schmerzen.

»Ich will doch nur die alte Nadine wieder. Ich will unser altes Leben wieder haben. So wie es vor Fynns Geburt gewesen war. Unkompliziert und entspannt. Fynn wird immer größer und selbstständiger, es ist nur eine Frage der Zeit, wann wir wieder da weitermachen können, wo wir damals aufgehört haben.«

Nadine wollte nicht glauben, was sie da hörte. Zog er ernsthaft Nadines trostlose Zurückgezogenheit, der neuen, sich schrittweise öffnenden Nadine vor? Auf keinen Fall wollte sie wieder die alte Nadine werden. Sie hatte mit Fynns Geburt endlich das Gefühl gehabt, sich selbst wieder zu spüren und er wollte das wieder rückgängig machen? Plötzlich wurde

Nadine in aller Deutlichkeit bewusst: Er hatte überhaupt keine Ahnung davon, wer sie war, oder wie sie tickte. Nach all den Jahren, hatte er wirklich immer noch überhaupt keine Ahnung. Und jetzt wusste sie auch, dass er gar nicht vorhatte sie jemals richtig kennen zu lernen. Er wollte in seiner eigens geschaffenen Welt mit einem aus seinem Wunschdenken gemalten Bild ihrer Persönlichkeit zusammenleben.

»Ich bin wirklich bereit, dir diese Sache mit dem Typen aus der Bar zu verzeihen und noch einmal bei Null anzufangen. Lass uns retten, was noch zu retten ist. Ich weiß, dass du dir das wünschst.«

Nadine sah Torsten mit unverhohlenem Entsetzen im Blick an. Die Gedanken rasten ungeordnet und wirr durch ihren Kopf. Sie fühlte sich wie gelähmt und das Einzige, wozu sie sich imstande sah, war hin und wieder verstört zu blinzeln.

Torsten blickte ungeduldig und mit verschränkten Armen zu ihr hinüber und war gezwungen zu warten, bis sie sich wieder gesammelt hatte. Eine beängstigende Stille hatte sich über das Zimmer gelegt und gemeinsam mit der Spannung im Raum für eine unerträgliche Mischung gesorgt. Beide zuckten sichtbar zusammen, als das Geräusch trampelnder Kinderfüße am Fenster die Situation sprengte.

»*Sie sind wieder zurück*«, war alles, woran Nadine denken konnte. Sie wandte sich derart hastig der Geräuschkulisse zu, beinahe wie ein gehetztes Tier, dass Torsten erschrocken einen Schritt zurückwich. Etwas unschlüssig hielt sie in ihrer Bewegung inne und starrte ihn aus leeren Augen an. Als sie Tim und Jonas kurz darauf im Treppenhaus zanken hörte, kehrte Leben in sie zurück. Entschlossenheit ersetzte die Leere in ihren Augen. Blitzschnell drängte sie sich an einem völlig perplexen Torsten vorbei in den Flur. Mit vier schnellen Schritten war sie vor Rafaels Zimmer angelangt. Sie holte einmal tief Luft, bevor sie seine Tür einfach aufstieß und hineinplatzte. Außer einem gepackten Koffer und einem gemachten Bett war allerdings nichts zu sehen. Neben dem Koffer lag ein Kinderbuch, das mit einer roten Schleife beklebt war. Nadine löste ihre Hand vom Türgriff und kniete sich zu dem Buch mit den dicken Seiten aus Karton und den bunten Illustrationen. Interessiert drehte sie das Buch in ihrer Hand. Es trug den Titel »Mein rotes Bobby-Car«. Nadine klappte die Kinnlade nach unten. Ungläubig blätterte sie in dem Buch herum. Gleich auf der ersten Seite hatte jemand etwas mit Kugelschreiber geschrieben.

Lieber Fynn,
alles Gute zu deinem ersten Geburtstag!
An deinem nächsten Geburtstag fährst
du mit deinem eigenen Bobby-Car ein-
fach an meinem Laden vorbei und dann
tauschen wir dein Bobby-Car gegen ein
Laufrad ein.
Alles Liebe Rafael

Darunter war ein Aufkleber angebracht worden, auf dem das Logo von Rafaels Radluniversum zu sehen war und die dazugehörige Adresse.

Nadine schlug sich die Hand vor den Mund. Das Buch verschwamm vor ihren Augen, als sich ihre Augen mit Tränen füllten. Er hatte ein Geschenk für Fynn. Und dann auch noch eines, das perfekt zu dem von Corinna und den Großeltern passte. Aber er hatte sich in letzter Sekunde dagegen entschieden, es ihm zu überreichen. Warum? Was war passiert?

Nadine schluckte ihre Verwirrung hinunter und erhob sich mit einer Entschlossenheit, die sie sich selbst gar nicht zugetraut hätte. Sie musste mit ihm reden.

Jetzt.

Sie ignorierte Torsten – der mittlerweile im Flur stand und sie mit Fragezeichen bewarf, sobald er Nadine aus Rafaels

Zimmer kommen sah – und rief die beiden Jungs zu sich. »Wo ist Rafael?«, fragte sie ohne Umschweife und es schwang leise Panik in ihrer Stimme. Tim versteckte sich hinter Jonas, als er ihren besessen wirkenden Gesichtsausdruck bemerkte, antwortete allerdings tapfer:

»Der wollte nochmal zum Wasserfall spazieren bevor wir alle fahren.«

Nadine musste sich zwingen, die Stufen nicht alle auf einmal hinunter zu springen, als sie die Treppe hinab und zur Garderobe wirbelte. Hastig warf sie sich ihre Daunenjacke über, zerrte ungeduldig ihre Stiefel über ihre dicken Haussocken und stolperte zur Haustür hinaus.

Dort rannte sie ungebremst in einen männlichen Oberkörper, der überrascht von dem unerwarteten Zusammenstoß aufkeuchte. Nadine prallte leicht zurück und blickte sogleich in die Augen eines Mannes, den sie noch nie zuvor gesehen hatte. Er hatte traurige kristallblaue Augen und ein mit Sommersprossen übersätes Gesicht. Seine roten Locken standen ihm wirr vom Kopf ab und er hatte wohl schon längere Zeit keinen Rasierapparat mehr gesehen.

Nadine und der Fremde starrten sich eine Schrecksekunde lang an, dann fragte er schließlich:

»Ist Corinna da drin?«

Nadine nickte nur stumm. Sie hatte jetzt andere Prioritäten.

»JAN?« Corinnas Stimme schrillte über das ganze Gelände, noch bevor Nadine um die Ecke gebogen war, und ließ sie mitten in ihrer Bewegung erstarren.

»Corinna!«, huschte die dunkle Stimme des fremden Mannes über die Straße. »Corinna, warte! Hör mir zu!«

Nadine schmunzelte. Offensichtlich waren romantische Gefühle doch nicht so flatterhaft und vorübergehend, wie sie ihnen immer unterstellte. Sie schüttelte noch einmal amüsiert den Kopf, dann rannte sie los.

***

Die Sonne warf bereits lange Schatten vor Nadine auf den Boden und der Wind pfiff ihr eisig um die Ohren. Leise fluchend kommentierte sie den Umstand, dass sie bei all der Eile ihre Mütze vergessen hatte und schlang fröstelnd die Arme um ihren Körper. Als sie das Waldstück erreichte, das zum Wasserfall führte, fühlten sich ihre Ohren schon ganz taub an. Der Schnee unter ihren Füßen knirschte, als würde sie durch zerknülltes Papier laufen.

Bewegung und Kälte führten gleichermaßen dazu, dass sich die Informationen in Nadines Kopf so langsam klar abzeichneten und zu ordnen begannen. Hatte sie wirklich um ein Haar ihre eigenen Wünsche und Sehnsüchte gegen ein Leben in einem Käfig aus Angst und Verleumdung eingetauscht?

Durch Rafael wusste sie jetzt, dass das zwischen Torsten und ihr nicht mehr war, als ein fauler Kompromiss. Rafaels Liebe und seine Wertschätzung waren so greifbar, dass sich Nadines Eigenwahrnehmung innerhalb weniger Wochen komplett verschoben hatte. »*Das meinte man also, wenn man sagte, dass jemand deine Welt ins Wanken bringt*«, dachte sie und rieb sich fröstelnd über ihre steifen Oberarme.

Rafael sah sie, wie sie wirklich war, sein Geschenk und die darin enthaltene Botschaft waren aufrichtig gemeint gewesen. Und noch viel ehrenwerter war, dass er Torsten das Feld und die Lorbeeren dafür überlassen wollte. Torsten, der dieses Geschenk schäbig zweckentfremdet und nichts Besseres im Sinn damit gehabt hatte, als sie damit seinen Vorstellungen entsprechend zu manipulieren. Der Gedanke daran ließ sie ungläubig den Kopf schütteln.

Nackte Zweige ragten tief in den Fußpfad hinein und drängten sich der abgelenkten Nadine immer wieder vors Gesicht.

Erwartungsvoll blickte sie zu der Brücke hinüber, die sich langsam vor ihr abzeichnete, aber von Rafael war weit und breit nichts zu sehen. Rafael … Allein wenn sie an ihn dachte, bekam sie Herzklopfen. Fynn erfüllte sie. Durch ihn bekam ihr Leben einen Sinn. Sie wurde bedingungslos geliebt und gebraucht. Aber Rafael weckte etwas in ihr, von dem sie überhaupt nicht gewusst hatte, dass es ihr fehlte.

Fynn hatte ihre Mauer zum Bröckeln gebracht und sie zugänglich für andere Leute gemacht. Rafael hatte die rissigen Reste schließlich regelrecht niedergewalzt und dafür gesorgt, dass sie sich vollständig und lebendig fühlte.

Der Weg auf der anderen Seite der Brücke war noch steiler und Nadine hangelte sich unbeholfen den Weg entlang, während sie wieder leise fluchte. Es war kalt, es war rutschig und der Gedanke Rafael gleich gegenüberzustehen machte sie immer nervöser. An der nächsten Biegung blieb sie plötzlich stehen. Dort, wo der Wasserfall sein Ende fand und sich mit lautem Getöse in den Gebirgsbach ergoss, da stand er. Er hatte sich ganz dicht vor diesem beeindruckenden Naturschauspiel auf den Felsen, die sich davor aneinander reihten wie treue Bewunderer, platziert, mit den Händen in den Hosentaschen und hatte Nadine den Rücken gekehrt. Sie schluckte hart, als sie ihn erkannte und machte sich entschlossen auf den Weg zu ihm. Der Sprühnebel des Wasserfalls kitzelte ihre Haut, als sie sich Rafael näherte. So als hätte er ihre Anwesenheit gespürt, drehte er sich um, bevor sie ihn ganz erreicht hatte. Wie ertappt blieb sie unter seinem Blick stehen und starrte ihn an.

***

Rafael hatte sie gespürt, noch bevor sie ihn vollständig erreicht hatte. Doch, dass sie ihm tatsächlich gefolgt war, traf ihn derart überraschend, dass er sich für einen Moment lang nicht entscheiden konnte, was er denken oder gar fühlen sollte, weshalb er sie zunächst nur anstarren konnte. Er hatte innerhalb dieses einen Wochenendes die ganze Palette an Emotionen rauf und runter durchlebt und fühlte sich nun auf seltsame Weise erschöpft und ausgelaugt. Mit undurchdringlichen Augen blickte er zu ihr hinüber und sein Herz zog sich unter ihrem besorgten Blick schmerzhaft zusammen.

Er konnte sehen, wie sich ihr Brustkorb bebend gegen ihre Jacke drückte. In ihrem Haar hatte sich ein kleiner Ast verfangen. Ihre Wangen und ihre Nase waren gerötet und machten sie auf eine unschuldige Art und Weise unwiderstehlich. Alles an ihr wirkte aufgewühlt und entschlossen. Sie schien regelrecht hierher gerannt zu sein.

»Du solltest zurück zu deiner Familie gehen«, sagte er müde. All seine Wärme war aus seinem Gesicht verschwunden und er wirkte verschlossen und traurig.

»Was ist passiert? Was hat Torsten zu dir gesagt?«, fragte sie in unerwarteter Direktheit und ignorierte seinen Rat.

»Er hat mich mit deinen Prioritäten konfrontiert, das ist alles. Und ich habe mich dazu entschieden, diese zu respektieren. Das Letzte was ich möchte ist, dich in eine Richtung zu drängen, die du später bereuen könntest.« Er unterbrach sich mit einem Räuspern. »Und ein Lückenbüßer möchte ich auch nicht sein.«

Unglücklich fixierte er seine Stiefel, die von der Gischt des Wasserfalls durchweicht waren und kickte demotiviert einen der kleineren Steine vor sich in den Bach.

Er konnte hören, wie sie geräuschvoll die Luft einsog.

»Torsten und ich sind jetzt schon eine ganze Weile zusammen. Trotzdem hat er bisher nicht halb so viel von mir und meinem wahren Ich zu Gesicht bekommen, wie du innerhalb weniger Augenblicke.« Ihre Stimme klang angestrengt, weil sie gegen das ohrenbetäubende Tosen des Wasserfalls anschreien musste.

»Ich weiß, dass die Idee mit dem Kaktus deine und nicht Torstens war und ich weiß auch, dass sich noch nie jemand derart um mich bemüht hat. Du kommst mir so nahe, dass es mir Angst macht«, gestand sie und senkte schließlich selbst den Blick.

»Es ist beinahe so, als würde mein logisches Denkvermögen nicht mehr funktionieren, wenn du in meiner Nähe bist. Du bist weitaus mehr als nur ein Lückenbüßer. Überhaupt: Wie kommst du nur auf die irrwitzige Idee, dass du einer sein könntest? Aber du warst eben nicht geplant.« Sie streckte entschuldigend ihre Arme von ihrem Körper weg.

»Doch jetzt weiß ich, dass das unwichtig ist. Im Leben läuft selten etwas nach Plan. Weder in der Vergangenheit noch in der Gegenwart und auch nicht in der Zukunft. Das heißt aber nicht, dass diese ungeplanten Dinge nicht die besten Chancen in unserem Leben darstellen, um wirklich glücklich zu werden. Man kann nicht alles im Leben kontrollieren und man kann sich nicht alles im Leben aussuchen, aber man kann auf sein Gefühl hören.«

Ihr ganzer Körper vibrierte vor Anspannung. Sie rang um jedes Wort, während sie dieses Bekenntnis aus ihrem Herzen freigab, doch ein innerer Drang verlieh ihr die Kraft das durchzuziehen.

Nachdem er mit zärtlichem Blick ihre Gesichtszüge studiert hatte, sah er ihr direkt in die Augen. Er bezweifelte, dass sie auch nur die leiseste Vorstellung davon hatte, was ihre gesagten Worte in ihm auslösten und er musste sich schwer zusammenreißen, sie nicht einfach zu packen und sie in einer besitzergreifenden Geste an sich zu reißen.

»Und was sagt dein Gefühl jetzt?«, hauchte er stattdessen abwartend.

Sie biss sich verlegen auf die Unterlippe, während ihre Schüchternheit mit ihrem neu entdeckten Verlangen um die Vorherrschaft stritten.

»Mein Gefühl sagt mir, dass ich durchdrehe, wenn ich dich jetzt nicht sofort küsse«, wisperte sie verschämt.

»Dann tu es!« stieß er atemlos hervor, ohne dass er noch lange darüber hätte nachdenken können.

Bevor er wusste, wie ihm geschah, lagen ihre bezaubernden Lippen auch schon auf seinen. Seine Hand glitt in ihren Nacken und er presste seinen Mund gierig auf ihren. Ein heiseres Stöhnen entfuhr Nadine und ihre Finger gruben sich leidenschaftlich in sein vom Sprühnebel durchnässtes Haar. Die feuchte Hitze ihrer Wangen brachte sein Gesicht zum Glühen. Während sie bereitwillig ihren Mund für ihn öffnete, legte er seine Hand sanft und zärtlich auf ihren Rücken.

So standen sie eine zeitlose Ewigkeit inmitten der Gischt des Wasserfalls und spürten, wie ihre Herzen einander sehnsüchtig umarmten.

Bis sich Rafael schließlich sanft aber bestimmt von ihr löste. Schwer atmend, umschloss er ihren erhitzten Kopf mit seinen Händen und ließ seine Stirn gegen ihre sinken. Dann strich er mit seinem Daumen langsam und sehr liebevoll über ihre Unterlippe.

Sie stieß mit halb geöffnetem Mund zittrig den Atem aus und starrte auf seinen sinnlichen Mund, der so verführerisch feucht glänzte. Ein leises Lächeln umspielte ihre Lippen.

»Was machst du nur mit mir?« knurrte er heiser, während er nach Atem rang. In dumpfer Benommenheit spürte er, wie Nadines Fingerspitzen behände über seine Hände glitten, so sanft, als würden sie sie kaum berühren.

»Du hast dich schwer in mich verknallt mein Lieber«, erklärte sie mit einem verschmitzten Grinsen im Gesicht und entlockte Rafael ein überraschtes Auflachen. Er löste seine Stirn von ihrer und nahm gleichzeitig ihre Hände in seine. Seine Augen glänzten fiebrig, als er ihre Fingerspitzen, deren Spuren immer noch auf seiner Haut prickelten, hingebungsvoll küsste. Er schloss für einen Moment die Augen und fragte sich, ob er jemals glücklicher gewesen war, als in diesem Augenblick.

Dann zuckte er in einer ergebenen Geste mit seinen breiten Schultern und sah sie frech lächelnd von unten herauf an.

»Das ist wohl so«, bestätigte er nickend bevor er sich vorbeugte und sich einen weiteren Kuss von ihren Lippen stahl.

Und dieses Geständnis war so aufrichtig und grenzenlos wie die Liebe selbst.

Kapitel 13

Als Nadine mit Rafael an der Hand den Rückweg antrat, da wusste sie, dass sie sich nie zuvor in ihrem Leben lebendiger gefühlt hatte. Fynn machte sie glücklich und schenkte ihrem Dasein eine tiefere Bedeutung, aber mit Rafael fühlte sie sich auf eine bisher unbekannte Art und Weise frei. Mit verklärtem Blick sah sie zu ihm hinüber und fühlte sich wie in einem kitschigen Liebesfilm. Als sich die Konturen des Hauses von Weitem abzeichneten, beschlich sie jedoch auf einmal ein ungutes Gefühl in der Magengegend. Reflexartig hielt sie sich die Hand auf den Bauch. Rafael schien wie immer ihre Gedanken spüren zu können, denn er zog sie sogleich an sich und gab ihr einen sanften Kuss auf den Scheitel.

»Wir kriegen das hin«, versprach er und küsste sie noch einmal. Diesmal zärtlich auf den Hals. Ihre Haut fing an zu prickeln, dort, wo seine Lippen sie berührt hatten und sie fühlte sich dankbar und sicher. Doch das drückende Gefühl blieb wie ein ungebetener Gast und schnürte Nadine die Kehle zu.

Sie waren keine fünf Meter mehr vom Haus entfernt, da hatte der Wind auch schon Fynns verzweifeltes Weinen zu ihnen herübergetragen. Nadine hörte von einer Sekunde zur anderen auf zu denken. Ihr Körper hatte sich innerhalb eines Flügelschlags von Rafael losgerissen und war zum Haus, durch die Haustür und das Treppenhaus hinaufgerannt. Die Tür zu ihrem Schlafraum war derart schnell aufgerissen, dass Torsten, der Fynn in seinen Armen hielt, erschrocken herumfuhr. Nadine war augenblicklich bei ihm und hatte Fynn hektisch an sich gerissen. Ihr Atem ging stoßweise und ihre Jacke hing ihr wirr über die Schultern. Fynn, dessen Gesicht bereits ganz rot angelaufen war, schlang seine kleinen Arme um den Hals seiner Mutter und beruhigte sich beinahe augenblicklich. Er presste noch ein wimmerndes »Mami« hervor, dann vergrub er seinen Kopf in ihrer Halsbeuge. Nadine schloss die Augen und drückte ihn mit ihrer Hand in seinem Haar noch fester an sich. Sie bedeckte seinen Kopf mit Küssen und wiegte ihn beruhigend hin und her.

Torstens Stimme schien aus weiter Entfernung zu kommen und an einer Glasscheibe abzuprallen, bevor ihr Schall an Nadines Ohr gelangte. Jedenfalls verstand sie nur Bruchstücke von dem, was er ihr zu erklären versuchte. Fynn war wohl aufgewacht und hatte seine Mutter gesucht. Und nicht gefunden. Das war alles was sie wissen musste. Kalter Schweiß brach ihr aus und ihr wurde mit einem Mal kotzübel. Ihr Magen krampfte sich zusammen und sie musste sich setzen, weil sie sich nicht sicher war, ob sie nicht jeden Moment umkippte. »Wo warst du denn?«, erkundigte sich Torsten neugierig. Und auch, wenn sein Tonfall keinerlei Vorwurf entdecken ließ, so fühlte sich Nadine so schuldig, dass ihr beinahe die Luft zum Atmen wegblieb. Sie hatte ihren Sohn alleine gelassen. Hatte ihn im Stich gelassen. Er hatte Angst gehabt. Wegen ihr. Dass er geweint hatte, war ihre Schuld. Ihre Schuld alleine. Sie war wie ihre Mutter. Nein, schlimmer. Sie wusste besser um die Folgen ihrer Handlungen als ihre Mutter und hatte sich dennoch hinreißen lassen.

Leise Tränen kullerten ihr über die Wangen, während sie weiterhin unablässig ihren Sohn hin und her wiegte. »Es tut mir so leid«, flüsterte sie immer und immer wieder in sein kleines Ohr.

Torsten saß verstört neben ihr und seufzte hilflos.

Silvester 1994

»Was ist jetzt, kommst du mit auf die Party, oder nicht?«, wollte Günter, der Kfz-Mechaniker die Straße runter, wissen. Er hatte sich für heute Abend besonders in Schale geworfen und sich in seine etwas zu enge Lederhose gezwängt, die so gut zu der Lederweste passte, die er sich letzten Freitag gegönnt hatte.

»Ich hab dir doch gesagt, dass ich für die Kleine keinen Babysitter gefunden habe«, nörgelte Renate Fischbach genervt. »Finde mal jemanden, der ausgerechnet an Silvester auf ein kleines Gör aufpassen will, das ihm gar nicht gehört.«

»Aber die schläft doch eh! Bis die aufwacht, sind wir längst wieder zurück«, versicherte er und stemmte seine großen schwieligen Hände in die Hüfte. Renate war echt ein heißer Feger und er hatte nicht vor, an Silvester auf ihre großzügigen Dienste zu verzichten. Anzüglich leckte er sich bei dem Gedanken an den in Aussicht stehenden Silvestersex die Lippen.

Doch Renate blieb eisern. Sie hatte ihr strähniges dünnes Haar mit einer Tonne Haarspray nach oben toupiert und ihren ausgemergelten Körper in ein glitzerndes Paillettenkleid gesteckt. Ihre Arme waren vor der Brust verschränkt und sie spielte gedankenverloren mit der brennenden, Lippenstift verschmierten Zigarette zwischen ihren Fingern.

»Spinnst du, wenn das Feuerwerk losgeht oder die Nachbarn mir die Kleine mit ihrer Partymucke aufwecken, nimmt die mir am Ende die ganze Bude auseinander. Da hab ich ja überhaupt kein Bock drauf. Das kannst de vergessn, alleine lass ich die hier nicht. Am Ende fällt se mir noch vom Balkon.«

Günter schnaubte ungeduldig. »Dann nehmen wir sie halt einfach mit. Im Auto kann sie wohl schlecht was kaputt machen, falls sie wach wird.« Er zwinkerte Renate selbstgefällig zu, so als wäre das die Idee des Jahres.

»Und wir können immer mal wieder nach ihr sehen«, setzte er nach, als er Renates Zögern bemerkte. Renate wiegte abwägend ihren voluminösen Kopf hin und her und rieb ihre spitzen Fingernägel aneinander.

Dann nickte sie stumm mit dem Kopf, dreht sich auf dem Absatz um und murmelte: »Warte hier, ich zieh mich nur noch fertig an und hol sie.«

Nadines zierlicher kleiner Körper wurde aus dem Bett gehoben. Der beißende Geruch von kaltem Zigarettenrauch, Alkohol und Haarspray stieg ihr in die Nase. Verwirrt rieb sie sich über die Augen und sah, wie sie über dem Boden ihres Kinderzimmers schwebte. An ihren nackten Füßen spürte sie etwas flauschiges. Als sie an ihrer Mutter vorbei an sich herabsah, erkannte sie, dass es sich um die zerschlissene Wohnzimmerdecke handelte. Gähnend drückte sie sich so gut es ging von ihrer Mutter weg, um ihr in die Augen sehen zu können und um dieses kratzige Gefühl am Bauch loszuwerden.

»Hey, nicht so zappeln, du machst mein Kleid sonst kaputt«, protestierte ihre Mutter.

»Was machen wir Mami?«, wollte Nadine, die zu verschlafen war, um sich für das Kleid ihrer Mutter zu interessieren, wissen.

»Wir machen einen Ausflug.«

Nadine ließ ihren Kopf wieder schwer auf die knochige Schulter ihrer Mutter sinken und dämmerte schweigend im Halbschlaf vor sich hin.

Die Kälte biss ihr in die nackten Zehen, als sie die Straße erreichten und Nadine schreckte erschrocken hoch. Sie klammerte sich Schutz suchend an ihre

Mutter und sah sich erstaunt um. Die Straße breitete sich dunkel und fremd vor ihr aus. Neben ihnen ging ein Mann, den sie noch nie zuvor gesehen hatte und der ihr nun, da er ihren Blick bemerkt hatte, aufmunternd zuzwinkerte. Nadine wandte sich schnell ab und blickte in die andere Richtung. Nadine begutachtete fasziniert die parkenden Autos, die von der Dunkelheit halb verschluckten Haustüren und die hektisch vorbeihastenden Leute. Wie anders alles in diesem kalten elektrischen Licht wirkte.

Nach einer Weile kam ihre Mutter vor einem bordeauxfarbenen BMW zum Stehen und hievte sie auf die Rückbank. Die kalten Ledersitze griffen durch Nadines dünnen Schlafanzugstoff und ließen sie erneut erschauern. Sie zog sich die Decke, die ihr ihre Mutter auf den Sitz daneben geworfen hatte, bis über ihre Nasenspitze und blickte sich mit großen Augen um. Sie war noch nie zuvor in einem Auto gesessen. Es roch seltsam, was dem Tannenbäumchen, welches vom Rückspiegel baumelte, zu verdanken war. Das laute Knallen der Autotür ließ sie verschreckt blinzeln. Verschüchtert zog sie ihre Knie zu sich heran und blickte interessiert aus dem Fenster.

»Scheiße, ist das kalt!«, maulte ihre Mutter auf dem Beifahrersitz direkt vor ihr.

»Ich mach gleich die Lüftung an«, versprach der fremde Mann und zwinkerte schon wieder. Diesmal allerdings zu Renate und nicht zu Nadine.

Das unbekannte Aufheulen des Motors erschreckte Nadine schon wieder und verschlafen wie sie war, musste sie sich auf die Zunge beißen, um nicht zu weinen. Ihre Mutter hasste es, wenn sie weinte.

Die Autofahrt zog sich in die Länge und der Wagen heizte sich langsam auf. Nadine fing an, sich langsam zu entspannen und es dauerte gar nicht lange, da war sie auf dem Rücksitz eingeschlafen.

Ein ohrenbetäubender Krach (es klang so, als hätte Dominik aus dem Kindergarten – keiner mochte ihn und alle nannten ihn nur den »dummen Dominik« – eine Packung Knallfrösche direkt hinter ihrem Ohr gezündet) riss Nadine aus ihrem traumlosen Schlaf. Für eine beängstigende Minute hatte sie die Orientierung verloren und keine Ahnung, wo sie war. Mit entsetzt aufgerissenen Augen betrachtete sie die Farbenflut, die sich über dem schwarzen Nachthimmel ergoss und an der regennassen Scheibe wie einzelne Kunstwerke wirkten. Der Lärm wurde nicht weniger und sie presste verängstigt ihre Hände an die Ohren. Ihr Herz flatterte aufgeregt in ihrer Brust. Erst jetzt merkte sie, wie kalt ihr war. Ihre Füße fühlten sich wie Eisklumpen an und ihre Nasenspitze war schon ganz taub. Prasselnder Regen schlug gegen die Fensterscheiben und der Wind rüttelte mit pfeiffenden Geräuschen an dem Käfig, in dem ihre Mutter sie zurückgelassen hatte. Hilflos blickte sie sich in dem Fahrzeug um, aber sie war ganz allein und es war eisig kalt. Die knallenden Geräusche wollten einfach nicht aufhören und Nadine kniff ihre Augen zusammen, um den gespenstisch flimmernden Funkenregen, die fremde Umgebung und das gruselige Wetter nicht mehr sehen zu müssen. Tränen drängten sich an ihren gepressten Lidern vorbei und benetzten ihr durchgefrorenes Gesicht. Die Panik in ihrer Brust wurde übermächtig und bahnte sich in grellen Angstschreien ihren Weg nach draußen. Sie schrie aus Leibeskräften nach ihrer Mutter. Ihr Hals fing an zu brennen, doch sie konnte nicht aufhören zu schreien. Ihre Gelenke schmerzten von der unnatürlichen Haltung, die sie eingenommen hatte und von der Kälte, doch sie wagte nicht, sich zu bewegen. Sie hatte so wahnsinnige Angst und schrie nach ihrer Mutter, bis ihre Rufe nicht mehr waren als ein heiseres Krächzen. Niemand hörte sie. Niemand. Am allerwenigsten ihre Mutter, die gerade mit irgendjemandem irgendwo in das neue Jahr hineinfeierte. Ohne ihre Tochter. Sie war mutterseelenalleine auf einem Parkplatz mit nichts weiter am Leib, als einem Schlafanzug und einer dünnen Wohnzimmerdecke an den Beinen.

Als die Geräusche draußen langsam verstummten und der Himmel wieder seiner Finsternis überlassen wurde, da war es auch im Inneren des alten BMWs leise geworden.

Nadine hatte sich in den Fußraum gekauert und mit ihren Armen ihre angezogenen Beine umschlungen. Ein starrer, finsterer Blick aus weit aufgerissenen Kinderaugen fixierte die Autotür, während der Rest des kleinen Körpers in gespenstischer Monotonie hin und her wippte. Das einzige, was die trostlose Stille im Wagen übertönte, waren Nadines Zähne, die immer und immer wieder geräuschvoll und unerbittlich aufeinanderprallten.

Nadine konnte sich nur bruchstückhaft an diesen Abend erinnern. Sie war noch zu klein gewesen. Sie konnte sich nicht mehr erinnern, wie sie damals nach Hause gekommen oder wann ihre Mutter zurückgekommen war. Woran sie sich allerdings bis ins Detail erinnerte, war die Angst. Diese in seiner Grausamkeit unübertroffene panische Angst. Dieses Gefühl des Ausgeliefertseins.

Ausgeliefert – einer verantwortungslosen, alkoholkranken, dummen Frau und deren schrecklich gedankenlosen Taten.

Sie war so wütend. Sie war so wütend auf das, was ihr passiert war und sie war noch viel wütender auf sich selbst und das, was sie Fynn gerade angetan hatte. Wie hatte sie ihn nur einfach so alleine lassen können? Er war noch nie ohne sie aufgewacht. Dass sein Vater als Ansprechpartner gleich zur Stelle gewesen war, tröstete sie kein bisschen. Er hatte Angst gehabt. Ihretwegen. Tränen brannten in ihren vor Zorn glitzernden Augen, als sie ihren, mittlerweile wieder tief schlafenden Sohn, manisch in ihren Armen wiegte. Torsten, der immer noch hinter ihr stand, wagte nicht, sie anzusprechen. Ein leises Klopfen ertönte im Türrahmen.

»Hey, alles in Ordnung? Können wir kurz reden?«

Als Nadine Rafaels Stimme erkannte, fuhr ihr Kopf herum und ihre Augen bohrten sich in sein Gesicht wie eine Furie. Ihre Stimme hatte einen fremdartigen Tonfall und war von bedrohlich niedriger Lautstärke, als sie ihren Mund öffnete.

»Nein, ich kann nicht kurz mit dir reden und ich werde auch nie wieder mit dir reden«, giftete sie ihn an, legte ihren Sohn sanft auf das Bett zurück und erhob sich so behände und lauernd wie eine Raubkatze. Rafael, der sich von ihrem entrückten Gesichtsausdruck völlig vor den Kopf gestoßen fühlte, wich erschrocken einen Schritt zurück.

»Was denkst du denn, wer du bist, dass du glaubst, du könntest dich so einfach in mein Leben drängen und es komplett auf den Kopf stellen? Machst du das immer so, ja? Was dir gefällt, das nimmst du dir, ohne Rücksicht auf Verluste? Das kannst du grob knicken! Ich bin nicht zu haben, egal wie viel Kakteen du auch kaufen magst und welche Tricks du sonst noch bei mir anzuwenden gedenkst. Für dich scheint alles so leicht, so unkompliziert. Als wäre alles nur ein Spiel. Aber das Leben ist kein verdammtes Spiel! Das Leben ist die Summe wichtiger Entscheidungen und ich habe heute die falsche getroffen! Tu uns beiden den Gefallen und such dir jemand anderen zum Spielen! Jemanden, bei dem du weniger Schaden anrichten kannst.«

Rafael und Torsten waren in den Flur zurückgewichen und öffneten jetzt beinahe unisono ihre Münder, doch beiden fehlten nach diesem Text schlicht die Worte.

Bevor sich der Schock aus ihren Knochen verflüchtigt hatte und sie fähig waren, einen klaren Gedanken zu fassen, hatte ihnen Nadine schon die Tür vor der Nase zugeschlagen und sie kurzerhand mitsamt der gegenwärtigen Realität ausgesperrt. Ihr war egal, was mit Rafael war, oder was Torsten jetzt dachte. Sollten die das doch untereinander klären.

Zitternd ließ sie sich neben Fynn auf das Bett fallen und brüllte aus Leibeskräften in das vor ihr liegende Kissen. Sie schrie all ihren Kummer, ihren Schmerz und ihre Wut über sich, Gott und die Welt in die schallschluckenden Daunen, bis ein Schluchzen, das aus ihrer Kehle trat, ihre Schreie ablöste und ihren erschöpften Körper durchschüttelte.

Endlich war er da. Der Ausraster, den sie die ganze Zeit so herbeigesehnt hatte. Dieses Taubheitsgefühl war vollständig verschwunden. Sie fühlte sich nicht länger leer, sondern richtig lebendig.

Beschissen im Moment, aber lebendig.

Kapitel 14

Als sie nur wenige Stunden später wieder ihre gemeinsame Wohnung erreichten, verschwand Nadine sofort mit Fynn im Schlafzimmer und weigerte sich, dieses zu verlassen.

Auch die darauffolgenden Tage hatte sie hauptsächlich in diesen schützenden vier Wänden verbracht. Wenn Torsten in der Arbeit war, besuchte sie so manche Stunde das Wohnzimmer, aber die Wohnung selbst verließ sie nie. Sie hatte den Kindergeburtstag mit Ella und Linda abgesagt und ihr Handy danach in ihrer Handtasche sich selbst überlassen.

Sie wollte sich mit ihrer Verzweiflung im Gepäck einfach nur verkriechen und den Scherbenhaufen, der ihr Seelenleben darstellte, neu sortieren. Sie verbot sich strikt an Rafael zu denken.

Wegen ihm hatte sie ihre oberste Maxime – nämlich die, dass Fynn über allem anderen steht – verletzt und dafür gesorgt, dass sie sich nun selbst hasste.

Rafael hatte Emotionen in ihr freigesetzt, die fremd, beängstigend und wunderschön zugleich waren und durch die sie sich auf außergewöhnliche Weise lebendig fühlte. Jede Zelle ihres Körpers sehnte sich nach ihm und seiner tröstlichen Nähe. Sie wollte seine Blicke auf sich, seine Finger an sich spüren. Er hatte all diese verborgenen Sehnsüchte und Bedürfnisse, die sie so erfolgreich verdrängt beziehungsweise unterdrückt hatte, an die Oberfläche gespült. Sie hatte ihm all ihre Gedanken offenbart, ohne zu zögern und ohne sich vor irgendwelchen Konsequenzen zu fürchten. »*Du hast dich schwer in mich verknallt, mein Lieber.*« Sie konnte immer noch nicht glauben, dass sie das tatsächlich zu ihm gesagt hatte. Dieser Mann hatte sie mit seiner wertschätzenden Art dazu inspiriert über sich selbst hinaus zu wachsen. Sein grundpositives und offenherziges Wesen war ansteckend und hatte eine heilende Wirkung auf ihre verkorkste Seele.

Sie fühlte sich so zerrissen zwischen ihren moralischen Grundsätzen und diesen neuen, ungeahnt intensiven Gefühlen.

Diese Gefühle, die sie sowohl für Fynn als auch für Rafael hatte, waren gleichermaßen ungewohnt und intensiv, aber in ihrer Zusammensetzung total unterschiedlich. Und jetzt hatte sie sich zwischen diesen zwei Männern, die es erst so kurz in ihrem Leben gab und die dennoch alles innerhalb weniger Augenblicke für sie und ihre Zukunft verändert hatten, entscheiden müssen. Natürlich hatte sie sich für Fynn entschieden. Sie würde niemals etwas oder irgendwen über ihren Sohn stellen, aber genau diese Tatsache brachte sie nun jeden Tag zum Weinen. Um Fynns und um ihrer selbst willen durfte sie Rafael nie wieder sehen. Es war ein Opfer, dessen Existenz sie derart schmerzte, dass sie kaum Luft bekam.

Sie kümmerte sich so liebevoll um ihren Sohn wie immer, nur dass ihr nun dabei unablässig die Tränen über die Wangen liefen. Sie weinte um ihre Vergangenheit, sie weinte um ihre Gegenwart, sie weinte um ihre Zukunft. Sie weinte all die Tränen, die sie sich die letzten Jahre über verweigert hatte zu weinen.

Auch wenn sie wusste, dass Fynn dieses Opfer wert war und sie ihren Sohn über alles liebte, Rafaels Abwesenheit riss ein Loch in ihren Brustkorb, das von Tag zu Tag größer wurde, weshalb sie die Tränen einfach nicht zurückhalten konnte.

Sie wusste, dass dieser innere Kampf, den sie gerade mit sich austrug, ein Leben lang vorherrschen und sie zwangsläufig über kurz oder lang zermürben würde.

Aber eine Alternative gab es nicht.

***

Rafael war froh, als er am 23. Dezember endlich seinen Laden für eineinhalb Wochen schließen konnte. Die letzten Wochen hatten ihn seine ganze Kraft gekostet. Unter beinahe unmöglichen Bedingungen funktionieren zu müssen, war etwas, das sowohl seinen Geist, als auch seinen Körper an die äußerste Grenze trieb. Die erste Dezemberwoche war er wie im Schockzustand durch seinen Alltag getorkelt, die zweite Woche hatte ihn sein Körper im Stich gelassen und er lag mit Grippe flach. Die dritte Woche hatte er versucht, sich mit Arbeit abzulenken und als er am Wochenende bemerkte, dass all seine Versuche zum Scheitern verurteilt waren, da hatte er zuletzt einfach nur der bevorstehenden Inventur entgegengefiebert. Der Gedanke, mit sich und seinem Inventar alleine sein zu können, keinen Kunden falsch anlächeln, keine Cousine anschweigen und keine beste Freundin am Handy wegdrücken zu müssen, war mehr als verlockend. Weihnachten und Silvester würde er dieses Jahr ausfallen lassen. Er wollte niemanden sehen. Silvester war immer für Corinna reserviert gewesen, doch ihr gegenüberzutreten kam für Rafael noch nicht in Frage. Die gedankliche Verbindung von Corinna zu Nadine war einfach zu eng und schmerzhaft. Jetzt, wo sie mit Jan wieder glücklich vereint war, war sie gut aufgehoben, weshalb er sich wenigstens in diesem Fall keine Sorgen zu machen brauchte. Jetzt war er derjenige um den man sich Sorgen machen musste. Bei diesem Gedanken entfuhr ihm ein bitteres Schnauben. Er hatte immer noch nicht so recht verarbeitet, wie schnell alles gegangen war und wie wenig Einfluss er auf all diese Geschehnisse gehabt hatte und auch jetzt noch hatte. In seinen Bemühungen, den besten Weg für sich und Nadine zu finden, hatte er auf ganzer Linie versagt und nun stand er vor den Trümmern seiner Zukunft, die ohne Nadine so völlig wertlos erschien und wusste nicht, was er damit anfangen sollte. Das Einzige, was er wusste war, dass Nadine und er zusammengehörten. Aber dass ein Zusammenleben für Nadine nicht in Frage kam, das war Fakt. Nadine hatte sich gegen ihn entschieden und das war ihr mehr als schwer gefallen. Das hatten sie und ihre Körpersprache mit jeder Bewegung ausgestrahlt, als sie ihn dort in der Berghütte verbal zerfleischt hatte.

Er hatte dort wie vom Donner gerührt gestanden und überhaupt nichts mehr gewusst. Er hatte sich Nadines 180-Grad-Drehung beim besten Willen nicht erklären können. Eben war sie ihm noch hinterher geeilt, um ihm ihre Liebe zu gestehen und im nächsten Moment ging sie auf ihn los als hätte er versucht, Fynn im Wasserfall zu ertränken.

Sie war in diesem Moment nicht wirklich sie selbst gewesen und hinter ihren wundervollen Augen hatte er die pure Verzweiflung erkennen können. Er konnte sich nicht erklären, was der Auslöser für diese Verzweiflung gewesen war. Allerdings hatte er instinktiv gespürt, dass es nichts mit ihm als Person zu tun hatte. Wie gern er sie in diesem Moment in den Arm genommen hätte. Bereits nach so kurzer Zeit, die sie sich kannten, fühlte er sich schon für sie verantwortlich. Ihr Schmerz hatte sich regelrecht auf ihn übertragen. So als würden ihre Herzen miteinander kommunizieren. Die Verbindung zwischen ihnen beiden war stärker als jedes Wort, welches sie zu ihm gesprochen hatte.

Auch jetzt noch, da sie so weit voneinander entfernt waren, hatte er das Gefühl, spüren zu können, wenn sie an ihn dachte. So wie er schon immer ihre Anwesenheit erspürt hatte, bevor sie in seinem Blickfeld aufgetaucht war.

Dass sie zusammengehörten, stand für ihn außer Frage. Die Leere, die sich in ihm ausbreitete, je länger er von ihr getrennt war, bewies dies mehr als eindrücklich. Wie oft er schon das Handy in die Hand genommen hatte, in der Absicht Corinna anzurufen, um sich nach Nadine zu erkundigen. Er wollte wissen, wie es ihr ging, was sie gerade machte, ob sie nach ihm fragte …

Aber auch, wenn er mit diesem Wunsch die besten Absichten hegte, seine Gefühle hatten in ihrer Intensität und Präsenz ein Eigenleben entwickelt, dem er nicht mehr über den Weg traute. Auch wenn es nur durch Übermittlung Dritter wäre, er hatte keine Ahnung, wie weit her es mit seiner Selbstbeherrschung sein würde, wenn er ihr wieder näher käme.

Nadine hatte sich gegen eine gemeinsame Zukunft entschieden. Wenn er seinen Vorsatz, nur das Beste für sie zu wollen, wahren wollte, musste er das respektieren. Aber es war so unendlich schwer.

Dass sie nicht zusammen sein sollten. Das war ein Umstand der ihn in seiner Widersprüchlichkeit schier in den Wahnsinn trieb und ihm regelmäßig den Schlaf raubte.

Er versuchte sich abzulenken, indem er jeden Morgen joggen ging. Er strich die Garage neu und schippte die Gehwege vor seinem Wohnblock frei. Doch seine Gedanken flogen immer wieder wie rebellische kleine Brieftauben zurück zu Nadine.

Nadine, wie sie sich am Wasserfall in seine Arme gestürzt und ihre Lippen auf seine gepresst hatte, wie gut sie gerochen, wie betörend sie geschmeckt hatte. Wie grandios sie ihren Job als Mutter erledigte, wie viel Stärke und Melancholie sie ausstrahlte, welche Faszination sie auf ihn ausübte. Dieser einmalige Moment am Feuer, die Spannung, die in der Luft lag, als sie sich um ein Haar geküsst hatten.

Er wollte nicht, dass es zu Ende war. Alles in ihm wehrte sich dagegen, ein Ende dieser Geschichte, die doch gerade erst begonnen hatte, hinzunehmen. Er wollte nicht, dass der Moment am Wasserfall DER Moment in seinem Leben war, an den er sich als alter Mann sein Leben lang zurückerinnern und sich dabei permanent die »Was-wäre-wenn-Frage« stellen würde. Er gehörte zu der Sorte Mensch, die fest daran glaubten, dass es solch einen Moment nur einmal im Leben gab. Und entweder man verkackte es, oder eben nicht.

Je öfter er an Nadine dachte, desto mehr wanderten seine Gedanken zu Fynn. Er kam nicht umhin, sich vorzustellen, wie es wohl wäre, einen Sohn zu haben. Einen Sohn, der nicht sein eigener war. Zu seiner Überraschung stellte er fest, dass ihm die Vorstellung, Fynn in sein Leben zu lassen, weit weniger Angst einjagte, als er zunächst befürchtet hatte. Er mochte den Jungen. Er hatte sich vor dem Berghüttenwochenende, in Absprache mit Corinna, sogar um ein Geschenk für ihn bemüht gehabt. Er passte genauso wenig in seine Lebensplanung wie Nadine selbst, aber dieses Argument hatte für Rafael schon vor langer Zeit an Relevanz verloren.

Er wollte Nadine. Mit allem Drum und Dran. Und nicht mit ihr zusammen sein zu können war, als würde man sich als Einzelperson gegen ein Naturgesetz stellen. Er hatte absolut keine Ahnung, wie er das auf Dauer ertragen sollte.

Torsten, Nadine und Fynn feierten dieses Weihnachten bei Corinna. Diese hatte die ganze Familie zu sich nach Hause eingeladen und nun war es richtig voll im Wohnzimmer geworden. Torsten saß neben Nadine mit Corinna und Jan am Tisch, während sich Philip und seine neue Freundin vor dem Christbaum unterhielten. Tim und Jonas lümmelten auf der Couch und bauten ihr Lego zusammen und Fynn lief auf wackeligen Beinen in Corinnas Wohnzimmer herum und ließ begeistert das Spielzeugflugzeug in seiner Hand fliegen, das er gerade vom Christkind bekommen hatte. Seit ein paar Tagen konnte er jetzt laufen und Torsten war richtig stolz. Nadine hatte bei Fynns ersten Schritten Rotz und Wasser geheult, dass Torsten sich schon Sorgen gemacht hatte, dass sie sich gar nicht mehr beruhigen würde. Auch jetzt konnte er sehen, wie ihr wieder das Wasser in den Augen stand. Eigentlich weinte sie ständig. Seit dem Berghüttendesaster, wie er es insgeheim nannte, war sie nicht mehr wiederzuerkennen. Bei dem Gedanken daran schloss er verärgert die Augen.

Nachdem Nadine Torsten und Rafael einfach im Flur stehen gelassen hatte, hatte sich Torsten wie gelähmt gefühlt. Er war derart überfordert gewesen von Nadines verrücktem Verhalten, dass er zunächst gar nicht kapiert hatte, was da gerade geschehen war. Zäh waren die Informationen, die er aus Nadines Monolog ziehen konnte durch seine Gehirnwindungen gesickert und hatten sich langsam aber stetig zu einem schummrigen Gesamtbild zusammengefügt. Er hatte nicht viel von dem verstanden, was zu diesem Zeitpunkt vor seinen Augen abgelaufen war, aber eines hatte er mit Sicherheit sagen können. Nämlich, dass Rafael bei der ganzen Sache eine tragende Rolle spielte und dass er sich belogen und verarscht fühlte. Eine Welle aus Zorn und Frust war in ihm aufgewallt und hatte seinen Körper zum Beben gebracht. Mit geballten Fäusten hatte er apathisch auf die verschlossene Tür vor seiner Nase gestarrt. Er hatte angefangen sich langsam klaustrophobisch zu fühlen und leise Panik hatte seine Pupillen geweitet. Aus den Augenwinkeln hatte er sehen können, wie sich aus Rafaels Richtung etwas regte. Verstört war sich dieser mit den Fingern durch die Haare gefahren und hatte dabei geräuschvoll die Luft ausgestoßen. Torsten begann ihn wie ein Raubtier zu fixieren. Als Rafael dann den Fehler gemacht hatte, ihn anzusprechen, war Torstens Hand reflexartig nach vorne geschnellt und hatte ihn mitten im Gesicht getroffen. Torsten hatte all seinen Frust der letzten Monate in diesen einen Schlag gepackt und war dann blind vor Wut die Treppe hinunter gerannt. Ein pochender Schmerz hatte seine Hand durchzuckt während er planlos die Straße entlang geirrt war.

Seither war Nadine in einen Schweigemodus verfallen und blockte jede Gelegenheit, sich auszusprechen, ab. Torsten hatte es schnell aufgegeben, sie erreichen zu wollen. Nadine war einfach zu sehr in ihrer eigenen Welt abgetaucht und er beschloss, ihr den Freiraum zu geben, den sie brauchte. Wenn sie soweit war, mit ihm zu reden, wäre er bereit.

Ein Seufzer entsprang seiner Kehle, als ihn die Erinnerungen an diese schrecklichen letzten Tage überfielen und er wandte seinen Blick schnell Philip und seiner neuen Freundin zu, um sich abzulenken. Corinna hatte ihren Exmann der Kinder zuliebe eingeladen und Torsten war überrascht, wie harmonisch der Abend bisher verlief. Corinna, Philip, Jan und Denise gingen überaus freundlich und ungezwungen miteinander um. Es war nichts von Eifersucht, schwelenden Konflikten oder Abneigung zu spüren. Es schien nicht so, als hätten sich Corinna und Philip getrennt, vielmehr sah es so aus, als hätten sie ihre kleine Familie einfach um zwei weitere Familienmitglieder erweitert. Im Vergleich zu ihnen wirkte die »intakte« Familie, bestehend aus Torsten, Fynn und Nadine, wie ein Trauerspiel. Verstohlen musterte er Nadine neben sich. Sie hatte ihren Kopf nun über ihren Teller gesenkt und stocherte unmotiviert mit ihrer Gabel darin herum. Ihre Wangenknochen waren eingefallen und ihre Arme wirkten so zerbrechlich, dass er sich kaum traute, sie anzufassen. Sie hatte extrem viel an Gewicht verloren und wenn er an die dunklen Schatten unter ihren Augen dachte, war er sich sicher, dass sie genauso wenig schlief, wie sie aß. Ihr Anblick erinnerte ihn hin und wieder an Etwas oder Jemanden, aber ihm wollte einfach nicht einfallen, wer oder was das war. Jetzt war wieder so ein Moment und er legte nachdenklich den Kopf schief.

»Hast du eigentlich mal wieder was von Rafael gehört?«, platzte Corinna in seine Gedanken. Sie hatte sich in Jans Arm geschmiegt und wirkte so zufrieden wie ein frisch gefüttertes Katzenbaby. »Er hat sich nach unserem Wochenende nicht einmal bei mir verabschiedet. Und jetzt geht er nie ans Telefon, wenn ich ihn anrufe und auf meine WhatsApp-Nachrichten bekomme ich nur unbefriedigende Antworten. Er hat sogar für Silvester abgesagt und wir feiern sonst immer zusammen.«

Torsten hob sein Weinglas an den Mund, um seine entgleiste Mimik hinter dem bauchigen Glas zu verstecken. »Ich wollte ihn ja in seinem Laden besuchen, aber er hat geschlossen.« Die offensichtlich ahnungslose Corinna blickte ihrem Bruder interessiert in das hinter Glas verschanzte Gesicht. Dieser genehmigte sich einen großen Schluck und zuckte, ohne Anstalten zu machen es abzusetzen, entschuldigend mit den Schultern. Aus den Augenwinkeln konnte er sehen, wie Nadine ihre Gabel auf den Tisch legte und ihre Hände in ihrem Schoß faltete. Corinna hatte nichts bemerkt und wandte sich wieder ihrer großen Liebe zu. Als sich Torsten nach Nadine umsah, brach ihm der Ausdruck in ihren Augen fast das Herz. Er empfand keinerlei Eifersucht, er war auch nicht böse. Nadine tat ihm einfach nur leid. Manchmal passierte das eben. Manchmal entliebte man sich schleichend still und heimlich. Das war vielleicht traurig, aber sicherlich kein Grund um wütend oder zornig zu sein. Paradoxerweise war er sogar beinahe froh, dass Rafael der Grund ihres Zustandes war und nicht irgendein dahergelaufener Typ.

Er mochte Rafael. Er war ein anständiger Kerl. Seine Gedanken entlockten ihm ein trauriges Schnauben und er ließ etwas entmutigt das Glas auf den Tisch zurücksinken. Er konnte es nicht leugnen. Das mit ihm und Nadine war vorbei. Ihre Beziehung war nichts weiter als ein seelenloser Strohmann.

Seine ganze Körperhaltung wirkte geschlagen, als er zu seiner Schwester hinüberschielte. So wie Corinna und Jan miteinander umgingen, so wie sie sich ansahen, so etwas hatte es zwischen Nadine und ihm nie gegeben. Er liebte Nadine, aber nicht auf diese intensive und ganzheitliche Art. Sehnsüchtig beobachtete er, wie Jan Corinna zärtlich eine Haarsträhne aus der Stirn strich und sie dann sanft auf die Stirn küsste.

Als Jan damals an diesem ohnehin schon verrückten Sonntag einfach in die Hütte geplatzt war und sich filmreif vor Corinna auf die Knie geschmissen hatte, um sie um Verzeihung zu bitten, da hatte Torsten zum ersten Mal erlebt, was bedingungslose Liebe bedeutete. Er hatte es förmlich mit bloßen Augen sehen können. Damals war sein einziger Wunsch gewesen, auch einmal so etwas für Jemanden zu empfinden.

Jetzt, wo er so am Esstisch seiner Schwester lümmelte und sich versuchte mit Rotwein zu betrinken, da keimte dieser Wunsch erneut in ihm auf. Nachdenklich musterte er die Mutter seines Kindes, die zwar offiziell als seine Freundin galt, aber irgendwie doch wie eine Fremde auf ihn wirkte und auf einmal fiel es ihm wie Schuppen von den Augen. Ihr Anblick erinnerte ihn an seine Schwester! Seine Schwester vor gut einem Monat. Sie hatte unvollständig gewirkt, so als hätte sie sich selbst verloren.

Klar, Torsten und sie hatten ein gemeinsames Kind und würden auf immer miteinander verbunden sein, aber ihr Herz gehörte Rafael, das war nicht zu übersehen. Zwischen den beiden war mehr, als Torsten je begreifen würde. Zumindest so lange, bis er selbst einmal die Chance auf derartiges Glück bekäme und ihm wurde bewusst, dass er auch Nadine solch ein Happy End von Herzen gönnte.

Der Wind auf Alessandros Balkon wehte den Partygästen eisig um die Nase, als die Dunkelheit plötzlich in einen bunten Funkenregen überging. Das neue Jahr wurde mit Jubel und Glückwünschen willkommen geheißen und Torsten stand in einer Traube flüchtiger Bekannter und starrte gedankenverloren in den Himmel. Nadine hatte sich mit Fynn unten hingelegt und überließ, wie bereits letztes Jahr schon, Silvester dem Rest der Welt. Sie sprachen nach wie vor nur das Nötigste miteinander. Mehrfach hatte Torsten versucht mit ihr über Rafael, ihre Gefühle und seine Sichtweise zu sprechen, doch jedes Mal, wenn er sich in dieses Gebiet vorzutasten versuchte, machte Nadine dicht. Ihr Zustand war unverändert, doch sie versuchte ihn hinter Wir-sind-eine-Familie-Mantras schön zu reden. Er wusste, dass dieses Leben, so wie es jetzt war, nicht das war, was sie sich für sich wünschte. Aber es war das, was sie sich für Fynn wünschte und deshalb würde sie auch weiterhin an diesem Lebensmodell festhalten, wie ein Terrier, der sich in einen Gummiknochen verbissen hat. Am liebsten hätte er sie einfach kräftig durchgeschüttelt und sie dann vor Rafaels Wohnungstür abgesetzt, aber er war selbst noch nicht hundertprozentig bereit, sie loszulassen. Er war kein Freund von Veränderungen musste er sich eingestehen. Nicht umsonst trug er mit Ende zwanzig noch immer Motivshirts, Caps und eine Leidenschaft für Playstationspiele mit sich herum. Doch er konnte sich nicht vor der Tatsache verschließen, dass es Zeit war. Zeit, neue Wege zu gehen, Zeit für einen Neuanfang. Er konnte sich nicht länger gegen die längst vorherrschende Veränderung in seinem Leben sträuben und sich vor dem Unbekannten verstecken. Er stand bereits mitten auf der Brücke zwischen zwei Lebensabschnitten und er konnte nicht länger so tun, als gäbe es diese Brücke nicht. Es war an der Zeit, die letzten Schritte auf die andere Seite in Angriff zu nehmen.

»Ja, es ist Zeit«, wisperte er tonlos in den Nachthimmel und ignorierte dabei die fragenden Gesichter neben sich.

Kapitel 15

Januar 2016

Rafael wandte sich nur widerwillig von dem Fahrrad, an dem er gerade arbeitete, ab. Am liebsten würde er sich den ganzen Tag lang ausschließlich in der Garage verkriechen. Doch im Januar war kaum etwas los, weshalb er sich die Dienste der Zwillinge nicht leisten konnte, und sich deshalb auch um den Kundenservice bemühen musste. Die Klingel hatte soeben Kundschaft angekündigt und nötigte ihn zurück in den Laden. Mit einem unwilligen Knurren wischte er sich das Öl von den Fingern und marschierte großspurig in das Ladeninnere.

Dort stand eine junge Frau mit elegantem Bob-Haarschnitt in einem roten Bleistiftrock und weißer Bluse. Sie hielt ihre Handtasche mit beiden Händen umklammert und blickte etwas unsicher im Raum umher. Als sich ihre Blicke kreuzten, schreckte sie zusammen, als wäre sie bei etwas Unanständigem ertappt worden. Sie lächelte Rafael verlegen an, als dieser abwartend hinter der Theke stehenblieb.

»Kann ich etwas für sie tun?« erkundigte sich Rafael und ärgerte sich sofort über seinen rotzigen Tonfall. Er klang wie ein übernächtigter Teenager, der keine Nerven für eine Auseinandersetzung mit seinen Eltern hatte. Wenn er mit seinem Laden nicht untergehen wollte, musste er sich schnell wieder in den Griff bekommen. Er schob schnell ein schiefes Lächeln hinterher und zwang sich, der Frau entgegenzukommen. Diese fuhr sich etwas überfordert von seiner Frage durch das kurze Haar, dass ihr Pony wie ein Basströckchen auf ihrer Stirn zu wackeln begann. Rote Ohrhänger blitzten aus ihrem wogenden Haar hervor und ließen Rafael in seiner Bewegung erstarren. *Diese Ohrringe! Dieselben hatte* … Schnell schüttelte er den Gedanken daran wieder ab.

Völlig gleichgültig, wer diese Ohrringe sonst noch hat, blaffte er sich in Gedanken an. Doch sein wild hämmerndes Herz in seiner Brust sah das offensichtlich anders. Er räusperte sich ungeduldig und hoffte inständig die Frau würde endlich mit ihrem Anliegen rausrücken, damit sie bald wieder verschwinden konnte. Die Frau lächelte wieder etwas hilflos und wippte wie ein Schulmädchen mit ihren Füßen vor und zurück. Sie sah blass, ja beinahe kränklich aus und ihr trauriger, verloren wirkender Gesichtsausdruck erinnerte Rafael an irgendjemanden, aber er wusste diesen Ausdruck nicht sofort einzuordnen. Schließlich gab sich die Dame einen Ruck.

»Ist das ihr Laden?«

Rafael war sich nicht sicher, aber er meinte einen leisen Zweifel aus dieser Frage herauszuhören. Abwehrend verschränkte er die Arme vor seiner Brust und musterte sie finster.

»Ja.«

Die Dame schluckte geräuschvoll. Dann erkundigte sie sich vorsichtig:

»Haben sie eine Visitenkarte für mich?«

Rafael runzelte die Stirn, dann drehte er sich wortlos zur Theke um und drückte der seltsamen Frau einen der neu gedruckten Aufkleber in die Hand.

»Kann ich sonst noch etwas für sie tun?«, murrte er und hatte bereits seinen Weg zurück in die Garage angetreten. Meine Güte! Mit diesem Verhalten, würde er so sicher pleite gehen, wie seine Cousinen rothaarig waren. Zu seiner Erleichterung murmelte die Frau lediglich ein verhaltenes »Nein Danke« in seinen Rücken. Bevor er die Garage endgültig erreichte, hörte er auch schon die Türglocke ein weiteres Mal läuten. Er stöhnte erleichtert auf und widmete sich wieder dem bereits wartenden Fahrrad.

***

Nadine saß müde über den Tisch gebeugt und fütterte Fynn sein Mittagessen. Mit seinem, von der Tomatensoße scharlachrot beschmierten Mund, sah er aus wie der Joker aus Batman und Nadine war aufs Neue überzeugt, dass es nichts hinreißenderes auf dieser Welt gab, als ihren Sohn. Da konnte er wie ein Superschurke aussehen soviel er wollte. Torsten saß breitbeinig auf der Couch und spielte wie so oft an seiner Playstation, als es plötzlich an der Tür klingelte. Nadine blickte verschreckt in die Richtung, aus der das in Vergessenheit geratene Geräusch gekommen war und rührte sich nicht. Etwas unsicher sah sie zu Torsten hinüber. Doch dieser machte keine Anstalten, sich zu erheben. Er starrte weiterhin in den Fernseher mit seinem Controller in der Hand, so als hätte er nichts davon gehört. Erst als die Klingel ein weiteres Mal ertönte, kam Leben in Nadine. Umständlich erhob sie sich von ihrem Stuhl, klemmte sich Fynn in die Hüfte und schlurfte zur Tür.

»Mädchen, du siehst ja übel aus!« Lindas Ausruf ließ Nadine zusammenzucken. Ungläubig starrte sie ihre Freundinnen mit den Kleinkindern an der Hand an, die sich vor ihr im Hausflur tummelten.

»Ich habe sie angerufen«, ertönte eine Stimme hinter ihr, bevor sie überhaupt reagieren konnte. Torsten stand lässig an den Türrahmen gelehnt mit verschränkten Armen da und lächelte gutmütig.

»Ich finde, es wird Zeit, dass du mal mit jemandem sprichst«, befand er, stieß sich schwungvoll zurück in eine aufrechte Position und griff nach dem Hausschlüssel am Schlüsselbrett.

»Wenn du mich suchst, ich bin bei Alessandro oben.« Er zwinkerte Nadine mit einem traurigen Auge und einem lächelnden Mund zu und verschwand schließlich aus ihrem Blickfeld. Nadine blickte eine Weile mit offenem Mund in die Richtung, in die er verschwunden war, dann lenkte sie ihre Aufmerksamkeit zurück auf Ella und Linda. Bevor ihr Verstand seine Arbeit beenden konnte, hatte sie die beiden schon voller Inbrunst an sich gedrückt. Zu ihrem eigenen Schrecken musste sie feststellen, dass sie gar nicht gemerkt hatte, wie sehr ihr die beiden gefehlt hatten. Sie hatte sie nicht mehr gesehen, seit … der Gedanke an dieses schicksalhafte Wochenende ließ ihre Augen schmerzlich brennen. Noch bevor sie sich wieder von ihren Freundinnen gelöst hatte, ergab sich ihr Körper bereits hemmungslosen Schluchzern.

Nachdem sie den beiden Frauen ihr Herz ausgeschüttet hatte, fühlte sie sich gleich drei Kilo leichter. Es tat so gut, sich all ihren Kummer von der Seele zu reden, dass sie aufrichtig überrascht war. Zuerst hatte sie Hemmungen gehabt sich zu öffnen, doch dann hatte die Verzweiflung, die sich die letzten Wochen und Monate in ihr angestaut hatte, all ihre Sorgen an die Oberfläche geschwemmt. Die Wirkung, die Anteilnahme und Mitgefühl mit sich brachten, hatte sie zugegebenermaßen unterschätzt. Nun saß sie zusammengesunken auf der Couch, starrte auf das zerfledderte und durchnässte Taschentuch, das sie durch ihre Finger gleiten ließ und versuchte ihren zittrigen Atem unter Kontrolle zu kriegen. Fynn, der Luisa und Sophia stolz seine vom Weihnachtsmann erhaltenen Geschenke präsentierte, flitzte mit brummenden Geräuschen um die Couch und Ella schob die Rasselbande sanft in das Schlafzimmer, damit sie ungestört reden konnten.

Eine Hand bugsierte sich in Nadines Blickfeld. Am dazugehörigen Unterarm prangte ein ziemlich hässlicher Bluterguss. Nadine hob mit gerunzelter Stirn den Kopf, als diese Hand ihr eigenes Handgelenk mit sanftem Druck umschloss.

»Was hast du denn mit deinem Arm gemacht?«, erkundigte sich Nadine. Das Gesicht, das zu diesem Arm gehörte, war Lindas. Jetzt wo Nadine nicht mehr ganz so eingenommen war von ihrem eigenen Schmerz, fiel ihr auf, dass Linda ungewohnt angespannt wirkte. Ihre Nägel waren länger nicht gemacht worden, was der abgesplitterte Nagellack bewies und ihre Kleidung wirkte etwas knittrig. Linda löste sich sogleich von Nadine und ihre Haltung versteifte sich. Da sie auf der Armlehne Platz genommen hatte, wirkte sie durch die veränderte Haltung gleich zwei Köpfe größer als Nadine. Von dort blickte sie streng auf ihre Freundin herab.

»Sind wir jetzt wegen meinen Wehwehchen hier, oder wegen dir?«, erwiderte sie barsch und rieb sich verlegen über den Arm.

Nadines Miene verfinsterte sich sogleich wieder und sie schenkte ihre Aufmerksamkeit erneut dem misshandelten Taschentuch in ihrer Hand. Ella kam zurück und setzte sich ganz dicht neben den Trauerkloß auf der Couch. Tröstend legte sie den Arm um sie, was dazu führte, dass Nadine erneut mit den Tränen kämpfen musste.

»Fynn, Torsten und ich sind eine Familie und Schluss«, presste sie mit wackeliger Stimme hervor. »Familie und familiärer Zusammenhalt sind Werte, die bei mir einen höheren Stellenwert genießen, als meine unbeständigen Gefühle. Fynns Bedürfnis nach Sicherheit und Stabilität hat in jedem Fall Vorrang für mich!« Sie versuchte ihrer Stimme Nachdruck zu verleihen, doch diese brach mitten im Satz und ein erneutes Schluchzen drängte sich dazwischen.

»Das ist doch Bullshit!«, eiferte sich Linda und erhob sich von ihrem Platz. Nadine sah sie fassungslos an. Hinter sich konnte sie hören, wie Ella geräuschvoll die Luft einsog.

»Was ist wenn du stirbst?«

»LINDA!«, zischte Ella, doch ihre Freundin ließ sich nicht beeindrucken. Nadine war die Kinnlade nach unten geklappt und sie wusste nun überhaupt nicht mehr, was sie denken sollte.

»Nicht, dass ich dir das wünsche«, ruderte Linda etwas zurück, »aber schlimme Dinge passieren. Du kannst ihn nicht in Watte packen. Wie willst du einen starken und unabhängigen Jungen aus ihm machen, wenn du jede Veränderung, die eine Herausforderung für ihn darstellt, von ihm fern hältst? Irgendwann wirst du nicht mehr da sein und dann wird er auf die harte Tour lernen müssen, dass sich die ganze Welt nicht nur um ihn dreht, wenn du ihm das nicht vorher beibringst. Anstatt deine eigenen Bedürfnisse zu ignorieren, solltest du ihm zeigen, wie man sich erfolgreich für das eigene Glück einsetzt.«

»Ich hab dir doch erzählt was passierte, als ich mich um mein Glück gekümmert habe. Ich lasse ihn so schnell nicht noch einmal alleine. Er ist für deine Theorien noch viel zu klein«, verteidigte sich Nadine und schluckte hart, als sie an diesen schrecklichen Tag und Fynns tränenüberströmtes Gesicht zurückdachte.

Doch Linda blieb unerbittlich:

»Wie soll aus ihm je eine eigenständige Persönlichkeit werden, wenn du ihn nicht die Erfahrung machen lässt, dass nicht gleich die Welt zusammenbricht, wenn du mal nicht da bist? Freiheit und Selbstständigkeit gehören genauso zu seinem Leben dazu wie deine Fürsorge. Du bist das größte Vorbild, das er hat und jetzt sieh dich an. Du bist ein Häufchen Elend. Was soll er da von dir lernen? Er braucht Raum, um sich eigenständig entfalten zu können. Das ist unmöglich, wenn du wie eine Glucke auf ihm draufhockst.«

»Fynn hat das Recht auf eine intakte Familie!«, empörte sich Nadine und zerknüllte das Taschentuch in ihrer zur Faust geformten Hand.

»Fynn hat das Recht auf eine glückliche Mutter«, entgegnete Linda unbeeindruckt und verschränkte demonstrativ ihre Arme vor der Brust.

Nadines Augen verengten sich zu bedrohlich kleinen Schlitzen. »Glaubst du, ich bin so viel glücklicher, wenn ich mich auf dem Rücken meines Sohnes durch die halbe Welt vögle? Mag ja sein, dass du dich dann noch im Spiegel ansehen kannst, ich kann das aber nicht!«

Den letzten Satz hatte sie förmlich herausgeschrien und fühlte sich gleichermaßen erschrocken und beschämt darüber, sobald sie ihn ausgesprochen hatte. Ihr Gesicht bekam bedauernde Züge, als sie Lindas versteinerte Miene bemerkte. Aus ihrem Gesicht war jegliche Farbe gewichen. »Linda, es tut mir leid. Wirklich!« Beschwichtigend streckte sie den Arm nach ihrer Freundin aus, doch diese rührte sich nicht und starrte nur auf sie herab. Ihrer undurchdringlichen Mimik konnte man unmöglich entnehmen, was in ihr vorging.

Zu Nadines großer Verwunderung setzte sich Linda zurück auf die Armlehne, nachdem sie einmal tief durchgeatmet hatte und strich ihr mit abwesendem Gesichtsausdruck über den Kopf. So viel ungewohnte Nähe bereitete Nadine Unbehagen und Wehmut zugleich. Lindas Stimme war nun deutlich ruhiger, als sie erklärte: »Das, was ich gemacht habe, hatte mit Langeweile und Egoismus zu tun. Das weiß ich mittlerweile. Aber das, was du da gefunden hast,« sie packte Nadine am Kinn und zwang sie, ihr in die Augen zu sehen, »ist Liebe. Wenn du dafür nicht kämpfst, wofür lohnt es sich denn dann zu kämpfen?«

Nadines Augen füllten sich erneut mit Wasser. Schuldgefühle plagten sie. Linda war so eine gute Freundin und sie hatte ihr mit ihrem Urteil mehr als Unrecht getan. Auch Lindas Augen waren durch einen wässrigen Schleier getrübt, als Nadine ihr in die Arme fiel.

»Aber ich habe mich damals für Torsten und Fynn entschieden«, murmelte sie in Lindas Bluse. »Jetzt muss ich auch dazu stehen.«

Linda packte ihre Freundin fest an den Schultern und drückte sie ein Stück von sich weg, um ihr ernst in die Augen zu sehen.

»Wer sagt das?«, fragte sie frostig. »Und wer hat denn etwas davon, wenn du das wirklich so durchziehst? Hast du dich schon mal gefragt, ob Torsten das überhaupt möchte? Er sagte, du weigerst dich, mit ihm zu reden. Das ist keine Entscheidung, die du alleine treffen kannst.«

Nadine musste wieder kräftig schlucken. Von dieser Seite hatte sie es gar nicht betrachtet. Für sie war immer nur Fynn das Zentrum des Interesses gewesen.

»Wenn du jetzt mit Torsten weiterhin Mutter-Vater-Kind spielst, bist du unglücklich, Rafael ist unglücklich und glaube mir, Torsten wäre es ebenfalls. Deine Sorge um Fynn ehrt dich, aber denkst du nicht auch, er profitiert von glücklichen Eltern viel mehr, als von zusammenlebenden? Verwechsle deine Liebe zu ihm nicht mit Selbstaufgabe und verwechsle nicht Überzeugung mit Ausrede. «

»Was hat euch Torsten denn alles erzählt?«, wollte Nadine wissen. Dass ihre beiden Freundinnen so gut informiert waren machte sie stutzig.

»Linda hat den armen Kerl ganz schön ausgequetscht, als er angerufen hat. Sie ist schlimmer als jeder Cop«, petzte Ella mit einem wissenden Lächeln. Linda quittierte diesen Kommentar mit einem strafenden Blick.

»Du übertreibst mal wieder total«, verteidigte sie sich energisch. »Ich habe mir lediglich einen konstruktiven Gesamteindruck verschaffen wollen.« Als Nadine sie weiterhin fragend musterte, fuhr sie fort: »Es war auf jeden Fall nicht zu überhören, dass er genauso unglücklich ist wie du, Süße.«

Nadine unterdrückte den Drang erneut zu schlucken. Lindas Worte setzten ihr ganz schön zu.

»Ich will nicht den gleichen Fehler machen wie meine Mutter«, flüsterte Nadine kaum hörbar und wischte sich unwillig die Tränen aus dem Gesicht. Ella streichelte ihr stumm über den Rücken und warf Linda einen strafenden Blick zu.

»Aus den Fehlern seiner Eltern zu lernen heißt nicht, genau das Gegenteil zu machen. Jedes Extrem ist falsch oder willst du mir erzählen, dass sich das, was du da machst, richtig anfühlt?« Linda hob provokant ihre Augenbrauen und setzte mit einem Fingerzeig auf Nadines Gesicht nach: »So wie du aussiehst?«

Nadine sah Linda eine Schrecksekunde lang an. Dass Linda ihr diesen letzten Satz so ungefiltert gepresst hatte, traf sie derart unerwartet, dass sie haltlos anfangen musste zu lachen. Ihr Zwerchfell zog sich zusammen und sie hatte das Gefühl, keine Luft mehr zu bekommen. Die Tränen liefen ihr unablässig über die Wangen und ihr restlicher Körper schüttelte all die angestaute Anspannung in einem Lachflash vom allerfeinsten von sich.

Linda wartete geduldig, bis sich Nadine wieder im Griff hatte, dann reichte sie ihr mit einem warmen Lächeln auf den Lippen ein neues Taschentuch.

»Wir haben alle ein Recht auf Glück und niemand kann uns vorschreiben, wie dieses Glück auszusehen hat. Die einzige Person, die das entscheiden kann, ist man selbst.«

Eine Weile saßen die drei Freundinnen einfach nur da und sinnierten über Lindas letzten Satz, der in ihren Köpfen wie ein Echo der Erkenntnis widerhallte. Nadine fühlte sich auf eine befreiende Art und Weise gelöst und erschöpft. *Das war ein verdammt gutes Gespräch*, dachte sie bei sich und ein zufriedenes Lächeln stahl sich auf ihr Gesicht. *Was wäre die Welt ohne gute Freunde?*

Das Schweigen legte sich wie eine einschläfernde Decke über das Wohnzimmer und bevor Nadine völlig in ihre eigene Welt abdriftete, klatschte sie ihre Handflächen auf ihre Oberschenkel und holte damit ihre Freundinnen in die Gegenwart zurück.

»Und jetzt?«, fragte sie und blickte erwartungsvoll zwischen den beiden Frauen neben sich hin und her. Linda lachte überrascht auf und schubste ihre Freundin in einer übermütigen Geste mit der Hand gegen Ella. Nadine kicherte belustigt vor sich hin und ließ sich bereitwillig umfallen.

»Jetzt meine Liebe, wirst du deinen hübschen kleinen Hintern bewegen und zu »*Rafas-Radluniversum*« an der Hackerbrücke flitzen. Ella war so lieb und hat heute persönlich für dich nachgesehen, ob dein Liebster offen hat und anwesend ist.«

Nadine riss ihre Augen ungläubig auf und starrte damit Ella direkt in ihr von Unbehagen verzerrtes Gesicht. Ein unartikulierter Laut entsprang Nadines Kehle und sie schlug sich die Hand vor den Mund, als Ella mit gekräuselter Nase nickte. »Es war mir total unangenehm«, bestätigte sie Lindas Aussage und hielt Nadine ein Stück Papier unter die Nase. Nadine erkannte den Aufkleber, den sie bereits auf dem Bobby-Car Buch gesehen hatte. »Du hast ihn gesehen?«, hauchte Nadine atemlos und spürte wie ihr Herz so wild zu flattern begann, als wäre es ein in Panik geratener Vogel. Ihre Freundin nickte bedächtig. »Ich habe ihn mir irgendwie … anders vorgestellt«, gab sie zu, doch Nadine hörte ihre Freundin schon gar nicht mehr. Überwältigt und dankbar drückte sie ihre Freundin in einer stürmischen Umarmung gegen die Rückenlehne des Sofas.

Kapitel 16

Ihre Freundin drückte sie mit einem herzlichen Lachen von sich weg und forderte gespielt streng:

»Na los jetzt!« Nadine zögerte einen Moment und biss sich verunsichert auf die Unterlippe. Als ihr Ella aufmunternd zunickte, fasste sie sich schließlich ein Herz und erhob sich.

Fynn hatte mit den beiden Mädchen an seiner Seite das Bett für sich eingenommen und ließ mit bewundernswerter Ausdauer sein Spielzeugflugzeug immer wieder über seinem Kopf kreisen.

Nadine fasste sich unwillkürlich an ihr Herz, als sie ihn dort so friedlich spielen sah. Sie hatte bestimmt über eine halbe Stunde mit ihren Freundinnen drüben gesessen und er hatte in dieser Zeit nicht einmal nachgesehen, ob sie noch da war. Es widerstrebte Nadine, das zuzugeben, aber Linda hatte recht. Es wurde Zeit, dass sie ihm den nötigen Raum ließe, sich in Ruhe zu entfalten.

Ein Kloß bildete sich in ihrem Hals und der Brustkorb unter ihrer Hand zog sich schmerzlich zusammen. Sie liebte dieses kleine Geschöpf über die Maßen. Er bedeutete ihr einfach alles. Sie blinzelte die aufsteigenden Tränen entschlossen weg und kniete sich dann neben das Bett, auf Augenhöhe ihres Sohnes. Sie versuchte sich an einem sorglosen Lächeln und war froh, dass er in seiner kindlichen Unbedarftheit noch zu unerfahren war, um in ihren Augen lesen zu können, was sie wirklich fühlte.

»Schätzchen, Mami muss kurz etwas erledigen. Du bleibst so lange bei Ella und Linda, verstanden? Ihr macht einen Ausflug zum Spielplatz. Das wird schön«, versicherte sie ihrem Sohn mit weicher Stimme, während sich das Wasser auf verräterische Weise erneut in ihren Augen sammelte und streichelte dabei über seinen Oberschenkel.

Fynn hielt Nadine das Flugzeug unter die Nase und verkündete mit stolzem Gesichtsausdruck: »Frufru!« Nadine lachte laut und erleichtert auf. Dann nickte sie eifrig unter Tränen.

»Ja, frufru«, bestätigte sie ihrem Sohn, bevor sie ihn in ihre Arme zog. Mit geschlossenen Augen drückte sie ihre Lippen in seine Locken. »*Du wirst immer das Wichtigste in meinem Leben sein!*«, versprach sie ihm stumm. Dann beugte sie sich ein wenig hinab zu seinem Ohr und flüsterte: »Ich hab dich lieb.«

Die beiden Freundinnen empfingen Nadine bereits im Flur, als sich diese aus dem Schlafzimmer zurückzog. Linda fuhr ihrer Freundin mit gespreizten Fingern durch die wirren Locken und kniff sie leicht in beide Wangen. »Damit du wenigstens ein bisschen Farbe im Gesicht hast«, erklärte sie mit einem schelmischen Grinsen. Nadine lächelte verunsichert zurück.

»Könnt ihr euch noch an den Tag am Spielplatz erinnern, als Linda uns von Mark erzählt hat? Damals hatte ich mir große Sorgen um euer beider Beziehungen gemacht und jetzt bin am Ende ich diejenige, die sich trennt.« Ein ungläubiges Kichern begleitete ihr Kopfschütteln. Linda und Ella warfen sich über Nadines Kopf hinweg einen vielsagenden Blick zu. Ein Schubs von der Seite brachte Nadine für einen flüchtigen Moment ins Wanken und sie sah verblüfft zu Ella hinüber.

»Jetzt geh schon!«, fuhr diese sie an und wedelte unwirsch mit ihrer Hand in der Luft herum.

Nadine zog sich an, atmete einmal tief durch, drückte ihre beiden Freundinnen noch einmal fest an sich und marschierte schließlich zur Tür hinaus.

Als sie durch den Hausflur Richtung Eingangstür lief, geriet sie allerdings noch einmal ins Stocken. Sie konnte nicht so einfach gehen. Nicht so. Entschlossen machte sie auf dem Absatz kehrt und hastete hinauf in den ersten Stock.

***

Torsten stand fröstelnd und mit hochgezogenen Schultern auf Alessandros Balkon und gönnte sich eine Zigarette. Er hatte eigentlich vor knapp zwei Jahren damit aufgehört, aber dieser Tag schrie einfach nach Nikotin. Alessandro hatte nicht schlecht gestaunt, als sein Freund so unerwartet an seiner Haustür aufgetaucht war. Gott sei dank gehörte er nicht zu der neugierigen Sorte, weshalb sich Torsten fadenscheinige Ausreden bezüglich seines Erscheinens sparen konnte. Alessandro war einfach zur Seite getreten und hatte ihn passieren lassen. Nun standen sie beide schweigend und rauchend nebeneinander und blickten gedankenverloren auf den verträumt vor sich hindösenden Innenhof hinunter. Restschnee kauerte in vereinzelten Grüppchen in den Ecken und zwei betagte Fahrräder lehnten müde an der Hauswand des Nachbarhauses neben den Mülltonnen. Die Luft war klirrend kalt und roch nach Schnee. Die kleinen Grüppchen im Hof würden wohl bald Verstärkung bekommen, dachte sich Torsten und rückte sich mit dem Zeigefinger seine Brille zurecht.

Die Türklingel machte dem Innenhof die Aufmerksamkeit streitig und beide Männer wandten ihren Blick dem Wohnungsinneren zu. Alessandro verschwand durch die Balkontür, während Torsten wartete. Als Alessandro mit Nadine im Schlepptau wieder erschien, machte Torsten große Augen.

Als er ihr verändertes Gesicht sah, wusste er sofort Bescheid. Sie starrten sich eine Weile traurig und wissend an, bevor sich Nadine einen Ruck gab.

»Können wir kurz reden?«, piepste sie kleinlaut und rang dabei ihre Hände.

»Ich geh dann mal rein«, hörte Torsten Alessandro sagen.

»Bitte die Kippe vom Balkon und nicht in meinen Blumentopf, okay?«

Torsten nickte knapp.

»Sind das etwa Schneeglöckchen?«, fragte Nadine zweifelnd und blickte ungläubig auf den besagten Blumentopf herab. Alessandro folgte ihrem Blick. Der Zigarettenrauch entwich seinen Nasenlöchern als er nickte.

»Auf einem Balkon?«, hakte sie nach und wirkte völlig aus dem Konzept gebracht. Torsten wurde unruhig. Er wollte das einfach schnell hinter sich bringen und nicht über Unkraut quatschen.

»Ich habe noch nie Schneeglöckchen auf einem Balkon gesehen und schon gar nicht im Januar. Es ist doch noch viel zu kalt …«, beharrte Nadine geistesabwesend.

»Hab sie vor paar Jahren mal im Gartencenter gekauft und seither kommen sie jedes Jahr wieder.«

»Aber doch nicht im Januar!«

Alessandro zuckte mit den Schultern und schnippte seinen abgebrannten Zigarettenstummel gekonnt über die Brüstung.

»Meine Schneeglöckchen scheißen auf die Umstände. Die blühen wann immer und wo immer sie soweit sind. Das hat noch jedes Jahr gut funktioniert«, kommentierte er die Sachlage, zwinkerte Nadine dabei verschwörerisch zu und verschwand schließlich hinter der anderen Seite der Balkontür.

Nadine blickte ihm noch mit grüblerischer Miene hinterher, bevor sie sich mit ihrer ganzen Aufmerksamkeit Torsten zuwandte.

»Torsten, ich …«, begann sie, doch dieser brachte sie mit einer raschen Handbewegung zum Verstummen. Er sah ihr mit einer Mischung aus Wehmut und Ernst ins Gesicht und verkündete mit dünner Stimme:

»Es ist okay.«

Die erleichterte Umarmung, die sie ihm sogleich schenkte, fühlte sich für ihn nach Endgültigkeit an. Das »Danke«, welches sie ihm kurz darauf kaum hörbar in sein Ohr flüsterte, war lediglich die Verkleidung eines längst fälligen Abschiedsgrußes. Vorsichtig strich er ihr mit spitzen Fingern und traurigen Augen über das Haar, als sie sich wieder von ihm gelöst hatte und drückte ihr in keuscher Absicht einen schüchternen Abschiedskuss auf den Scheitel.

Auch wenn ihre Leben durch Fynn für immer miteinander verwoben sein würden – sowohl offiziell als auch inoffiziell war dies hier das Ende ihres gemeinsamen Weges. Diese Gewissheit fühlte sich zwar schrecklich, allerdings auch gleichzeitig irgendwie richtig für ihn an und schenkte ihm die Zuversicht, die er brauchte, um sie erfolgreich ziehen lassen zu können.

In seinen Augen war nicht die Spur eines Zweifels zu erkennen, als er mit Nachdruck wiederholte:

»Es ist okay.«

***

Als das Taxi vor der genannten Adresse nähe Hackerbrücke anhielt, hatte Nadine bereits schweißnasse Handflächen vor Aufregung. Allein der Gedanke, Rafael in wenigen Augenblicken gegenüber zu stehen, war überwältigend. Während der ganzen Autofahrt hatte sie mit einer Haarlocke im Mund aus dem Fenster gestarrt und an all ihre gemeinsamen Momente gedacht. Mit geschlossenen Augen spürte sie den Erinnerungen nach.

Als sie ihm bei ihrer ersten Begegnung fast die Nase gebrochen hatte und sie vor Lachen beinahe vom Stuhl gefallen wäre. Wie elektrisiert sie sich gefühlt hatte, als seine Hand ihre Wange streifte. Wie sein warmherziges Lächeln ihr Herz zum Flattern gebracht hatte. Wie sie gemeint hatte, die Zeit würde stehen bleiben, als er in Corinnas Küche von hinten an sie herangetreten war, um ihr zu versichern, dass er sie nicht vergessen hatte. Wie aufgeregt sie war, als er sich am Lagerfeuer neben sie gesetzt hatte. Ihre intimen Gespräche, ihre tiefen Blicke, ihre durch und durch berauschende Zweisamkeit.

Der Moment, als sie ihm todesmutig am Wasserfall ihr Herz ausgeschüttet hatte. Sie hatte damals gemeint, sie würde jede Sekunde einen Herzinfarkt bekommen und gleichzeitig hatte sie sich niemals zuvor lebendiger gefühlt. Das war der aufregendste Moment in ihrem bisherigen Leben gewesen. Sie hatte sich bedingungslos der Gegenwart hingegeben und zugelassen, dass seine Seele die ihre berührte. Sie hatte sich in seiner Nähe so über die Maßen geborgen und aufgehoben gefühlt. So voller Frieden und Zuversicht. Näher konnte man einen Menschen nicht an sich heranlassen. Dieser Moment war wie ein kleines Wunder am helllichten Tag gewesen.

Nadine seufzte angespannt, als all die verdrängten Emotionen wieder an die Oberfläche zurückgeschwemmt wurden und ihre Finger begannen zu zittern.

Das alles war so völlig neu und ungewohnt und niemand wusste, wie es enden würde. Sie hatte Angst. Würde das zwischen ihr und Rafael Bestand haben? Sie hatte keine Ahnung. Diesen Schritt zu wagen, bedeutete die Tür in ein komplett neues Leben zu öffnen. War es wirklich das Richtige für Fynn? Energisch schob sie ihre Zweifel beiseite und konzentrierte sich auf das, was ihr Herz zu sagen hatte. Die Vorstellung von einer Zukunft mit Rafael fühlte sich richtig an. Und es fühlte sich gut an. Und das war letztendlich der springende Punkt.

Noch einmal schloss sie die Augen, atmete tief durch und konzentrierte sich auf das Hier und Jetzt. Als sie ihre Augen öffnete, blickte sie direkt in das Gesicht des Taxifahrers, das sie mit einer Mischung aus Ungeduld, Misstrauen und Verwirrung musterte.

»Wenn sie dann endlich fertig sind, würde ich noch 16,80 € bekommen«, forderte er mit hochgezogenen Augenbrauen und streckte ihr dabei erwartungsvoll die offene Handfläche entgegen.

Nachdem Nadine auf etwas wackeligen Beinen aus dem Taxi gestolpert war, blickte sie sich sogleich suchend um. Mit dem Aufkleber in beiden Händen stand sie eine Weile verloren auf dem Gehsteig herum und versuchte, sich zu orientieren. Gerade, als ihr Blick das an der Wand prangende Logo einfing, öffnete sich die darunterliegende Ladentür. Nadine wusste, noch bevor der Mann aus der Tür getreten war, dass es Rafael war. Als sie sein Gesicht erkannte, sah sie darin noch einmal all das, was ihr ihr ganzes Leben lang gefehlt hatte, von dem sie allerdings nie gewusst hatte, dass sie es vermisste. Ihr Herz machte einen Satz und jede Zelle ihres Körpers drängte sich ihm entgegen.

Entschlossenen Schrittes setzte sie sich in Bewegung. Sie waren nur mehr fünf Meter voneinander entfernt, da hatte auch er sie entdeckt. Während er wie angewurzelt stehen blieb, beschleunigte Nadine mit jedem Schritt, bis sie schließlich ungehemmt anfing zu laufen. Ohne nachzudenken warf sie sich ungebremst in seine Arme und ließ sich von seinen starken Armen fangen. Sie schlang ihre Beine um seine Hüfte und vergrub ihre Hände in seinen struppigen Haaren. Er hielt sie fest umklammert, grub seine Nase tief in ihre Halsbeuge und hauchte leise ihren Namen. Nadine streifte mit ihrer Wange sanft über Rafaels stoppeliges Gesicht, bis ihre Lippen die seinen gefunden hatten. Ihre Suche endete in einem Kuss, der den Rest der Welt seiner Existenz beraubte. Für diesen einen Augenblick gab es nur noch sie und ihn.

Er war zeitlos, bedingungslos, wertfrei – er war pure Liebe. Er relativierte einfach die komplette Gegenwart und Nadine fühlte sich für die Unendlichkeit einer Sekunde erlöst und vollkommen.

Das, was vor vielen, vielen Jahren in ihr zerbrochen und unter den Teppich des Selbstschutzes gekehrt worden war, war nun zu einem heilen Ganzen zusammengefügt und in ihr Bewusstsein zurückbefördert worden.

In Fynn und Rafael hatte sie nun all das gefunden, was sie brauchte, um sich selbst als Persönlichkeit neu kennen und schätzen zu lernen. Mit ihrer bedingungslosen Liebe hatten sie Nadine die emotionale Sicherheit geschenkt, die sie brauchte, um neue Gefühle zu- und alte Ängste loszulassen. Endlich hatte sie den Mut und die Kraft, sich auf sich und ihre Bedürfnisse zu konzentrieren. Endlich hatte sie eine Chance auf Glück.

Danksagung

Es gibt so viele Menschen, denen ich dankbar bin, aber diesen hier bin ich ganz besonders zu Dank verpflichtet:

<u>Meinen Eltern</u>
Ich danke euch für eine unbeschwerte Kindheit. Ihr habt mich mit viel Toleranz, Freiheit und Großzügigkeit erzogen und mir eine stabile Grundlage geschaffen, auf die ich stets aufbauen kann.

<u>Meinen TIndies</u>
Violet Truelove, Kathrin Lichters, Gabriele E. Fleischmann, Nicole König, Casey Stone, D.L. Andrews und Nadine Kapp. Die Zusammenarbeit mit euch und der intensive Austausch sind eine große Bereicherung für mich. Ihr motiviert mich immer, wenn ich selbst nicht dazu fähig bin und ihr bringt mich wahnsinnig oft zum Lachen. Ich habe eine echt gute Zeit mit euch, ihr Süßen!
www.totallyindie.de forever ♥

<u>Meinen Testleserinnen</u>
Thomas Muhr, Viola Plötz, Kathrin Lichters und Silvana Kittl. Danke, dass ihr euch die Zeit genommen habt, euch durch das rohe Manuskript durchzukämpfen.

<u>Meinem Mann</u>
Thomas Muhr. DANKE dafür, dass du mir immer den Rücken freihältst, damit ich meinen Traum leben und schreiben kann! Du bist mein persönlicher Rafael (inklusive Hammerlächeln ;))

Stefan Stern

Du bist der geduldigste und professionellste Lektor, den ich kenne. Gründlich, zuverlässig und super lieb! Ich genieße unsere Zusammenarbeit total und ich will dich unbedingt einmal live erleben.

Viola Plötz

Mein helfender Engel (ob Testleserin, Covergestalterin oder Googlejoker). Du bist eine inspirierende Kollegin, eine grandiose Freundin und eine Seele von einem Mensch! Ich bin so froh, dass wir uns kennengelernt haben. Ich habe dermaßen viel von dir gelernt. Vielen Dank, dass du so bist, wie du bist!

Meinen Söhnen

Besonders möchte ich den beiden Kindern danken, denen dieses Buch gewidmet ist. Lukas und Leon, ihr seid das Beste was mir je passiert ist. Egal, wie viele Fehler ich noch als Mutter machen werde, bitte vergesst nie, wie sehr ich euch liebe!

Über die Autorin:

Isabella Muhr – Jahrgang 1984 – ist in Moosburg an der Isar geboren und aufgewachsen. Gemeinsam mit ihrem Mann und ihren zwei Söhnen lebt und liebt sie in München.

Hauptberuflich ist sie als staatlich anerkannte Erzieherin tätig. Bevor sie sich auf Kleinstkindpädagogik spezialisiert hatte, war sie in einem Heim und in einer heilpädagogischen Kindertagesstätte tätig. Missbrauch und Verwahrlosung bei Minderjährigen ist seither ein Thema, das sie schwer beschäftigt und auf das sie in diesem Buch mit Nachdruck aufmerksam machen möchte.

Weitere Bücher:

»Reine Kopfsache!??« – *Glück ist keine Frage der Logik*

Lilith und ihre Gedankenwelt sind hochgradig kompliziert, widersprüchlich, können mega anstrengend sein und sind vor allem eines: herrlich menschlich! Das Chaos in dieser kleinen Welt wird perfekt, als Sebastian sie überraschend bittet, ihn zu heiraten. Statt wohliger Zufriedenheit schleichen sich Unsicherheit und Selbstzweifel in ihr Unterbewusstsein. Von diesem Augenblick an beginnt sich das Gedankenkarussell in ihrem Kopf zu drehen, so dass Lilith nicht schwindlig, sondern speiübel wird. Wird sie es rechtzeitig schaffen, ihrem Kopf einen Maulkorb zu verpassen und auf ihr Herz zu hören, bevor sie sich die Chance auf das ganz große Glück verbaut? Eine Geschichte über den Versuch, seinen Platz im Leben zu finden, Sinn von Unsinn unterscheiden zu lernen und das eigene Bauchgefühl über den gesunden Menschenverstand zu stellen. Chaotisch, schräg und erfrischend anders – dieses Buch passt in keine Schublade!

Weitere Informationen:
www.facebook.com/isabellamuhrofficial
www.totallyindie.de